清華簡

徐在國 著

文字聲系

(1~8)

第三冊

正編·屋部

屋　部

影紐屋聲

屋

清華三·赤鵠 01 集于湯之屖（屋）

清華三·赤鵠 13 句（后）女（如）敔（撤）屖（屋）

清華三·赤鵠 14 敔（徹）屖（屋）

清華三·赤鵠 15 是訂（始）爲埪（陣）丁者（諸）屖（屋）

清華三·赤鵠 15（背）赤鵠之集湯之屖（屋）

～，《說文》"屋"字古文上作形，與西周晚期儔匜（《集成》11264）"𪩩"字所從同。此處其上訛變，與"声"形混淆。《說文·尸部》："屋，居也。从尸。尸，所主也。一曰：尸，象屋形。从至。至，所至止。室、屋皆从至。，籀文屋从厂。，古文屋。"

清華三·赤鵠 01"𡈼",讀爲"屋",房舍,房屋。《易·豐》:"象曰:'豐其屋,天際翔也。'"《淮南子·齊俗》:"廣廈闊屋,連闥通房,人之所安也。"

清華三·赤鵠 13、14"敚𡈼",讀爲"徹屋",毀壞房屋。馬王堆帛書《篆書陰陽五行》:"敚茅屋而堁之,大兇。"《詩·小雅·十月之交》:"徹我牆屋。"鄭箋:"徹毀我牆屋。"睡虎地秦簡《日書》甲種 143—144 簡背有"壞垣、起垣、徹屋、及殺,大凶"之語,155 簡背有"墨(晦)日、利壞垣、徹屋"之語,可以參看。

見紐谷聲歸口聲

見紐角聲

粟

　　清華六·子產 26 粟參(三)分

　　清華八·邦道 26 亓(其)粟(粟)米六頯(擾)敚(敗)渴(竭)

～,與 同。或作 ![],从"禾",與 、同。《說文·卤部》:"粟,嘉穀實也。从卤从米。孔子曰:'粟之爲言續也。'![],籀文粟。"

清華六·子產 26"粟",食糧。

清華八·邦道 26"粟米",即"粟米",泛指糧食。《管子·輕重乙》:"故五穀粟米者,民之司命也;黄金刀布者,民之通貨也。"《孟子·盡心下》:"有布縷之征、粟米之征、力役之征。"

婁

　　清華六·孺子 10 亓(其)皋(罪)亦趹(足)婁(數)也

清華八·邦政08 亓（其）祭弻（拂）以不時以婁（數）

～，從"臼"，從"女"，"角"聲。（季旭昇）《説文·女部》："婁，空也。從母中女，空之意也。一曰婁，務也。，古文。"

　　清華六·孺子10"亓皋亦跃婁也"，讀爲"其罪亦足數也"。參《説苑·奉使》："子胥親射宮門，掘平王冢，笞其墳，數以其罪。""婁"，讀爲"數"，數落，責備。《左傳·昭公二年》："使吏數之。"杜預注："責數其罪。"

　　清華八·邦政08"婁"，讀爲"數"，頻繁，屢次。《孫子·行軍》："數賞者窘也；數罰者困也。"《史記·李斯列傳》："見吏舍廁中鼠食不絜，近人犬，數驚恐之。"

嗉

　　清華六·子儀02 車逸（逸）於舊嗉（數）三百

～，從"口"，"婁"聲。

　　清華六·子儀02"舊嗉"，讀爲"舊數"，與下文"舊典"義同。"數"，法制。《管子·任法》："聖君任法而不任智，任數而不任説。"《韓非子·制分》："夫治法之至明者，任數不任人。""舊典"，舊時的制度、法則。

譹

　　清華六·子儀05 徒伃所遊又步里譹讙也

～，從"言"，"婁"聲，疑即"數"字。《説文·攴部》："數，計也。從攴，婁聲。"

　　清華六·子儀05"譹"，待考。

嚳

　　清華四·筮法05 嚳（數）而出

清華四·筮法07 譻(數)而内(入)

 清華四·筮法11 見丁譻(數)

 清華四·筮法13 譻(數)而内(入)

 清華四·筮法15 譻(數)而出

 清華四·筮法21 譻(數)出

 清華四·筮法22 凸(凡)行,譻(數)出

 清華四·筮法23 述(遂);譻(數)内(入)

 清華四·筮法42 譻(數)而出

 清華四·筮法42 内事譻(數)内(入)

 清華七·越公47年謂攴譻(數)

～,與 同。《説文·攴部》:"數,計也。从攴,婁聲。"

清華四·筮法"譻(數)而出""譻(數)而内(入)",前一卦例,兌在右上,爲"數而出";後一卦例,兌在左下,爲"數而入"。

清華四·筮法"譻",讀爲"數",凡言"數"似皆與兌卦出現的位置有關。

清華七·越公47"年譄攴鼕",讀爲"年籌枚數",每年對地方及官府的考察用算籌——計數。(單育辰)或讀爲"佞譸扑毆",大意是對於下三品佞譸之執事人予以抶擊懲罰。

纋

 清華五·三壽25 晦則……戲(虐)怪(淫)自嘉而不纋(數)

~,從"糸","書"聲,"纋"字異體。《說文·糸部》:"纋,綫也。從糸,婁聲。"

清華五·三壽25"纋",讀爲"數"。《廣雅·釋詁》:"數,責也。"

鏤

 清華五·湯丘16 器不敝(雕)鏤

~,從"金","書"聲,"鏤"之異體。《說文·金部》:"鏤,剛鐵可以刻鏤。從金,婁聲。《夏書》曰:'梁州貢鏤。'一曰鏤,釜也。"

清華五·湯丘16"鏤",刻。《禮記·少儀》:"國家靡敝,則車不雕幾,甲不組縢,食器不刻鏤,君子不履絲屨,馬不常秣。"《左傳·哀公元年》:"昔闔廬食不二味,居不重席,室不崇壇,器不彤鏤,宮室不觀,舟車不飾,衣服財用,擇不取費。"學者指出"彤鏤"爲"雕鏤"之誤,是對的。

溪紐寇聲

宼(寇)

 清華三·芮良夫01 [宼](寇)戎方晉

 清華三·芮良夫10 宼(寇)戎方晉

 清華六·孺子09 史(使)哉(禦)宼(寇)也

清華八·邦政 10 下贍(瞻)亓(其)上女(如)宼(寇)戠(讎)矣

~，與 ≈(上博四·昭 4)、≈(上博八·子 4)同。"戈""攴"二旁古通。"宼"乃"寇"字異體。《説文·攴部》："寇，暴也。从攴，从完。"段玉裁注："此與敗賊同意。"

清華三·芮良夫 01、10"宼戎"，即"寇戎"，謂來犯之戎。《逸周書·時訓》："鷹不化鳩，寇戎數起。"《周禮·春官·小祝》："有寇戎之事，則保郊，祀于社。"

清華六·孺子 09"戠宼"，讀爲"禦寇"，謂防禦賊寇。《易·蒙》："上九，擊蒙，不利爲寇，利禦寇。"《左傳·襄公十年》："征者喪雄，禦寇之利也。"

清華八·邦政 10"宼戠"，讀爲"寇讎"，仇敵，敵人。《左傳·僖公三十三年》："武夫力而拘諸原，婦人暫而免諸國，墮軍實而長寇讎，亡無日矣。"《孟子·離婁下》："君之視臣如土芥，則臣視君如寇讎。"

溪紐區聲歸曲聲

溪紐曲聲

曲

清華二·繫年 055 銜(率)自(師)爲河曲之戡(戰)

清華二·繫年 093 奔內(入)於曲夭(沃)

清華二·繫年 094 晉人既殺綝(欒)䋣(盈)于曲夭(沃)

清華四·筮法 57 爲曲

清華五·啻門 19 以成五曲

清華八·邦政 12 訇(始)记(起)旻(得)曲

清華八·邦政 12 惪(直)者廥(皆)曲

清華八·邦政 12 曲者廥(皆)惪(直)

～，與 ᒪ(上博五·季 23)、ᒪ(上博五·弟 13)同。《説文·曲部》："曲，象器曲受物之形。或説曲，蠶薄也。ᒪ，古文曲。"

清華二·繫年 055"河曲"，晉地，今山西永濟南。《春秋·文公十二年》："冬十有二月戊午，晉人、秦人戰于河曲。"

清華二·繫年 093"曲天"，讀爲"曲沃"，地名。《史記·晉世家》："齊莊公微遣欒逞於曲沃，以兵隨之。"

清華四·筮法 57"爲曲"，蠶箔，用葦或竹編製的養蠶的器具。《禮記·月令》："(季春之月)具曲、植、籧、筐。"鄭玄注："時所以養蠶器也。曲，薄也。"

清華五·啻門 19"五曲"，猶五方。曲，隅。《莊子·天下》："雖然，不該不徧，一曲之士也。"

清華八·邦政 12"曲"，與"直"相對。《莊子·外篇駢拇》："常然者，曲者不以鉤，直者不以繩，圓者不以規，方者不以矩，附離不以膠漆，約束不以纆索。"《論語·爲政》："哀公問曰：'何爲則民服？'孔子對曰：'舉直錯諸枉，則民服；舉枉錯諸直，則民不服。'"

區

清華一·皇門 07 疋(胥)區(驅)疋(胥)敎(教)于非彝

清華一·皇門 09 乃隹(維)乍(詐)區(詬)以舍(答)

清華六·孺子 02 區=(區區)奠(鄭)邦戬(望)虐(吾)君

 清華六·管仲 29 唯(雖)齊邦區=(區區)

《説文·匸部》:"區,踦區,藏匿也。从品在匸中。品,衆也。"

清華一·皇門 07"區",讀爲"驅",驅使。

清華一·皇門 09"乍區",讀爲"詐訏",指欺詐。《廣韻·侯韻》:"訏,巧言。"此句今本《逸周書·皇門》作"維作訛以對"。

清華六·孺子 02"區=(區區)奠(鄭)邦"、清華六·管仲 29"齊邦區=(區區)",《廣雅·釋訓》:"區區,小也"。《左傳·襄公十七年》:"子罕曰:'宋國區區,而有詛有祝,禍之本也。'"《史記·平準書》:"齊桓公用管仲之謀,通輕重之權,徼山海之業,以朝諸侯,用區區之齊,顯成霸名。"

毆

 清華二·繫年 057 穆王思(使)毆(驅)累(孟)者(諸)之麋

 清華二·繫年 092 毆(驅)車虖(至于)東畱(畂)

《説文·馬部》:"驅,馬馳也。从馬,區聲。駆,古文驅从攴。"

清華二·繫年 057"穆王思(使)毆(驅)累(孟)者(諸)之麋",穆王使人驅趕孟諸的麋鹿。《禮記·月令》:"是月也,驅獸毋害五穀,毋大田獵。"

清華二·繫年 092"毆車",讀爲"驅車",趕車,駕駛車輛。《韓非子·外儲説右下》:"造父驅車入圃,馬見圃池而走,造父不能禁。"《古詩十九首·青青陵上柏》:"驅車策駑馬,遊戲宛與洛。"

溪紐青聲

𡥓

清華六·太伯甲 01 不𡥓（穀）學（幼）弱

清華六·太伯甲 02 不𡥓（穀）以能與遱（就）宋（次）

清華六·太伯甲 02 與不𡥓（穀）爭白（伯）父

清華六·太伯甲 03 所天不豫（舍）白父而……𡥓（穀）

～，从"子"，"青"聲，"穀"之異體。《説文·子部》："穀，乳也。从子，㱿聲。一曰穀瞀也。"

清華六·太伯"不𡥓"，讀爲"不穀"，不善，王者自貶之辭，謙稱。《左傳·僖公四年》："齊侯曰：'豈不穀是爲？'"杜預注："孤、寡、不穀，諸侯謙稱。"

敦

清華二·繫年 041 戍敦（穀）

清華三·芮良夫 21 年敦（穀）焚（紛）成

清華三·芮良夫 24 非敦折（哲）人

清華五·命訓 04 夫民生而樂生敦（穀）

清華五・命訓 04 上以教（穀）之

 清華五・厚門 19 以稳（植）五教（穀）

 清華六・管仲 30 不教（穀）

 清華六・太伯乙 01 不教（穀）幽（幼）弱

 清華六・太伯乙 02 不教（穀）以能與邁（就）槩（次）

 清華六・太伯乙 02 與不教（穀）請（爭）白（伯）父

 清華六・子儀 03 不教（穀）繻左

 清華六・子儀 04 君及不教（穀）剸（專）心穆（勠）力以左右者（諸）侯

 清華六・子儀 11 以不教（穀）之攸（修）遠於君

 清華六・子儀 13 不教（穀）佰（宿）之霝（靈）岙（陰）

 清華六・子儀 16 不教（穀）欲裕我亡反副（復）

清華六·子儀17 不 (穀)敢 (愛)糧

　清華七·子犯09 不 (穀)余敢 (問)亓(其)道䌛(猷)女(如)

　清華七·越公53 則賞 (穀)之

　清華七·越公69 昔不 (穀)先秉利於雩(越)

　清華七·越公73 不 (穀)亓(其) (將)王於甬句重(東)

　清華八·攝命30 隹(唯) (穀)眔非 (穀)

　清華八·攝命30 非 (穀)

～，與 (上博六·用3)、 (上博八·王4)同。《說文·子部》："𡥈，乳也。从子，𣪊聲。一曰𡥈督也。"

清華二·繫年041" "，讀爲"穀"，地名。《春秋·莊公七年》："冬，夫人姜氏會齊侯於穀。"杜預注："穀，齊地，今濟北穀城縣。"

清華三·芮良夫21"年 "，讀爲"年穀"，一年中種植的穀物。《國語·楚語上》："財用盡焉，年穀敗焉。"《禮記·曲禮下》："歲凶，年穀不登，君膳不祭肺，馬不食穀。"

清華三·芮良夫24" "，《說文·子部》："𡥈，乳也。"段玉裁注："此乳者，謂既生而乳哺之也。""𡥈哲人"是𡥈於哲人的意思。或讀爲"覯"。(唐洪志)

清華五·命訓04" "，讀爲"穀"。《詩·小雅·天保》："天保定爾，俾爾戩穀。"毛傳："穀，禄。"

清華五·耆門19"五 "，讀爲"五穀"，五種穀物。所指不一。《周禮·天官·疾醫》:"以五味、五穀、五藥養其病。"鄭玄注:"五穀,麻、黍、稷、麥、豆也。"《孟子·滕文公上》:"樹藝五穀,五穀熟而民人育。"趙歧注:"五穀謂稻、黍、稷、麥、菽也。"

清華六·太伯、子儀、管仲30,清華七·子犯09、越公"不教",讀爲"不穀",不善,王者自貶之辭,謙稱。參上。

清華七·越公53"賞教",讀爲"賞穀",賞賜俸養。"穀",養,給以俸祿。《詩·小雅·小弁》:"民莫不穀,我獨于罹。"或讀爲"賞購",猶"償購",獎勵有功而爲善者。《廣雅·釋言》:"購,償也。"簡文"則賞購之"與"則戮殺之"形成對文。(胡敕瑞)

清華八·攝命30"穀",《爾雅·釋詁》:"善也。"

勢

　　清華一·金縢03 勢(遘)遻(害)虐(虐)疾

～,從"力","㱿"聲。

清華一·金縢03"勢",讀爲"遘"。《說文》:"遘,遇也。"今本《書·金縢》作"遘厲虐疾",孔傳:"厲,危。虐,暴也。"

穀

　　清華三·芮良夫09 疋(胥)穀(穀)疋(胥)均(均)

　　清華八·邦道06 則茻(草)木以返(及)百穀(穀)曼(慢)生

　　清華八·邦道07 則茻(草)木以返(及)百穀(穀)茅(茂)長繇實

　　清華八·邦道17 女(焉)少(小)穀(穀)亓(其)事

～,從"禾","㱿"聲,"穀"之異體。《說文·禾部》:"穀,續也。百穀之總名。从禾,殻聲。"

清華三·芮良夫09"榖",即"穀"。《詩·小雅·小弁》:"民莫不穀。"鄭箋:"穀,養。"

清華八·邦道06、07"百榖",即"百穀",穀類的總稱。《書·舜典》:"帝曰:'棄,黎民阻飢,汝后稷,播時百穀。'"《詩·豳風·七月》:"亟其乘屋,其始播百穀。"

清華八·邦道17"榖",即"穀",或讀爲"由",任用。《左傳·襄公三十年》:"武不才,任君之大事,以晉國之多虞,不能由吾子,使吾子辱在泥塗久矣,武之罪也。"杜預注:"由,用也。"(石小力等)或讀爲"穀",校量,比量。(胡敕瑞)或訓爲官俸,此處謂給予官職。《論語·憲問》"邦有道,穀",《集解》引孔安國注:"穀,祿也。"

榖

 清華七·晉文公06 爲榖(角)龍之旍(旗)師以戠(戰)

~,从"木","殻"聲,"穀"之異體。《說文·木部》:"穀,楮也。从木,殻聲。"

清華七·晉文公06"榖",讀爲"角"或"逪",旗上畫二龍邅遇角鬭。

溪紐哭聲

哭

 清華四·筮法02 痽(病)哭死

~,與 (上博五·三1)同。《說文·哭部》:"哭,哀聲也。从吅,獄省聲。"

清華四·筮法02"哭",因悲傷痛苦或情緒激動而流淚、發聲。《論語·述而》:"子於是日哭,則不歌。"

疑紐玉聲

玉

清華一·尹至 02 龍(寵)二玉

清華一·尹誥 04 亓(其)又(有)顕(夏)之[金]玉田邑

清華二·繫年 043 命(令)尹子玉述(遂)衛(率)奠(鄭)、衛(衛)、陳、郼(蔡)

清華二·繫年 059 貤(奪)亓(其)玉帛

清華二·繫年 071 以鶉骼玉笒(爵)與臺(淳)于之田

清華三·説命下 07 思(使)若玉冰

清華五·厚父 12 女(如)玉之才(在)石

清華五·封許 06 玉礜

清華五·啻門 06 是胃(謂)玉穜(種)

～，與 玉(上博五·弟 19)、玉(新蔡甲三 170)同。《説文·玉部》："玉，石之美。有五德：潤澤以溫，仁之方也；鰓理自外，可以知中，義之方也；其聲舒揚，專以遠聞，智之方也；不橈而折，勇之方也；鋭廉而不忮，絜之方也。象三玉之連,丨其貫也。䍌,古文玉。"

清華一·尹至 02"龓二玉",讀爲"寵二玉",指寵愛琬、琰二女。《太平御覽》卷一三五引《紀年》:"后桀伐岷山,岷山女于桀二人,曰琬曰琰。桀受二女,無子,刻其名于苕華之玉,苕是琬,華是琰。"《吕氏春秋·慎大》:"桀迷惑於末嬉,好彼琬琰,不恤其衆。"

清華一·尹誥 04"金玉",黄金與珠玉。珍寶的通稱。《左傳·襄公五年》:"無藏金玉,無重器備。"

清華二·繫年 043"命尹子玉",讀爲"令尹子玉"。《左傳·僖公二十五年》:"楚令尹子玉追秦師,弗及,遂圍陳,納頓子于頓。"

清華二·繫年 059"玉帛",圭璋和束帛。古代祭祀、會盟、朝聘等均用之。《周禮·春官·肆師》:"立大祀用玉帛牲牷。"《左傳·哀公七年》:"禹合諸侯於塗山,執玉帛者萬國。"

清華二·繫年 071"玉笒",讀爲"玉爵",玉製的酒杯。《周禮·天官·大宰》:"享先王亦如之,贊玉几、玉爵。"孫詒讓《正義》:"程瑶田云:'玉爵即玉琖也。《明堂位》曰:"爵,夏后氏以琖,殷以斝,周以爵。"此明魯有三代之爵,其名不同,其爲爵一也。'"《禮記·曲禮上》:"飲玉爵者弗揮。"孔穎達疏:"玉爵,玉杯也。"

清華三·說命下 07"玉冰",玉和冰,比喻潔白。黄庭堅《以右軍書數種贈丘十四》詩:"眼如霜鶻齒玉冰,擁書環坐愛窗明。"楊萬里《謝趙茂甫惠浙曹中筆蜀越薄箋》詩之一:"公子平生無長物,几研生涯敵玉冰。"

清華五·厚父 12"玉",温潤而有光澤的美石。《詩·小雅·鶴鳴》:"它山之石,可以攻玉。"泛指玉石的製品。

清華五·封許 06"玉睪",讀爲"玉環",玉製的環。《韓非子·說林下》:"吾好珮,此人遺我玉環。"或讀爲"玉璲"。(白於藍)或讀爲"玉翮(扼/軛)"。(馮勝君)

清華五·菁門 06"玉穜",讀爲"玉種",美好的種子。

疑紐獄聲

獄

　清華一·皇門 11 獄用亡(無)成

清華六·子儀 18 獄乃成

 清華八·攝命 22 凡人有獄有䛒

 清華八·攝命 23 凡人無獄亡（無）䛒

 清華八·邦道 24 邦獄衆多

～，與 、同。《説文·㹜部》："獄，確也。从㹜从言。二犬，所以守也。"

清華一·皇門 11"獄用亡（無）成"，今本《逸周書·皇門》作"獄用無成"。

清華六·子儀 18，清華八·攝命 22、23，清華八·邦道 24"獄"，爭訟。《周禮·秋官·大司寇》："以兩劑禁民獄。"鄭玄注："獄，謂相告以罪名者。"《國語·周語中》："夫君臣無獄……君臣皆獄，父子將獄，是無上下也。"韋昭注："獄，訟也。無是非曲直，獄訟之義也。"

訣

 清華七·晉文公 02 命訟訣（獄）敂（拘）執䊼（釋）

 清華七·越公 41 凡又（有）訣（獄）訟辜＝（至于）王廷

 清華七·越公 43 雩（越）則亡（無）訣（獄）

～，"獄"之省形。

清華七·晉文公 02"訟訣"，即"訟獄"，訴訟。《管子·小匡》："無坐抑而訟獄者，正三禁之而不直。"

清華七·越公41"訤訟",即"獄訟",訟事,訟案。《周禮·地官·大司徒》:"凡萬民之不服教而有獄訟者,與有地治者聽而斷之,其附于刑者歸于士。"鄭玄注:"爭罪曰獄,爭財曰訟。"賈公彥疏:"獄訟相對,故獄爲爭罪,訟爲爭財。若獄訟不相對,則爭財亦爲獄。"

清華七·越公43"亡訤",讀爲"無獄"。《國語·周語中》:"君臣無獄。"韋昭注:"獄,訟也。"

透紐束聲

棘

清華一·尹至03 隹(惟)我棘(速)褐(禍)

清華五·三壽28 棘(束)東(簡)和薆(慕)

清華八·邦政07 亓(其)君聖(聽)詺(佞)而棘(速)兌(變)

~,從二"朿",疑"朿"字繁體。清華一·耆夜04"速"字作▇可證。

清華一·尹至03"棘",讀爲"速",招致。《詩·召南·行露》:"誰謂女無家,何以速我獄?"朱熹《集傳》:"速,召致也。"

清華五·三壽28"棘",即"束",約束。《莊子·秋水》:"曲士不可以語於道者,束於教也。"

清華八·邦政07"棘",讀爲"速",迅速,快。《論語·子路》:"欲速則不達,見小利則大事不成。"或讀爲"數"。簡文"數變",屢次改變。《管子·侈靡》:"毋數變易,是爲敗成。"《尉繚子·戰威》:"衆不審則數變,數變則令雖出,衆不信矣。"(蔡偉)

謷

清華八·處位01 厇(度)君謷(速)臣

《説文・辵部》:"速,疾也,从辵,束聲。䢌,籀文从欶。𧧺,古文,从欶,从言。"

清華八・處位 01"𧧺",《説文》"速"字古文。《詩・小雅・伐木》:"既有肥羜,以速諸父。"鄭箋:"速,召也。"

速

清華一・耆夜 04 嘉爵(爵)速猒(飲)

清華一・耆夜 06 嘉爵(爵)速猒(飲)

清華四・筮法 28 乃曰迷〈速〉

清華八・天下 07 乃迷〈速〉用之

䢌,與䢌(上博一・性 39)、䢌(上博八・王 6)同;䢌,與䢌(上博五・季 22)同,从二"束"。《説文・辵部》:"速,疾也,从辵,束聲。䢌,籀文从欶。𧧺,古文,从欶,从言。"

清華一・耆夜 04、06"速猒",即"速飲",快喝。

清華四・筮法 28"迷",即"速"字。筮占志事時卦象出現與該日干支相應,是志事將"速"得。筮占疾病時,則爲"速"瘥。包山二〇〇簡有"志事少遲得""志事速得"。

清華八・天下 07"速",迅速,快。《説文》:"速,疾也。"《論語・子路》:"欲速則不達,見小利則大事不成。"

欶

清華八・邦道 12 母(毋)又(有)罡(疏)欶(數)

～,與(上博四·曹54)同,从"网","棘"聲,"朿"字繁體。《説文·朿部》:"朿,縛也。从囗、木。凡朿之屬皆从朿。"

清華八·邦道12"罡纛",讀爲"疏數",稀疏和密集。《周禮·夏官·大司馬》:"中春教振旅……以教坐作進退疾徐疏數之節。""罡",指孔眼稀疏的網。"纛",指孔眼細密的網。二字亦分别泛指疏、密。

東

清華一·尹至03 才(在)西才(在)東

清華一·尹至03 憲(曷)今東恙(祥)不章(彰)

清華一·耆夜02 叀(作)策巍(逸)爲東尚(堂)之客

清華一·金縢08 周公石(宅)東三年

清華二·繫年009 乃東遷(徙)

清華二·繫年010 奠(鄭)武公亦政東方之者(諸)侯

清華二·繫年014 飛曆(廉)東逃于商盍(蓋)氏

清華二·繫年015 坪(平)王東遷(遷)

清華二·繫年016 秦中(仲)女(焉)東居周地

· 1085 ·

清華二·繫年019 壟(衛)人乃東涉河

清華二·繫年046 秦自(師)牆(將)東矞(襲)奠(鄭)

清華二·繫年092 毆(驅)車至(至于)東晦(海)

清華四·筮法49 䨺(震)祟：日出，東方

清華四·筮法60 東方也，木也，青色

清華六·太伯甲08 乃東伐齊鄦之戎爲敚(徹)

清華六·太伯甲08 東啓遺(隤)、樂

清華六·太伯乙07 乃東伐齊鄦之戎爲敚(徹)

清華六·子儀04 乃張大庪於東奇之外

清華六·子儀12 救兄弟以見東方之者(諸)侯

清華六·太伯乙07 東攺(啓)遺(隤)、樂

清華七·晉文公07 五年啓東道

清華七·晉文公 08 九年大旻（得）河東之者（諸）侯

 清華七·越公 48 東尼（夷）

 清華七·越公 57 成于東尼（夷）、西尼（夷）

～，與 ![東] （上博二·容 25）同。《說文·東部》："東，動也。从木。官溥說：从日在木中。"

清華一·尹至 03 "才（在）西才（在）東"，在西爲夏之祥，在東爲商之祥。

清華一·尹至 03 "憲今東羞不章"，讀爲"曷今東祥不彰"。《吕氏春秋·慎大》："末嬉言曰：'今昔天子夢西方有日，東方有日。兩日相與鬭，西方日勝，東方日不勝。'伊尹以告湯。"

清華一·耆夜 02 "東尚"，讀爲"東堂"，東廂的殿堂或廳堂。《書·顧命》："一人冕，執劉，立于東堂；一人冕，執鉞，立于西堂。"

清華一·金縢 08 "周公石東三年"，讀爲"周公宅東三年"。《列子·楊朱》："武王既終，成王幼弱，周公攝天子之政。邵公不悅，四國流言。居東三年，誅兄放弟，僅免其身，戚戚然以至於死：此天人之危懼者也。"

清華二·繫年 009 "東遷"，讀爲"東徙"。《吕氏春秋·疑似》："此褒姒之所用死，而平王所以東徙也，秦襄、晉文之所以勞王勞而賜地也。"

清華二·繫年 010、清華六·子儀 12 "東方"，指陝以東地區或封國。《禮記·王制》："東方曰夷，被髮文身，有不火食者矣。"《左傳·襄公十八年》："中行獻子將伐齊……巫曰：'今兹主必死，若有事於東方，則可以逞。'獻子許諾。"

清華二·繫年 014 "飛曆東逃于商盍氏"，讀爲"飛廉東逃于商蓋氏"，飛廉嚮東逃到商蓋。

清華二·繫年 015 "坪王東遷"，讀爲"平王東遷"。《左傳·僖公二十二年》："初，平王之東遷也，辛有適伊川，見被髮而祭於野者。"

清華二·繫年 016 "秦中女東居周地"，讀爲"秦仲焉東居周地"。《漢書·地理志》："昔周公營雒邑，以爲在于土中，諸侯蕃屏四方，故立京師。至幽王淫褒姒，以滅宗周，子平王東居雒邑。"

清華二·繫年019"衛人乃東涉河",《後漢書·肅宗孝章帝紀》:"九月甲戌,幸偃師,東涉卷津,至河内。"

清華二·繫年046"東嘉",讀爲"東襲"。《漢書·匈奴傳》:"其冬,都隆奇與右賢王共立日逐王薄胥堂爲屠耆單于,發兵數萬人東襲呼韓邪單于。"

清華二·繫年092"東每",讀爲"東海"。《韓非子·外儲說右上》:"太公望東封於齊,齊東海上有居士曰狂矞、華士。"《穀梁傳·成公二年》:"壹戰綿地五百里,焚雍門之茨,侵車東至海。"《左傳·襄公十八年》:"東侵及濰,南及沂。"杜預注:"濰水在東莞東北,至北海都昌縣入海。"或許濰水所入的渤海也屬於先秦人所說的"東海"。(陳偉)

清華四·筮法49"日出,東方",《莊子·田子方》:"日出東方而入於西極,萬物莫不比方,有目有趾者,待是而後成功,是出則存,是入則亡。"

清華四·筮法60"東方也,木也,青色",《淮南子·天文》:"東方,木也,其帝太皞,其佐句芒,執規而治春。"

清華六·太伯甲08、太伯乙07"東伐",《淮南子·人間》:"昔晉厲公南伐楚,東伐齊,西伐秦,北伐燕,兵橫行天下而無所綣,威服四方而無所詘,遂合諸侯於嘉陵。"

清華六·子儀04"東奇",當爲"杏會"某處。

清華七·晉文公07"五年啓東道",《國語·晉語四》:"冬,襄王避昭叔之難,居於鄭地氾。使來告難,亦使告於秦……公說,乃行賂於草中之戎與麗土之狄,以啓東道。""啓東道",開啓通往東方的道路。

清華七·晉文公08"河東",山西省境内黄河以東的地區。《左傳·僖公十五年》:"於是秦始征晉河東,置官司焉。"《孟子·梁惠王上》:"河内凶,則移其民於河東,移其粟於河内。河東凶亦然。"趙岐注:"魏舊在河東,後爲強國,兼得河内也。"

清華七·越公48、57"東尸、西尸",讀爲"東夷、西夷",多見於古書,多爲中原對東西邊裔之稱謂。越之西是楚,東是海,東夷、西夷,或爲誇大之辭。

棟

清華三·赤鵠08 帝命二黄它(蛇)與二白兔尻(處)句(后)之帰

(寢)室之棟

清華三·赤鵠 12 凥（處）句（后）之帰（寢）室之棟

 清華八·邦政 05 亓（其）君執棟

《説文·木部》："棟，極也。从木，東聲。"

清華三·赤鵠 08、12"棟"，屋的正梁。《易·繫辭下》："上古穴居而野處，後世聖人易之以宫室，上棟下宇，以待風雨。"《儀禮·鄉射禮》："序則物當棟。"鄭玄注："是制五架之屋也，正中曰棟，次曰楣，前曰庪。"

清華八·邦政 05"棟"，棟梁，比喻重要的人。《左傳·襄公三十一年》："子於鄭國，棟也。"《國語·晉語一》："大子，國之棟也。"

重

 清華七·越公 73 不敎（穀）亓（其）䢦（將）王於甬句重（東）

《説文·重部》："重，厚也。从壬，東聲。"

清華七·越公 73"不穀其將王於甬句重"，《國語·吴語》作"寡人其達王於甬句東"，韋昭注："甬句東，今句章東浹口外州也。"《國語·越語上》作"吾請達王甬句東"，韋昭注："甬，甬江；句，句章。"《史記·越王句踐世家》作"甬東"。"甬句東"，春秋越地。即今浙江東部舟山島。

踵

 清華三·祝辭 05 踵弓

《説文·足部》："踵，追也。从足，重聲。一曰，往來皃。"
清華三·祝辭 05"踵弓"，弓名。

腫

 清華四·筮法 59 爲腫（踵）

《説文·肉部》:"腫,癰也。从肉,重聲。"

清華四·筮法59"腫",或讀爲"踵",腳後跟,亦泛指腳。《荀子·榮辱》:"小人莫不延頸舉踵而願曰:'知慮材性,固有以賢人矣!'"

瘇

 清華四·筮法53 爲瘇(腫)脹

～,从"疒","重"聲,"腫"之異體。

清華四·筮法53"瘇脹",即"腫脹",肌肉浮脹。《左傳·定公十年》:"公閉門而泣之,目盡腫。"《素問·大奇論》:"肝滿腎滿肺滿皆實,即爲腫。"王冰注:"腫,謂癰腫也。"《史記·扁鵲倉公列傳》:"病見寒氣則遺溺,使人腹腫。"

敱

 清華三·琴舞16 文非敱(動)帀

～,从"攴","重"聲。或隸作"敂"。

清華三·琴舞16"敱",讀爲"動",變化。簡文"文非動帀"與元內啓之"文非易帀"文意相通。或讀爲"陳"。(白於藍)

賱

 清華二·繫年129 晉賱余衒(率)晉自(師)與奠(鄭)自(師)以內(入)王子定

～,从"貝","重"聲。

清華二·繫年129"賱余",人名。

童

 清華三·芮良夫06 卑之若童(重)載以行隋(巇)隃(險)

清華三·祝辭03 童（同）以心

清華三·祝辭04 童（同）以目

清華三·祝辭05 童（同）以骰

清華五·命訓12 童（動）之以事

清華六·孺子08 乳=（孺子）亓（其）童（重）旻（得）良臣

清華六·管仲19 亓（其）童（動）亡（無）豊（禮）

清華六·管仲26 辰（蠢）童（動）謹（謹）畏

清華五·封許08 圂童才（在）惥（憂）

～，與 ■（郭店·窮達以時11）、■上博七·吳1）、■（郭店·語叢四14）同。《說文·辛部》：“童，男有皋曰奴，奴曰童，女曰妾。从辛，重省聲。■，籒文童，中與竊中同，从廿。廿，以爲古文疾字。”

清華三·芮良夫06“童載”，讀爲“重載”，古時謂裝載輜重等貨物。《左傳·成公五年》：“伯宗辟重。”杜預注：“重載之車。”

清華三·祝辭03“童（同）以心”、清華三·祝辭04“童（同）以目”、清華三·祝辭05“童（同）以骰”之“童”，讀爲“同”。《詩·小雅·車攻》毛傳：“齊也。”“同以心”，意指矢發方嚮與射者之心平齊，後“同以目”“同以骰”類推。

清華五·命訓12“童（動）之以事”，今本《逸周書·命訓》作“動之以事”。

清華六·孺子 08 "童",讀爲"重",訓"多",見《詞詮》第二一〇頁。

清華六·管仲 19 "童",讀爲"動",行動。《孫子·軍爭》:"故兵以詐立,以利動,以分合爲變者也。"

清華六·管仲 26 "辰童",讀爲"蠢動"。《爾雅·釋訓》:"蠢,動也。"

清華五·封許 08 "圂童才惪",讀爲"圂湛在憂",與毛公鼎"圂湛于囏"(《集成》02841)義近。"童",讀爲"湛"。"童"古音爲定母東部字,"湛"古音爲澄母侵部字。《書·金縢》"予沖人"之"沖",清華簡作"沈","沈"是定母侵部字,"沖"則屬定母冬部。朱駿聲《說文通訓定聲·豐部》:"沖,叚借爲僮。"《書·盤庚下》"肆予沖人",孔傳:"沖,童。童人,謙也。"《書·大誥》"我幼沖人",《大傳》引作"我幼童人"。(蔡偉)

達

清華一·金縢 12 今皇天達(動)亞(威)

清華一·祭公 11 達(董)之甬(用)畏(威)

清華二·繫年 115 達週而歸之於楚

~,與 (上博五·君 2)同,从"辵","童"聲,"動"之異體。

清華一·金縢 12 "今皇天達(動)亞(威)",今本《書·金縢》:"今天動威,以彰周公之德。"孔傳:"發雷風之威以明周公之聖德。"

清華一·祭公 11 "達(董)之甬(用)畏(威)",《左傳·文公七年》引《夏書》:"董之用威。"

清華二·繫年 115 "達",讀爲"衝",攻擊。《呂氏春秋·貴卒》:"衣鐵甲操鐵杖以戰,而所擊無不碎,所衝無不陷。"

鍾

清華六·孺子 13 加鍾(重)於夫=(大夫)

清華六・孺子13 女（汝）訢（慎）鉒（重）君薨（葬）而舊（久）之於上三月

～，乃"童"字繁體，加注"主"聲。

清華六・孺子13"鉒"，讀爲"重"，訓"任"，見《群經平議・左傳三》。

清華六・孺子13"鉒"，讀爲"重"，訓"厚"，見《淮南子・俶真》注。一說"鉒"讀"主"，主持。

僮

　　清華六・子儀06 此㥊（慍）之昜（傷）僮

　　清華六・子儀07 是不攻而猶僮

　　清華七・越公58 雩邦庶民則皆䟃（震）僮（動）

～，與 （上博三・周1）、 （上博三・周22）同。《說文・人部》："僮，未冠也。从人，童聲。"

清華六・子儀06"此㥊之昜僮"，或疑讀爲"此慍之傷慟"，作爲盟友，秦人對晉人的伏擊行爲感到受傷和悲痛。（楊蒙生）

清華六・子儀07"是不攻而猶僮"，讀爲"寔不扞而猶撞"，晉人攻擊了未有任何防備之秦軍。（楊蒙生）

清華七・越公58"䟃僮"，讀爲"震動"，震驚，驚動。《書・盤庚下》："爾謂朕：'曷震動萬民以遷？'"《國語・周語上》："民用莫不震動，恪恭於農，修其疆畔，日服其鎛，不解於時，財用不乏，民用和同。"

憧

　　清華三・芮良夫12 莫敢忞憧

～，與（上博三·中 4）同，从"心"，"童"聲。《說文·心部》："憧，意不定也。从心，童聲。"

清華三·芮良夫 12"悉憧"，疑讀爲"悉衆"。《楚辭·九懷》："奮搖兮衆芳。"《考異》："衆，一作種。""童""重"古通，例不備舉。《說文》："悉，懲也。"段注："古多用乂、艾爲之，而悉廢矣。""悉"，懲處、懲治之義。簡文"悉衆"，懲處衆人。

穜

清華五·啻門 06 是胃（謂）玉穜（種）

清華六·管仲 13 五穜（種）時管（熟）

清華八·邦道 08 幾（豈）有亙（恆）穜（種）才（哉）

清華八·邦道 25 五穜（種）貴

～，與（上博六·木 2）同。《說文·禾部》："穜，埶也。从禾，童聲。"

清華五·啻門 06"玉穜"，讀爲"玉種"，美好的種子。

清華六·管仲 13、清華八·邦道 25"五種"，《周禮·職方氏》"河南曰豫州……其穀宜五種"，鄭注："黍、稷、菽、麥、稻。"

清華八·邦道 08"穜"，讀爲"種"，人或其他生物的族類。《戰國策·齊六》："女無媒而嫁者，非吾種也。"《史記·陳涉世家》："且壯士不死即已，死即舉大名耳，王侯將相，寧有種乎！"

纏

清華八·虞夏 03 型纏（鐘）未弃（棄）文章

～，與**𦃩**(上博八·李 2)同，从"糸"，"童"聲，"緟"字異體。《説文·糸部》："緟，增益也。从糸，重聲。"

清華八·虞夏 03"型緟"，讀爲"型鐘"。上博四·曹沫 1："魯莊公將爲大鐘，型既成矣。"曹沫 10："乃命毁鐘型而聽邦政。"

橦

 清華八·天下 03 至(臻)亓(其)橦(衝)階

《説文·木部》："橦，帳極也。从木，童聲。"

清華八·天下 03"橦階"，與前文守城器械"櫓隌"對舉，指兩種攻城器械。"橦"，讀爲"衝"。《詩·大雅·皇矣》："以爾鉤援，與爾臨衝，以伐崇墉。"毛傳："衝，衝車也。"《淮南子·兵略》："故攻不待衝隆、雲梯而城拔，戰不至交兵接刃而敵破，明於必勝之攻也。"

軅

 清華一·尹至 02 隹(惟)栽(滋)虐(虐)悳(德)瘴(暴)軅(重)

～，从"身"，"童"聲。或説是重身之"重"的專字。(鄔可晶)

清華一·尹至 02"軅"，讀爲"重"，指懷孕者。《詩·大雅·大明》："大任有身。"毛傳："身，重也。"鄭箋："重謂懷孕也。""暴重"，侵凌、殘害孕婦。(鄔可晶)或讀爲"暴動"，舉動暴亂。《淮南子·兵略》："夫兵者，所以禁暴討亂也。"(《讀本一》第 11 頁)

褈

 清華二·繫年 085 命(令)尹子褈(重)伐奠(鄭)

 清華七·子犯 13 公子褈(重)耳餂(問)於邧(蹇)弔(叔)曰

～,從"衣","童"聲。

清華二·繫年085"命尹子䢔",讀爲"令尹子重",即公子嬰齊,青銅器中作王子嬰次(《集成》10386,王子嬰次爐),楚莊王弟。"令尹子重伐鄭",見《春秋·成公七年》:"秋,楚公子嬰齊帥師伐鄭。"同年《左傳》:"秋,楚子重伐鄭,師于氾。"

清華七·子犯13"䢔耳",讀爲"重耳",晉獻公子,後入國稱霸,史稱晉文公。《史記·晉世家》:"壬寅,重耳入於晉師。丙午,入於曲沃。丁未,朝於武宮,即位爲晉君,是爲文公。"

竧

 清華七·越公21 孤用医(委)命竧(重)唇(臣)

～,從"立","童"聲。

清華七·越公21"竧唇",疑讀"重臣"。《管子·明法解》:"治亂不以法斷,而決於重臣……此寄生之主也。"

定紐蜀聲

蜀

 清華一·皇門10 曰余蜀(獨)備(服)才(在)寢

 清華三·說命下10 母(毋)蜀(獨)乃心

 清華三·芮良夫15 裏(懷)㤅(慈)學(幼)弱嬴(嬴)募(寡)踁(矜)蜀(獨)

 清華七·子犯05 幸旻(得)又(有)利不忻蜀(獨)

清華七・子犯 06 誠殹(緊)蜀(獨)亓(其)志

　　清華八・心中 06 亓(其)母(毋)蜀(獨)忻(祈)保豥(家)叟(没)身於禺(鬼)與天

　　～，與 、、同。《説文・虫部》："蜀，葵中蠶也。从虫，上目象蜀頭形，中象其身蜎蜎。《詩》曰：'蜎蜎者蜀。'"

　　清華一・皇門 10"曰余蜀(獨)備(服)才(在)寢"，今本《逸周書・皇門》作"曰予獨服在寢"。丁宗洛《逸周書管箋》："獨服在寢，言專妬也。"

　　清華三・説命下 10、清華七・子犯 05"蜀"，讀爲"獨"，單獨，獨自。《莊子・人間世》："回聞衛君，其年壯，其行獨。"郭象注："不與民同欲也。"陸德明《釋文》引崔譔："自專也。"

　　清華三・芮良夫 15"褱忎㜻弱嬴募悡蜀"，讀爲"懷慈幼弱嬴寡矜獨"，安撫愛護幼弱、衰病、老而無夫、老而無妻、老而無子的人。《禮記・禮運》："選賢與能，講信脩睦，故人不獨親其親，不獨子其子，使老有所終，壯有所用，幼有所長，矜寡孤獨廢疾者，皆有所養。"《禮記・王制》："少而無父者謂之孤，老而無子者謂之獨，老而無妻者謂之矜，老而無夫者謂之寡。""獨"，老而無子孫者。《書・洪範》："無虐煢獨而畏高明。"孔傳："無子曰獨。"《周禮・秋官・大司寇》："凡遠近惸獨老幼之欲有復於上，而其長弗達者，立於肺石，三日，士聽其辭，以告於上而罪其長。"鄭玄注："無子孫曰獨。"賈公彦疏："無子有孫不爲獨，故兼云無孫也。"董仲舒《春秋繁露・治水五行》："存幼孤，矜寡獨。"凌曙注引《釋名》："無子曰獨。"

　　清華七・子犯 06"蜀"，讀爲"獨"。"獨其志"，以其志爲獨有，是合志的反義，《逸周書・官人》："合志而同方，共其憂而任其難……曰交友者也。"《禮記・中庸》："故君子慎其獨也。"朱熹《章句》："獨者，人所不知而己所獨知之地也。"《大戴禮記・文王官人》："獨而不克。"王聘珍《解詁》："獨，謂獨善其身。"

　　清華八・心中 06"蜀"，讀爲"獨"，猶"單"也。《詩・小雅・正月》："哀此惸獨。"毛傳："獨，單也。"

・1097・

斀

　　清華七・越公 38 則劼（詰）斀（誅）之

　　清華七・越公 38 則劼（詰）斀（誅）之

～，从倒"矢"，"蜀"聲。疑爲裝矢之囊，與韣爲"弓衣"相類，或即韣。

清華七・越公 38"劼斀"，讀爲"詰誅"，問罪懲罰。《禮記・月令》："（孟秋之月）詰誅暴慢，以明好惡。"鄭玄注："詰，謂問其罪，窮治之也。"

欘

　　清華五・命訓 13 勿（物）氒（厥）尚（權）之欘（屬）也

～，从"木"，"蜀"聲。

清華五・命訓 13"欘"，讀爲"屬"。今本《逸周書・命訓》作"凡此，物攘之屬也"。潘振云："總括其大概曰凡。屬，類也。言此十一事皆行權之類也。"

觕

　　清華八・心中 04 忘（妄）复（作）臭（衡）觕（觸）

～，與（上博一・孔 20）同，从"牛""角"，會意。《玉篇・角部》以"觕"爲"觸"之古文。《説文・角部》："觸，抵也。从角，蜀聲。"

清華八・心中 04"觕"，即"觸"，用角頂物。《墨子・明鬼下》："羊起而觸之。""衡"，綁在牛角上以防觸人的横木。一説穿於牛鼻的横木。《詩・魯頌・閟宮》："秋而載嘗，夏而楅衡。"毛傳："楅衡，設牛角以楅之也。"《周禮・地官・封人》："凡祭祀，飾其牛牲，設其楅衡。"鄭玄注："鄭司農云：'楅衡所以楅持牛也。'……杜子春云：'楅衡，所以持牛，令不得抵觸人。'玄謂楅設于角，衡設于鼻，如椵狀也。"賈公彦疏："恐抵觸人，故須設楅于角。牽時須易制，故設衡于鼻。"孫詒讓《正義》："後鄭以衡别爲一物,與楅所設異處,然此義經典未見。"參見"楅衡"。

泥紐辱聲

辱

 清華六·孺子 15 或(又)辱虐(吾)先君

 清華七·越公 04 辟(親)辱於募(寡)人之䣛=(敝邑)

 清華七·越公 15 君雩(越)公不命使(使)人而夫=(大夫)辟(親)辱

～,與 、同。《説文·辰部》："辱,恥也。从寸在辰下。失耕時,於封畺上戮之也。辰者,農之時也。故房星爲辰,田候也。"

清華六·孺子 15 "辱",侮辱。《左傳·文公十五年》："臣承其祀,其敢辱君？請承命於亞旅。"

清華七·越公 04、15 "辟辱",即"親辱",謙詞,猶言屈駕親臨。《左傳·襄公二十八年》："宋之盟,君實親辱。"《國語·吴語》："今孤不道,得罪於君王,君王以親辱於弊邑。"

蓐

 清華七·越公 28 蓐(農)工(功)旻(得)寺(時)

 清華七·越公 30 王好蓐(農)工(功)

清華七·越公 30 日靚(靖)蓐(農)事

清華七·越公 31 以勸怸(勉)蓐(農)夫

清華七·越公 32 亓(其)見蓐(農)夫老溺(弱)堇(勤)歷者

清華七·越公 32 亓(其)見蓐(農)夫𠂤(稽)顛(頂)足見

清華七·越公 37 雩(越)邦備(服)蓐(農)多食

~，从"又""辰""艸"，手持"辰"除"艸"，會意，"農"字異體。《説文·晨部》："農，耕也。从晨，囟聲。䢈，籀文農从林。𣊧，古文農。䢉，亦古文農。"

清華七·越公 28、30"蓐工"，讀爲"農功"，農事。《左傳·襄公十七年》："宋皇國父爲大宰，爲平公築臺，妨於農功。子罕請俟農功之畢，公弗許。"《國語·周語上》："是時也，王事惟農是務，無有求利於其官，以干農功。"晁錯《論貴粟疏》："一曰主用足，二曰民賦少，三曰勸農功。"

清華七·越公 30"蓐事"，即"農事"，指耕耘、收穫、貯藏等農業生産活動。《禮記·月令》："(季秋之月)乃命冢宰，農事備收。"《左傳·襄公七年》："夫郊祀后稷，以祈農事也。"

清華七·越公 31、32"蓐夫"，即"農夫"，指務農的人。《詩·豳風·七月》："嗟我農夫，我稼既同，上入執宮功。"《周禮·考工記序》："飭力以長地財，謂之農夫。"《荀子·儒效》："人積耨耕而爲農夫，積斲削而爲工匠。"

清華七·越公 37"備農"，讀爲"服農"，猶服田。《書·盤庚上》："若農服田力穡，乃亦有秋。"

來紐鹿聲

鹿

清華一·楚居 07 至宵嚻（敖）酓（熊）鹿自焚遷（徙）居宵

清華六·太伯甲 11 帀（師）之佢鹿

清華六·太伯乙 10 帀（師）之佢鹿

，與 （上博五·鬼 6）、 （上博六·天乙 10）、 （上博八·有 4）同。，上部則是从"虍"。《說文·鹿部》："鹿，獸也。象頭角四足之形。鳥、鹿足相似，从匕。"

清華一·楚居 07"酓鹿"，讀爲"熊麗"。《史記·楚世家》："周文王之時，季連之苗裔曰鬻熊。鬻熊子事文王，蚤卒。其子曰熊麗。熊麗生熊狂，熊狂生熊繹。"

清華六·太伯甲 11、太伯乙 10"帀（師）之佢鹿"，人名。

麤

清華二·繫年 042 乃及秦自（師）回（圍）曹及五麤（鹿）

清華七·晉文公 07 五麤（鹿）

～，與 （上博一·孔 23）同，加注聲符"录"。

清華二·繫年 042、清華七·晉文公 07"五麤"，讀爲"五鹿"，地名。《左傳·僖公二十三年》："過衛，衛文公不禮焉。出於五鹿，乞食於野人，野人與之塊,公子怒,欲鞭之。"杜預注:"五鹿,衛地。今衛縣西北有地名五鹿,陽平元城縣東亦有五鹿。"

勵

清華六·子儀16 勵(篤)仁之櫨(楷)也

~,從"力","鹿"聲。

清華六·子儀16"勵仁之櫨也",讀爲"篤仁之楷也"。郭店·性自39:"篤,仁之方也;仁,性之方也。"

纏

清華四·別卦04 纏(解)

~,從"糸","塵"聲。或説從"廬"聲。

清華四·別卦04"纏",讀爲"解",卦名。六十四卦之一,取緩解之義。《易·解》:"解,利西南,無所往。其來復,吉。有攸往,夙吉。"孔穎達疏:"解者,卦名也……《序卦》云:'物不可以終難,故受之以解。解者,緩也。'然則'解'者,險難解,釋物情舒緩,故爲解也。"上博簡《周易》作"繲",馬王堆帛書、今本《周易》作"解"。

來紐录聲

录

清華五·命訓02 福录(禄)才(在)人

清華五·命訓08 亟(極)福則民录(禄)

清華八·邦道19 佳(雖)阩(踐)立(位)豊录(禄)

～,與🔲(上博一·孔9)、🔲(上博一·孔11)、🔲(上博八·顏12)同。《説文·彔部》:"彔,刻木彔彔也。象形。"

清華五·命訓02"福彔",讀爲"福禄",幸福與爵禄。《詩·大雅·鳧鷖》:"公尸燕飲,福禄來成。"《後漢書·馬武傳》:"有功,輒增邑賞,不任以吏職,故皆保其福禄,終無誅譴者。"

清華五·命訓08"亟(極)福則民彔(禄)",今本《逸周書·命訓》作"極福則民禄"。唐大沛云:"極福則民惟知有禄,將懷竊禄之心。"

清華八·邦道19"豐彔",讀爲"豐禄"。《荀子·議兵》:"是高爵豐禄之所加也,榮孰大焉?"

彔

清華一·尹至01 彔至才(在)湯

清華三·琴舞13 舍(余)彔(逯)思念

～,甲骨文作🔲(《合集》20964),楚簡或作🔲(郭店·魯穆7)、🔲(安大一85),上從"夕"可能兼聲。"彔(來屋)""夕(定鐸)",聲紐都是舌頭音,韻部鐸屋旁轉。或作🔲(上博四·曹21),從"夕",從"彔"。

清華一·尹至01"彔",字見甲骨文,指晚上的某一段時間。(參黃天樹《殷墟甲骨文所見夜間時稱考》,《黃天樹古文字論集》第一八五——一八八頁,學苑出版社二〇〇六年)

清華三·琴舞13"彔",疑讀爲"逯"。《廣韻》:"逯,謹也。"

彔

清華二·繫年013 殺三監而立彔子耿

清華二·繫年 014 殺彔子耿

 清華六·管仲 26 昏彔（彔）以行

～，從"宀"，"彔"聲。

清華二·繫年 013、014"彔子耿"，即大保簋（《集成》04140）"王伐彔子䚉，叡厥反，王降征命于大保（即召公）"之"彔子䚉"，紂子武庚祿父。《史記·管蔡世家》："武王已克殷紂，平天下，封功臣昆弟。於是封叔鮮於管，封叔度於蔡：二人相紂子武庚祿父，治殷遺民。"

清華六·管仲 26"昏彔"，讀爲"昏麓"，晚上。

精紐足聲

足

 清華一·保訓 11 日不足隹㒈（宿）不羕

 清華四·筮法 56 爲足

 清華六·子產 19 宰（卑）不足先善君之憸（驗）

 清華七·越公 32 亓（其）見蓐（農）夫䏌（稽）顛（頂）足見

 清華八·處位 08 人而不足甬（用）

 清華八·邦道 13 古（故）資裕以易足

清華八·邦道 27 足以敗（敗）於邦

～，與 、同。《說文·足部》："足，人之足也。在下。从止、口。"

清華一·保訓 11"日不足"，《逸周書·大開》有"維宿不悉日不足"，《小開》有"宿不悉日不足"，潘振《周書解義》："日不足，嫌日短也。"《詩·小雅·天保》："降爾遐福，維日不足。"鄭箋："天又下予女以廣遠之福，使天下溥蒙之，汲汲然如日，且不足也。"

清華四·筮法 56"足"，腳，腿。《書·說命上》："若跣弗視地，厥足用傷。"孔傳："跣必視地，足乃無害。"

清華六·子產 19、清華八·處位 08"不足"，不充足，不夠。《荀子·禮論》："斷長續短，損有餘，益不足，達愛敬之文，而滋成行義之美者也。"

清華七·越公 32"頶顛足見"，讀爲"稽頂足見"，稽首見腳。或說"足見"，簡文中指農民積日勞作，鞋子破損使足外現。

清華八·邦道 13"資裕以易足"，物資充裕而易富足。《書·旅獒》："不作無益害有益，功乃成；不貴異物賤用物，民乃足。"《孟子·梁惠王下》："春省耕而補不足，秋省斂而助不給。"

清華八·邦道 27"足以"，完全可以，夠得上。《孟子·梁惠王上》："是心足以王矣。"

跦

清華一·程寤 09 忎（愛）日不跦（足）

清華六·孺子 10 亓（其）辠（罪）亦跦（足）婁（數）也

清華六·孺子 11 亦猷（猶）跦（足）

清華六·孺子 17 幾(豈)孤亓(其)欧(足)爲免(勉)

清華六·子儀 11 斅(豈)鬼(畏)不欧(足)

清華七·子犯 02 母(毋)乃猷(猶)心是不欧(足)也虔(乎)

清華七·子犯 03 宔(主)女(如)曰疾利女(焉)不欧(足)

～，从"欠"，"足"聲。

清華一·程寤 09"怸日不欧"，即"愛日不足"，即惜日之短。

清華六·孺子 10、17"欧"，讀爲"足"，足以。《國語·吳語》："大夫種乃獻謀曰：'王不如設戎，約辭行成，以喜其民，以廣侈吳王之心。吾以卜之於天，天若棄吳，必許吾成而不吾足也。'"韋昭注："言越不足畏。"

清華六·子儀 11，清華七·子犯 02、03"不欧"，讀爲"不足"，不充足，不够。《荀子·禮論》："斷長續短，損有餘，益不足，達愛敬之文，而滋成行義之美者也。"

精紐奏聲

奏

清華六·子儀 05 公命窮韋陞(昇)瑟(琴)奏甬(鏞)

～，《說文·夲部》："奏，奏進也。从夲、从廾、从屮。屮，上進之義。屛，古文。𢍏，亦古文。"

清華六·子儀 05"奏甬"，讀爲"奏鏞"，演奏大鐘。典籍或作"奏庸"。《逸周書·世俘》："癸丑，薦殷俘王士百人。籥人造，王矢琰、秉黃鉞、執戈。王奏庸，大享一終，王拜手稽首。王定，奏庸，大享三終。"

幫紐卜聲

卜

清華一·金縢 01 我亓(其)爲王穆卜

清華一·楚居 04 思(使)若(鄀)嚭(嗌)卜遷(徙)於夷屯

清華三·說命上 04 逨(失)审(仲)卜曰

清華三·說命上 05 逨(失)审(仲)悳(違)卜

清華八·攝命 03 鯀(肆)余畫獸卜乃身休

清華八·攝命 03 卜吉

～，與 ⺊（上博四·柬 1）、⺊（上博四·柬 5）同。《說文·卜部》："卜，灼剝龜也，象灸龜之形。一曰：象龜兆之從橫也。⺊，古文卜。"

清華一·金縢 01"穆卜"，恭敬地卜問吉凶。《書·金縢》："我其爲王穆卜。"孔傳："穆，敬……言王疾當敬卜吉凶。"

清華一·楚居 04"卜遷"，讀爲"卜徙"。見《說苑·君道》："邾文公卜徙於繹。"

清華三·說命上 04"卜"，古人用火灼龜甲，根據裂紋來預測吉凶，叫卜。後泛稱用各種形式預測吉凶。《書·洛誥》："予惟乙卯，朝至于洛師。我卜河朔黎水。"孔傳："卜，必先墨畫龜，然後灼之，兆順食墨。"《周禮·春官·簭人》："凡國之大事，先簭而後卜。"鄭玄注："當用卜者，先簭之，即事有漸也，於筮之凶，則止，不卜。"

清華三・説命上05"憙卜",讀爲"違卜",謂不遵占卜所示。《書・盤庚下》:"肆予沖人,非廢厥謀,弔由靈各;非敢違卜,用宏兹賁。"《左傳・昭公三年》:"二三子先卜鄰矣,違卜不祥。"

清華八・攝命03"卜吉",《書・大誥》:"我有大事,休,朕卜并吉。"

幫紐支聲

支

 清華七・越公47年謂支譻(數)

《說文・支部》:"支,小擊也。从又,卜聲。"

清華七・越公47"年謂支譻",讀爲"年籌枚數",每年對地方及官府的考察用算籌一一計數。(單育辰)或讀爲"佞譸扑毆",大意是對於下三品佞譸之執事人予以扶擊懲罰。"支",讀爲"枚"。王家臺秦簡"支占",即"枚占"。

並紐業聲

業

 清華八・處位02 女(如)耑(前)尻(處)既奴(若)無業(察)

~,與 (上博五・鬼6)同。《說文・業部》:"業,瀆業也。从丵、从廾,廾亦聲。"

清華八・處位02"業",或讀爲"察"。

僕

清華四・別卦02 僕(剥)

清華七・晉文公08 斁(敗)楚師於成(城)僕(濮)

《説文·業部》:"僕,給事者。从人、从業,業亦聲。▨,古文从臣。"

清華四·別卦02"僕",讀爲"剥",《易》卦名。《易·剥》:"《剥》:不利有攸往。《彖》曰:剥,剥也。柔變剛也。'不利有攸往',小人長也。順而止之,觀象也。君子尚消息盈虛,天行也。"全卦六爻,僅一條陽爻在上,而五條陰爻在下。馬國翰輯本《歸藏》、阜陽漢簡本《周易》作"僕",今本和馬王堆帛書《周易》作"剥"。

清華七·晉文公08"成僕",讀爲"城濮",衛地。《左傳·僖公二十八年》:"夏四月戊辰,晉侯、宋公、齊國歸父、崔夭、秦小子憖次于城濮……楚師敗績……晉師三日館穀,及癸酉而還。甲午,至于衡雍,作王宫于踐土。"楊伯峻云:"城濮,衛地,今山東省舊濮縣(一九五六年已併入范縣)南七十里有臨濮城,當即古城濮地。"《史記·晉世家》:"四月戊辰,宋公、齊將、秦將與晉侯次城濮。"

僛

 清華二·繫年044 文公衒(率)秦、齊、宋及群戎之𠂤(師)以敗(敗)楚𠂤(師)於城僛(濮)

 清華五·湯丘04 是又(有)壴(臺)僛(僕)

 清華六·管仲15 能曼(得)僛(僕)四人同心

 清華六·管仲15 能曼(得)僛(僕)三人同心

 清華六·管仲16 能曼(得)僛(僕)二人同心

 清華七·子犯08 割(曷)又(有)僛(僕)若是而不果以或(國)

清華七·越公22 孤或(又)忎(恐)亡(無)良僕(僕)馭(御)獴火於雩(越)邦

　　～,與☒(上博四·昭4)、☒(上博四·柬20)同,从"臣","菐"聲,與《説文》"僕"古文从"臣"同。楚文字或省"人"旁作☒(郭店·老子甲2)。《説文·菐部》:"僕,給事者。从人、从菐,菐亦聲。☒,古文从臣。"

　　清華二·繫年044"城僕",讀爲"城濮",參上。

　　清華五·湯丘04"是又臺僕",讀爲"是有臺僕"。"僕",古代的一種奴隸。伯克壺(《集成》09725):"易(賜)白(伯)克僕卅(三十)夫。"《易·旅》:"旅焚其次,喪其童僕。"《左傳·昭公七年》:"天有十日,人有十等。下所以事上,上所以共神也。故王臣公,公臣大夫,大夫臣士,士臣皁,皁臣輿,輿臣隸,隸臣僚,僚臣僕,僕臣臺。"清俞正燮《癸巳類稿·僕臣臺義》:"僕則三代奴戮,今罪人爲奴矣。"

　　清華六·管仲16、清華七·子犯08"僕",俞樾《諸子平議·墨子》:"猶臣也。"

　　清華七·越公22"僕馭",即"僕御",駕車馬者。《列子·湯問》:"來丹遂適衛,見孔周,執僕御之禮,請先納妻子,後言所欲。"《史記·管晏列傳》:"今子長八尺,乃爲人僕御。"

明紐木聲

木

　　清華一·金縢09 大木昪(斯)甈(拔)

　　清華一·金縢13 凡大木斋=(之所)甈(拔)

　　清華二·繫年096 命(令)尹子木會邘(趙)文子武及者(諸)侯

之夫=(大夫)

 清華四·筮法 16 金木相見

 清華四·筮法 56 爲木

 清華四·筮法 60 東方也,木也,青色

 清華五·啻門 19 水、火、金、木、土

 清華六·管仲 09 艸(草)木不辟(闢)

 清華八·邦道 06 則艸(草)木以返(及)百糓(穀)曼(慢)生

 清華八·邦道 07 則艸(草)木以返(及)百糓(穀)茅(茂)長䋠實

 清華八·邦道 07 古(故)卑(譬)之人艸(草)木

 清華八·八氣 01 木燹(氣)渴(竭)

 清華八·八氣 05 句余亡(芒)衒(率)木以飤(食)於户

 清華八·八氣 07 木曰

～,與(上博八·李 2)同。《説文·木部》:"木,冒也。冒地而生。東方之行。从中,下象其根。"

清華一·金縢 09"大木戽臧",讀爲"大木斯拔"。《書·金縢》:"禾盡偃,大木斯拔,邦人大恐。"

清華一·金縢 13"凡大木斎₌臧",讀爲"凡大木之所拔"。《書·金縢》:"二公命邦人,凡大木所偃,盡起而築之。"

清華二·繫年 096"命尹子木",讀爲"令尹子木",即"王子木""太子建"。《左傳·昭公十九年》:"費無極言於楚子曰:'晉之伯也,邇於諸夏,而楚辟陋,故弗能與爭。若大城城父,而寘大子焉,以通北方,王收南方,是得天下也。'王說,從之。故太子建居于城父。"杜預注:"城父,今襄城城父縣。"

清華四·筮法 16"金木相見",五行中的金與木。《吕氏春秋·處方》:"金木異任,水火殊事,陰陽不同,其爲民利一也。"

清華四·筮法 56"木",樹,木本植物的通稱。《詩·周南·漢廣》:"南有喬木,不可休思。"

清華四·筮法 60"東方也,木也,青色",《淮南子·天文》:"東方,木也,其帝太皞,其佐句芒,執規而治春。"董仲舒《春秋繁露·陰陽終始》:"至春少陽,東出就木,與之俱生。"

清華五·𠭯門 19"水、火、金、木、土",五行相克爲序。《左傳·文公七年》:"水、火、金、木、土、穀,謂之六府。"《孔子家語·五帝》:"天有五行,水、火、金、木、土,分時化育,以成萬物。"

清華六·管仲 09,清華八·邦道 06、07"耑木",即"草木",草和樹。《易·坤》:"天地變化,草木蕃。"

清華八·八氣 01"木燓渴",讀爲"木氣竭"。《吕氏春秋·應同》:"及禹之時,天先見草木秋冬不殺。禹曰:'木氣勝。'木氣勝,故其色尚青,其事則木。"

清華八·八氣 05"句余亡銜(率)木以飤(食)於户"之"句余亡",讀爲"句余芒",即句芒,傳説中的主木之官,又爲木神。《禮記·月令》:"(孟春之月)其帝大皞,其神句芒。"鄭玄注:"句芒,少皞氏之子,曰重,爲木官。"

清華八·八氣 07"木",樹,木本植物的通稱。《詩·小雅·角弓》:"毋教猱升木,如塗塗附。"《孟子·梁惠王上》:"以若所爲,求若所欲,猶緣木而求魚也。"

朱

 清華五·厚父 12 女(如)丹之才(在)朱

 清華五·封許 06 朱帗元(軏)

《說文·木部》:"朱,赤心木,松柏屬。从木,一在其中。"

清華五·厚父 12"朱",大紅色。比絳色(深紅色)淺,比赤色深。古代視爲五色中紅的正色。《詩·豳風·七月》:"我朱孔陽,爲公子裳。"《論語·陽貨》:"子曰:'惡紫之奪朱也。'"何晏《集解》引孔安國曰:"朱,正色。紫,間色之好者。"《禮記·月令》:"(孟夏之月)乘朱路,駕赤騮,載赤旂,衣朱衣。"孔穎達疏:"色淺曰赤,色深曰朱。"

清華五·封許 06"朱帗",軏部繫以紅色裝飾。

株

 清華二·繫年 113 㐱(趙)狗衒(率)自(師)與戉(越)公株(朱)

句伐齊

～,與 (上博五·三 21)同。《說文·木部》:"株,木根也。从木,朱聲。"

清華二·繫年 113"株句",讀爲"朱句",越國國君。《史記索隱·越世家》引《紀年》云:"不壽立十年見殺,是爲盲姑,次朱句立。"又:"於粤子朱句三十四年滅滕,三十五年滅郯,三十七年朱句卒。"越王州句劍(《集成》11622—11632),有"株句""朱句""州句"等,並爲同一人名的異寫。

邾

 清華二·繫年 015 西㠯(遷)商盍(蓋)之民于邾虐

清華二·繫年 098 克溴（賴）、邾（朱）邡（方）

《説文·邑部》："邾，江夏縣。从邑，朱聲。"

清華二·繫年 015"邾虐"，讀爲"朱圉"，地名，在今甘肅甘谷縣西南。《書·禹貢》："（雍州）西傾、朱圉、鳥鼠，至于太華；熊耳、外方、桐柏，至於陪尾。"《漢書·地理志》："冀，《禹貢》朱圉山在縣南梧中聚。莽曰冀治。"

清華二·繫年 098"邾邡"，讀爲"朱方"，吴邑，今江蘇鎮江市丹徒鎮南。《左傳·昭公四年》："秋七月，楚子以諸侯伐吴，宋大子、鄭伯先歸，宋華費遂、鄭大夫從。使屈申圍朱方，八月甲申，克之……遂以諸侯滅賴……遷賴於鄢。"

明紐疍聲

犢

　清華二·繫年 128 旞（陽）城洹（桓）忎（定）君衍（率）犢閨（關）之㠯（師）與上或（國）之㠯（師）以这（交）之

～，从"牛"，"賣"省聲。"犢"字異體。《説文·牛部》："犢，牛子也。从牛，瀆省聲。"

清華二·繫年 128"犢關之師"，或讀爲"榆關之師"，駐守在榆關的軍隊，當是楚軍。

僨

　清華二·繫年 127 奠（鄭）人戡（侵）僨閨（關）

～，从"人"，"犢"聲。

清華二·繫年 127"僨閨"，或讀爲"榆關"，參上。

譚（讀）

清華三·芮良夫 17 道（導）譚（讀）善敗（敗）

清華五·三壽 09 羣=（君子）而不譚（讀）箸（書）占

~，从"言"，"𧶘"聲。"讀"字異體。《說文·言部》："讀，誦書也。从言，賣聲。"

清華三·芮良夫 17"道譚"，讀爲"導讀"，引導研究。《孟子·萬章下》："頌其詩，讀其書，不知其人，可乎？"楊伯峻注："'讀'字涵義，既有誦讀之義，亦可有抽繹之義，故譯文用'研究'兩字。"

清華五·三壽 09"譚"，即"讀"，誦讀，閱讀。《史記·十二諸侯年表》："太史公讀《春秋曆譜諜》，至周厲王，未嘗不廢書而歎也。"

䚅

清華二·繫年 126 王衍（率）宋公以城䚅闈（關）

~，與🙶（上博三·周 52）同，从"視"，"𧶘"聲，"覿"字異體。《說文（新附）》："覿，見也。从見，賣聲。"

清華二·繫年 126"䚅闈"，或讀爲"榆關"，參上。

䋣

清華六·子儀 13 溋（嬴）氏多絲〈絲〉緒而不䋣（續）

~，从"糸"，"𧶘"聲。"續"字異體。《說文·糸部》："續，連也。从糸，賣聲。🙶，古文續从庚貝。"

清華六·子儀 13"䋣"，即"續"。上博一·緇衣 15："子曰：王言如絲，其出如緡。"

儥(儥)

 清華八·邦道 16 價(賈)戠(守)賈儥(鬻)聚賏(貨)

 清華八·邦道 26 則儥(價)賣(賈)亓(其)臣𦥑(僕)

 清華七·越公 38 □(豫)而□(價)賈女(焉)

～，與 、同。《說文·人部》："儥，賣也。从人，賣聲。"

清華八·邦道 16"儥"，讀爲"鬻"，賣。《左傳·昭公三年》："有鬻踊者。"陸德明《釋文》："鬻，賣也。"《孟子·萬章上》："百里奚自鬻於秦養牲者。"簡文"賈鬻"，見《逸周書·小開》"賈粥不讎"。

清華八·邦道 26"儥賣"，讀爲"價買"，買賣，交易。《周禮·地官·司市》："以量度成賈而徵價。"賈公彥疏："物賈定，則召買者來。"

癠

 清華八·邦道 11 分(貧)癠(瘠)勿癹(廢)

～，與同，或作、，"癠"字異體。

清華八·邦道 11"癠"，即"瘠"，病也。或讀爲"癢"。

正編·東部

東　部

影紐卩聲

灘

清華二·繫年 044 述（遂）朝周襄王于衡灘（雍）

清華二·繫年 077 連尹戢（止）於河灘

～，與 、同。《説文·隹部》："雖，雖躧也。从隹，邕聲。"

清華二·繫年 044"衡灘"，即"衡雍"，地名，在今河南原陽西南，原武西北。《左傳·僖公二十八年》："晉師三日館穀，及癸酉而還。甲午，至于衡雍，作王宮于踐土。"杜預注："衡雍，鄭地，今熒陽卷縣。"《史記·晉世家》："甲午，晉師還至衡雍，作王宮于踐土。"

清華二·繫年 077"河灘"，即"河雖"，地名。"河灘"就是《左傳·宣公十二年》"及昏，楚師軍於邲"之"邲"，指的是狼湯渠與濟水分流之前的區域。《爾雅·釋水》："水自河出爲灘。"邵晉涵《正義》："楚莊王之河雍，是莨蕩渠初出之灘也。"（吳良寶）《淮南子·人間》："昔者楚莊王既勝晉於河雍之間，歸而封孫叔敖。"高誘注："莊王敗晉荀林父之師於邲。邲，河雍地也。"

· 1119 ·

癕

 清華二・繫年051 邵(召)襄公之弟癕(雍)也于秦

 清華二・繫年054 秦康公衒(率)自(師)以遣(送)癕(雍)子

～,从"疒","雝"聲。

清華二・繫年051、054"癕",讀爲"雍"。繫年051"雍也"之"也",據繫年054"癕(雍)子",疑乃"子"形近而誤。"雍子",即當時爲秦亞卿的公子雍,襄公庶弟,乃杜祁所生。《左傳・文公六年》:"使先蔑、士會如秦,逆公子雍。"

甕

 清華二・繫年115 城甕(雍)丘

～,从"缶","雝"聲。《說文・缶部》:"甕,汲缾也。从缶,雝聲。"

清華二・繫年115"甕丘",讀爲"雍丘",在今河南杞縣。《史記・韓世家》:"景侯元年,伐鄭,取雍丘。"《史記・鄭世家》:"繻公十五年,韓景侯伐鄭,取雍丘。鄭城京。"

曉紐凶聲

凶

 清華四・筮法37 艮羅(離)大凶

 清華四・筮法37 兑少(小)凶

 清華四・筮法37 兑大凶

清華四•筮法 38 裳(勞)大凶

 清華四•筮法 38 垄(來)巽大凶

 清華六•管仲 06 吉凶会(陰)易(陽)

～，與 (上博三•周 8)、(上博三•周 26)同。《説文•凶部》："凶，惡也。象地穿交陷其中也。"

清華四•筮法 37、38"大凶"，凶禍，謂死滅。《國語•越語下》："天節不遠，五年復反，小凶則近，大凶則遠。"韋昭注："大凶，謂死滅。"

清華四•筮法 37"少凶"，讀爲"小凶"，謂危敗而未至死滅之象。《國語•越語下》："天節不遠，五年復反。小凶則近，大凶則遠。"韋昭注："小凶，謂危敗；大凶，謂死滅。"

清華六•管仲 06"吉凶"，猶禍福。《易•乾》："與鬼神合其吉凶。"《史記•日者列傳》："方辯天地之道，日月之運，陰陽吉凶之本。"

兇

 清華三•芮良夫 20 喬(遹)易兇心

 清華四•筮法 06 参(三)吉同兇

 清華四•筮法 07 参(三)兇同吉

 清華四•筮法 10 参(三)吉同兇

 清華四•筮法 12 参(三)兇同吉

• 1121 •

清華四·筮法 17 参(三)男同女,兇

 清華四·筮法 39 乃蟾(惟)兇之所集於四立(位)是視

 清華四·筮法 39 乃以名示(其)兇

清華五·三壽 26 甬(用)兇以見詢

～,與 (上博七·武 14)同。《説文·凶部》:"兇,擾恐也。从人在凶下。《春秋傳》曰:'曹人兇懼。'"

清華三·芮良夫 20"兇心",即"凶心",險惡之心。《墨子·非命下》:"既防凶心,天加之咎。不慎厥德,天命焉葆?"

清華四·筮法"兇",與"吉"相對。

清華五·三壽 26"兇",惡。《廣韻》:"兇,惡也。"《正字通》:"兇,惡暴也。"《荀子·議兵》:"故敬勝怠則吉,怠勝敬則滅;計勝欲則從,欲勝計則凶。"

洸

 清華八·攝命 16 女(汝)母(毋)敢朋(朋)洸(酗)于酉(酒)

～,从"水","兇"聲。

清華八·攝命 16"洸",讀爲"酗",沉迷於酒,醉而發怒。《書·微子》:"我用沈酗于酒,用亂敗厥德于下。"《書·泰誓中》:"淫酗肆虐,臣下化之。"孔穎達疏:"酗是酒怒。"

蔽

 清華一·程寤 02 卑(俾)霝(靈)名蔽(總)敝(蔽)

~，與 （璽彙 3995）、（包山 255）同，从"艸"，"兌"聲。"葼"字或體。《說文·艸部》："葼，青齊沇冀謂木細枝曰葼。从艸，嵏聲。"

清華一·程寤 02"芫敬"，讀爲"總蔽"，統領蔽志。（孟蓬生、裘錫圭）

見紐公聲

公

 清華一·耆夜 01 縪（畢）公高爲客

 清華一·耆夜 01 卲（召）公保睪（奭）爲夾

 清華一·耆夜 02 周公弔（叔）旦爲宔

 清華一·耆夜 02 辛公諌甲（甲）爲立（位）

 清華一·耆夜 03 王夜籩（爵）酬（酬）縪（畢）公

 清華一·耆夜 03 息（宴）以二公

 清華一·耆夜 04 王夜籩（爵）酬（酬）周公

 清華一·耆夜 06 周公夜籩（爵）酬（酬）縪（畢）公

 清華一·耆夜 06 縪（畢）公

 清華一·耆夜 08 周公或夜籩（爵）酬（酬）王

清華一·耆夜 09 周公秉爵（爵）未酨（飲）

清華一·耆夜 10 [周]公夌（作）訶（歌）一終曰《螽（蟋）蟀（蟀）》

清華一·金縢 01 二公告周公曰

清華一·金縢 01 二公告周公曰

清華一·金縢 01 周公曰

清華一·金縢 02 周公乃爲三坦（壇）同墠（墠）

清華一·金縢 02 周公立安（焉）

清華一·金縢 05 周公乃内（納）亓（其）所爲玌（貢）

清華一·金縢 07 公牂（將）不利於需（孺）子

清華一·金縢 07 周公乃告二公曰

清華一·金縢 07 周公乃告二公曰

清華一·金縢 08 周公石（宅）東三年

清華一·金縢 08 於遆（後）周公乃遺王志（詩）曰《周鴞》

清華一·金縢 09 王亦未逆公

　清華一·金縢 10 王旻(得)周公之所自以爲玾(功)以弌(代)武王之敓(說)

　清華一·金縢 11 公命我勿敢言

　清華一·金縢 11 昔公堇(勤)勞王豪(家)

　清華一·金縢 12 以章公悳(德)

　清華一·金縢 12 隹(惟)余沖(沖)人亓(其)辟(親)逆公

　清華一·金縢 12 王乃出逆公至鄗(郊)

　清華一·金縢 13 二公命邦人聿(盡)复(復)坕(築)之

　清華一·金縢 14 (背)周公所自以弌(代)王之志

　清華一·皇門 01 公叟(格)才(在)耂(庫)門

　清華一·皇門 01 公若曰

　清華一·祭公 01 且(祖)甞(祭)公

清華一・祭公 02 公亓(其)告我㠯(懿)惪(德)

 清華一・祭公 02 禫(祭)公拜=(拜手)䭫=(稽首)

 清華一・祭公 04 王曰:於(嗚)虎(呼),公

 清華一・祭公 06 我亦隹(惟)又(有)若且(祖)周公既(暨)且(祖)卲(召)公

 清華一・祭公 06 且(祖)卲(召)公

 清華一・祭公 07 我亦隹(惟)又(有)若且(祖)禫(祭)公

 清華一・祭公 07 公禹(稱)不(丕)顯惪(德)

 清華一・祭公 08 公,女(汝)念哉(哉)

 清華一・祭公 09 公戀(戀)拜=(拜手)䭫=(稽首)

 清華一・祭公 09 三公

 清華一・祭公 12 公曰

 清華一・祭公 12 三公

清華一·祭公 15 公曰

清華一·祭公 17 公曰

清華一·祭公 17 三公

清華一·祭公 18 三公

清華一·祭公 19 公曰

清華一·祭公 20 參(三)公

清華一·祭公 21 䙷(祭)公之賜(顧)命

清華一·楚居 13 白公记(起)禍

清華二·繫年 010 奠(鄭)武公亦政(正)

清華二·繫年 010 武公即殜(世)

清華二·繫年 010 臧(莊)公即立(位)

清華二·繫年 010 臧(莊)公即殜(世)

清華二·繫年 010 卲(昭)公即立(位)

清華二·繫年011 亓（其）大=（大夫）高之巨（渠）爾（彌）殺卲（昭）公

 清華二·繫年011 齊襄公會者（諸）侯于首止（止）

 清華二·繫年012 改立朿（厲）公

 清華二·繫年017 周成王、周公既遷（遷）殷民于洛邑

 清華二·繫年020 立惠（戴）公申

 清華二·繫年020 公子啓方奔齊

 清華二·繫年020 𢽳（戴）公䄃（卒）

 清華二·繫年020 齊趄（桓）公會者（諸）侯以成（城）楚丘

 清華二·繫年021 公子啓方女（焉）

 清華二·繫年021 是文公

 清華二·繫年021 成公即立（位）

 清華二·繫年031 晉獻公之婢（嬖）妾曰驪姬

清華二·繫年032 或(又)譖(讒)惠公及文公

 清華二·繫年032 文公

 清華二·繫年032 惠公奔于梁

 清華二·繫年032 獻公㭓(卒)

 清華二·繫年033 秦穆公乃内惠公于晉

 清華二·繫年033 秦穆公乃内惠公于晉

 清華二·繫年033 惠公賂秦公曰

 清華二·繫年033 惠公賂秦公曰

 清華二·繫年034 惠公既内(入)

 清華二·繫年034 乃偝(背)秦公弗矜(予)

 清華二·繫年034 秦公衒(率)自(師)与(與)惠公戰(戰)於韔(韓)

 清華二·繫年035 秦公衒(率)自(師)与(與)惠公戰(戰)於韔(韓)

清華二·繫年 035 戠（止）惠公以歸

 清華二·繫年 035 惠公女（焉）以亓（其）子裏（懷）公爲執（質）于秦

 清華二·繫年 035 裏（懷）公

 清華二·繫年 035 秦穆公以亓（其）子妻之

 清華二·繫年 036 文公十又二年居翟（狄）

 清華二·繫年 037 裏（懷）公自秦逃歸

 清華二·繫年 037 秦穆公乃訋（召）文公於楚

 清華二·繫年 038 秦穆公乃訋（召）文公於楚

 清華二·繫年 038 囚（使）衺（襲）裏（懷）公之室

 清華二·繫年 038 晉惠公稡（卒）

 清華二·繫年 038 裏（懷）公即立（位）

 清華二·繫年 038 秦人記（起）自（師）以内文公于晉

清華二·繫年039 晉人殺襄(懷)公

 清華二·繫年039 而立文公

 清華二·繫年040 戠(止)繻(申)公子義(儀)以歸

 清華二·繫年041 晉文公立四年

 清華二·繫年041 晉文公囟(思)齊及宋之惪(德)

 清華二·繫年043 以交文公

 清華二·繫年045 晉文公立七年

 清華二·繫年047 晉文公䢗(卒)

 清華二·繫年047 襄公新(親)銜(率)自(師)御(禦)秦自(師)

于嶜(崤) 清華二·繫年048 秦穆公欲與楚人爲好

 清華二·繫年048 女(焉)縈(脫)繻(申)公義(儀)

 清華二·繫年050 晉襄公䢗(卒)

1131

清華二·繫年 050 霝(靈)公高幼

 清華二·繫年 051 邵(召)襄公之弟癰(雍)也于秦

 清華二·繫年 051 霝(靈)公以虐(號)于廷

 清華二·繫年 053 乃立霝(靈)公

 清華二·繫年 053 女(焉)國(葬)襄公

 清華二·繫年 054 秦康公衒(率)𠂤(師)以遷(送)癰(雍)子

 清華二·繫年 055 霝(靈)公高立六年

 清華二·繫年 055 秦公以戩(戰)于䢒岳(陰)之古(故)

 清華二·繫年 057 宋公爲左芋(盂)

 清華二·繫年 057 繡(申)公弔(叔)侯智(知)之

 清華二·繫年 058 宋公之車蓐(暮)𤛾(駕)

 清華二·繫年 058 用脁(抶)宋公之馭(御)

清華二·繫年 061 奠(鄭)成公自釂(厲)逃歸

清華二·繫年 062 晉成公會者(諸)侯以救(救)奠(鄭)

清華二·繫年 062 晉成公采(卒)于扈

清華二·繫年 066 晉競(景)公立八年

清華二·繫年 066 公命郇(駒)之克先呻(聘)于齊

清華二·繫年 067 齊㑋(頃)公

清華二·繫年 070 齊㑋(頃)公回(圍)魯

清華二·繫年 072 齊㑋(頃)公朝于晉競(景)公

清華二·繫年 072 晉競(景)公

清華二·繫年 072 獻之競(景)公

清華二·繫年 074 陳公子謹(徵)郄(舒)取(娶)妻于奠(鄭)穆公

清華二·繫年 074 奠(鄭)穆公

清華二·繫年 075 陳公子諻（徵）余（舒）殺亓（其）君霝（靈）公

 清華二·繫年 075 霝（靈）公

 清華二·繫年 075 王命繡（申）公屈晉（巫）迲（適）秦求自（師）

 清華二·繫年 076 取亓（其）室以夈（予）繡（申）公

 清華二·繫年 078 司馬子反與繡（申）公爭少孟（孟）

 清華二·繫年 078 繡（申）公曰

 清華二·繫年 078 司馬不訓（順）繡（申）公

 清華二·繫年 078 王命繡（申）公嗶（聘）於齊

 清華二·繫年 079 繡（申）公櫼（竊）載少孟（孟）以行

 清華二·繫年 085 晉競（景）公會者（諸）侯以救（救）鄭

 清華二·繫年 085 鄭人戠（止）芸（鄖）公義（儀）

 清華二·繫年 086 獻者（諸）競（景）公

清華二·繫年 086 競（景）公欲與楚人爲好

清華二·繫年 086 乃敓（說）芸（鄖）公

清華二·繫年 086 龍（共）王史（使）芸（鄖）公畀（聘）於晉

清華二·繫年 087 競（景）公史（使）翟（糴）之伐（茷）畀（聘）於楚

清華二·繫年 087 競（景）公卒（卒）

清華二·繫年 087 朿（厲）公即立（位）

清華二·繫年 089 朿（厲）公先起兵

清華二·繫年 090 朿（厲）公戏（救）奠（鄭）

清華二·繫年 090 朿（厲）公亦見禍（禍）以死

清華二·繫年 091 晉臧（莊）坪（平）公即立（位）兀（元）年

清華二·繫年 091 公會者（諸）侯於瞑（溴）梁

清華二·繫年 092 坪（平）公衍（率）自（師）會者（諸）侯

清華二·繫年 092 坪(平)公立五年

 清華二·繫年 093 齊臧(莊)公光銜(率)自(師)

 清華二·繫年 094 齊臧(莊)公涉河䙴(襲)朝訶(歌)

 清華二·繫年 094 坪(平)公銜(率)自(師)會者(諸)侯

 清華二·繫年 095 齊襄(崔)芧(杼)殺亓(其)君臧(莊)公

 清華二·繫年 096 晉臧(莊)坪(平)公立十又二年

 清華二·繫年 098 敦(執)郤(徐)公

 清華二·繫年 099 晉臧(莊)坪(平)公即殜(世)

 清華二·繫年 099 卲(昭)公

 清華二·繫年 099 冋(頃)公

 清華二·繫年 100 柬(簡)公即立(位)

 清華二·繫年 100 䜌(許)公㐌出奔晉

清華二·繫年 101 居䣙（許）公鸵於頌（容）城

清華二·繫年 103 晉公以佝（弱）

清華二·繫年 105 秦異公命子甫（蒲）、子虎衒（率）自（師）救楚

清華二·繫年 108 晉競（景）公立十又五年

清華二·繫年 108 繡（申）公屈晉（巫）自晉迱（適）吳

清華二·繫年 108 以至晉悼公

清華二·繫年 109 公會者（諸）侯

清華二·繫年 109 晉柬（簡）公立五年

清華二·繫年 110 晉柬（簡）公會者（諸）侯

清華二·繫年 110 戉（越）公句戔（踐）克吳

清華二·繫年 111 晉敬公立十又一年

清華二·繫年 112 晉幽公立四年

清華二・繫年 113 戉(越)公株(朱)句伐齊

清華二・繫年 113 戉(越)公、宋公酨(敗)齊自(師)于襄坪(平)

清華二・繫年 113 宋公

清華二・繫年 114 宋悼公朝于楚

清華二・繫年 114 告以宋司城皯之約(弱)公室

清華二・繫年 115 以定公室

清華二・繫年 119 晉公止會者(諸)侯於邗(任)

清華二・繫年 119 宋㱾(悼)公牂(將)會晉公

清華二・繫年 119 晉公

清華二・繫年 120 戉(越)公

清華二・繫年 120 戉(越)公與齊侯貣(貸)、魯侯伋(衍)明(盟)于魯稷門之外

清華二・繫年 121 戉(越)公內(入)亯(饗)於魯

清華二·繫年 124 晉公獻齊俘馘於周王

清華二·繫年 124 宋公畋(田)

清華二·繫年 126 宋公畋(田)

清華二·繫年 126 王衒(率)宋公以城黷(犢)闗(關)

清華二·繫年 129 遊(魯)昜(陽)公衒(率)㠯(師)以攴(邀)晉人

清華二·繫年 133 截(止)郟公涉綯以歸(歸)

清華二·繫年 134 遊(魯)昜(陽)公衒(率)㠯(師)栽(救)武昜(陽)

清華二·繫年 135 遊(魯)昜(陽)公

清華三·説命上 07 王甬(用)命敓(説)爲公

清華三·琴舞 01 周公叟(作)多士敬(儆)毖(毖)

清華三·琴舞 01(背)周公之瑟(琴)蠢(舞)

清華三·芮良夫 01(背)周公之頌志(詩)

清華三·良臣 04 又(有)周公旦

清華三·良臣 04 又(有)邵(召)公

清華三·良臣 04 晉文公又(有)子軛(犯)

清華三·良臣 06 又(有)郙(葉)公子嵩(高)

清華三·良臣 06 齊桓(桓)公又(有)龠寺(夷)虐(吾)

清華三·良臣 07 秦穆公又(有)雒(殺)大夫

清華三·良臣 08 魯哀公又(有)季孫

清華三·良臣 08 奠(鄭)桓(桓)公與周之遺老

清華三·良臣 09 奠(鄭)定公之相又(有)子敧(皮)

清華四·筮法 31 於公利貧(分)

清華六·孺子 01 奠(鄭)武公睪(卒)

清華六·管仲 01 齊起(桓)公䚵(問)於筅(管)中(仲)曰

清華六·管仲02 趄(桓)公或(又)䛑(問)於笑(管)中(仲)曰

清華六·管仲03 趄(桓)公或(又)䛑(問)於笑(管)中(仲)曰

清華六·管仲05 趄(桓)公或(又)䛑(問)於笑(管)中(仲)曰

清華六·管仲07 趄(桓)公或(又)䛑(問)於笑(管)中(仲)曰

清華六·管仲08 趄(桓)公或(又)䛑(問)於笑(管)中(仲)曰

清華六·管仲11 趄(桓)公或(又)䛑(問)笑(管)中(仲)曰

清華六·管仲14 趄(桓)公或(又)䛑(問)於笑(管)中(仲)曰

清華六·管仲16 趄(桓)公或(又)䛑(問)於笑(管)中(仲)曰

清華六·管仲20 趄(桓)公或(又)䛑(問)於笑(管)中(仲)曰

清華六·管仲24 趄(桓)公或(又)䛑(問)於笑(管)中(仲)曰

清華六·管仲27 趄(桓)公或(又)䛑(問)於笑(管)中(仲)

清華六·太伯甲01 斉(文)公逄(往)䛑(問)之

清華六·太伯甲04 昔虐(吾)先君趄(桓)公遂(後)出自周

清華六·太伯甲07 枼(世)及虘(吾)先君武公

清華六·太伯甲08 枼(世)及虘(吾)先君臧(莊)公

清華六·太伯甲09 枼(世)及虘(吾)先君卲(昭)公

清華六·太伯甲09 剌(厲)公

清華六·太伯乙01 各(文)公迋(往)餌(問)之

清華六·太伯乙06 枼(世)及虘(吾)先君武公

清華六·太伯乙07 枼(世)及虘(吾)先君臧(莊)公

清華六·太伯乙08 枼(世)及虘(吾)先君卲(昭)公

清華六·太伯乙08 剌〈剌〉(厲)公

清華六·子儀01 公益及

清華六·子儀03 公曰

清華六·子儀05 公命窮(窮)韋陞(升)螽(琴)奏甬(鏞)

清華六·子儀10 公遷(送)子義(儀)

清華六·子儀10 公曰

清華六·子儀 13 公曰

清華六·子儀 15 君欲汽（迄）丹（旦）才（在）公

清華六·子儀 15 公及三方者（諸）邔（任）君不贍（瞻）皮（彼）泹（沮）漳之川屏（開）而不盧（闔）殹（也）

清華六·子儀 16 公曰

清華六·子儀 17 公曰

清華六·子儀 19 公曰

清華七·子犯 01 秦公乃訋（召）子軛（犯）而聶（問）女（焉）

清華七·子犯 01 子若公子之良庶子

清華七·子犯 01 公子不能芲（止）女（焉）

清華七·子犯 03 省（少）公乃訋（召）子余（餘）而聶（問）女（焉）

清華七·子犯 03 子若公子之良庶子

清華七·子犯 03 公□□□芲（止）女（焉）

清華七·子犯 06 公乃訒(召)子豻(犯)、子余(餘)曰

清華七·子犯 06 二子事公子

清華七·子犯 07 天豐(亡)惎(謀)褐(禍)於公子

清華七·子犯 07 公乃䛸(問)於邗(蹇)㕛(叔)曰

清華七·子犯 07 夫公子之不能居晉邦

清華七·子犯 09 公乃䛸(問)於邗(蹇)㕛(叔)曰

清華七·子犯 13 公子褘(重)耳䛸(問)於邗(蹇)㕛(叔)曰

清華七·子犯 15 亦備才(在)公子之心巳(已)

清華七·晉文公 01 晉文公自秦內(入)於晉

清華七·趙簡子 07 昔虐(吾)先君獻公是尻(居)

清華七·趙簡子 08 橐(就)虐(吾)先君襄公

清華七·趙簡子 10 橐(就)虐(吾)先君坪(平)公

清華七·越公 11 今雩(越)公亓(其)故(胡)又(有)繡(帶)甲仐(八千)以臺(敦)刃皆(偕)死

清華七·越公 15 君雩（越）公不命使（使）人而夫=（大夫）辟（親）辱

清華七·越公 19 孤用悥（願）見雩（越）公

清華七·越公 24 恣志於雩（越）公

清華七·越公 69 雩（越）公告孤請成

清華七·越公 70 許雩（越）公成

清華七·越公 75 雩（越）公是聿（盡）既有之

清華七·越公 75 雩（越）公亓（其）事

清華八·邦政 11 公曰

清華八·心中 06 君公、侯王

～，與 （上博一·孔 15）、（上博四·曹 23）、（上博六·競 1）、（上博七·武 11）同。《説文·八部》："公，平分也。从八从厶。八猶背也。韓非曰：背厶爲公。"

清華一·耆夜 01、03、06"縪公高"，讀爲"畢公高"。《史記·魏世家》："魏之先，畢公高之後也。畢公高與周同姓。武王之伐紂，而高封於畢，於是爲畢姓。"《索隱》："《左傳》富辰説文王之子十六國有畢、原、豐、郇，言畢公是文王之子。"

清華一·耆夜 01、清華一·祭公 06、清華三·良臣 04"邵公"，讀爲"召公"，《書·君奭序》："召公爲保，周公爲師，相成王爲左右。召公不説，周公作

1145

《君奭》。"

清華一·耆夜 02"周公弔旦",讀爲"周公叔旦",即"周公旦",叔是排行。《史記·魯周公世家》:"周公旦者,周武王弟也。"《集解》:"譙周曰:'以太王所居周地爲其采邑,故謂周公。'"《索隱》:"周,地名,在岐山之陽,本太王所居,後以爲周公之菜邑,故曰周公。即今之扶風雍東北故周城是也。"《史記·周本紀》:"武王即位,太公望爲師,周公旦爲輔,召公、畢公之徒左右王師,修文王緒業。"

清華一·耆夜 02"辛公諒麎",即辛公甲。《韓非子·説林上》:"周公旦已勝殷,將攻商蓋,辛公甲曰:'大難攻,小易服,不如服衆小以劫大。'乃攻九夷而商蓋服矣。"

清華一·金縢 13 二公,《史記·魯世家》以爲太公、召公。

清華一·金縢、皇門"公",指周公。

清華一·祭公 01、07"且礿公",讀爲"祖祭公"。祭公謀父爲周公之後,封國在今河南鄭州東北。《左傳·僖公二十四年》:"凡蔣、邢、茅、胙、祭,周公之胤也。"

清華一·祭公"公",指祭公。

清華一·祭公 09、12、17、18"三公",指畢駰、井利、毛班。

清華一·楚居 13"白公",楚平王太子建之子,名勝,號白公。詳《史記·楚世家》。

清華二·繫年 010,清華六·孺子 01,清華六·太伯甲 07、太伯乙 06"奠武公",讀爲"鄭武公",周宣王弟鄭桓公友之子。《史記·鄭世家》:"犬戎殺幽王於驪山下,并殺桓公。鄭人共立其子掘突,是爲武公。"

清華二·繫年 010,清華六·太伯甲 08、太伯乙 07"臧公",讀爲"莊公",鄭莊公。《史記·鄭世家》:"是歲,武公卒,寤生立,是爲莊公。"

清華二·繫年 010、011,清華六·太伯甲 09、太伯乙 08"卲(昭)公",鄭昭公。《史記·鄭世家》:"初,祭仲甚有寵於莊公,莊公使爲卿;公使娶鄧女,生太子忽,故祭仲立之,是爲昭公。"

清華二·繫年 011"齊襄公",《史記·齊太公世家》:"三十三年,釐公卒,太子諸兒立,是爲襄公。"

清華二·繫年 012"朿(厲)公"、清華六·太伯甲 09"刺(厲)公"、太伯乙 08"制〈刺〉(厲)公",鄭厲公。《史記·鄭世家》:"莊公又娶宋雍氏女,生厲公突。"

清華二·繫年020"懿公申",讀爲"戴公申"。《史記·衛康叔世家》:"自懿公父惠公朔之讒殺太子伋代立至於懿公,常欲敗之,卒滅惠公之後而更立黔牟之弟昭伯頑之子申爲君,是爲戴公。"

清華二·繫年020、021"公子啓方",齊桓公臣。《管子·戒》:"桓公去易牙、豎刁、衛公子開方。"《韓非子·難一》:"願君去豎刁,除易牙,遠衛公子開方。"

清華二·繫年020、清華三·良臣06"齊桓公",清華六·管仲"齊趄公",讀爲"齊桓公"。《史記·齊太公世家》:"魯送糾者行益遲,六日至齊,則小白已入,高傒立之,是爲桓公。"

清華二·繫年021"文公",衛文公燬。《史記·衛康叔世家》:"戴公卒,復立其弟燬爲文公。"

清華二·繫年021"成公",衛成公鄭。《史記·衛康叔世家》:"二十五年,文公卒,子成公鄭立。"

清華二·繫年031、032,清華七·趙簡子07"晉獻公",《史記·晉世家》:"武公代晉二歲,卒。與曲沃通年,即位凡三十九年而卒。子獻公詭諸立。"《國語·晉語一》:"獻公伐驪戎,克之,滅驪子,獲驪姬以歸,立以爲夫人,生奚齊。"

清華二·繫年032、036、037、038、048、041、043、045、047,清華三·良臣04,清華七·晉文公01"文公",晉文公重耳。《史記·晉世家》:"晉文公重耳,晉獻公之子也。"

清華二·繫年032、033、034、035、038"惠公",晉惠公夷吾。《史記·晉世家》:"秦兵與夷吾亦至晉,齊乃使隰朋會秦俱入夷吾,立爲晉君,是爲惠公。"

清華二·繫年034、035"秦公",指秦穆公。

清華二·繫年035、037、038、039"褱公",讀爲"懷公"。《史記·晉世家》:"子圉遂亡歸晉。十四年九月,惠公卒,太子圉立,是爲懷公。"

清華二·繫年035、037、038,清華三·良臣07"秦穆公",秦德公少子。《史記·秦本紀》:"成公立四年卒。子七人,莫立,立其弟繆公。繆公任好元年,自將伐茅津,勝之。"

清華二·繫年040"繡公子義",讀爲"申公子儀"。《左傳·僖公二十五年》:"秋,秦、晉伐鄀。楚鬭克、屈禦寇以申、息之師戍商密……圍商密……秦師囚申公子儀、息公子邊以歸。"杜注:"鬭克,申公子儀。屈禦寇,息公子邊。"

清華二·繫年047、050、051、053"襄公",晉襄公歡。《史記·晉世家》:"九年冬,晉文公卒,子襄公歡立。"

清華二·繫年050、051、053、055"需（靈）公高",《史記·晉世家》："趙盾與諸大夫皆患繆嬴,且畏誅,乃背所迎而立太子夷皋,是爲靈公。"

清華二·繫年054"秦康公",《史記·秦本紀》："繆公子四十人,其太子罃代立,是爲康公。"

清華二·繫年055"秦公",秦康公。

清華二·繫年057"宋公爲左芋",讀爲"宋公爲左盂"。《左傳·文公十年》："宋公爲右盂,鄭伯爲左盂。"

清華二·繫年057"繡公弔侯",讀爲"申公叔侯"。《左傳·僖公二十六年》："楚申公叔侯戍之。桓公之子七人,爲七大夫於楚。"

清華二·繫年061"奠成公",讀爲"鄭成公"。《史記·鄭世家》："是歲,悼公卒,立其弟睔,是爲成公。"

清華二·繫年062"晉成公",《史記·晉世家》："趙盾使趙穿迎襄公弟黑臀於周而立之,是爲成公。成公者,文公少子,其母周女也。"

清華二·繫年066、072、085、086、087、108"晉競公",讀爲"晉景公"。《史記·晉世家》："是年,成公卒,子景公據立。"

清華二·繫年067、070、072"齊同公",讀爲"齊頃公"。《史記·齊太公世家》："十年,惠公卒,子頃公無野立。"

清華二·繫年074、075"陳公子諲郆",讀爲"陳公子徵舒"。即夏徵舒。《國語·楚語上》："昔陳公子夏爲御叔娶於鄭穆公,生子南。"韋昭注："公子夏,陳宣公之子,御叔之父也,爲御叔娶鄭穆公少妃姚子之女夏姬也……子南,夏徵舒之字。"

清華二·繫年074"奠穆公",讀爲"鄭穆公"。《史記·鄭世家》："四十五年,文公卒,子蘭立,是爲繆公。"

清華二·繫年075"需公",讀爲"靈公",陳靈公。《史記·陳杞世家》："十八年,共公卒,子靈公平國立。"

清華二·繫年075、076、078、079、108"繡公屈晉",讀爲"申公屈巫",即申公巫臣。《左傳·成公二年》："及共王即位,將爲陽橋之役,使屈巫聘於齊,且告師期。巫臣盡室以行。"

清華二·繫年085、086"芸公義",讀爲"鄖公義"。《左傳》作"鄖公鍾儀",《左傳·成公七年》："鄭共仲、侯羽軍楚師,囚鄖公鍾儀,獻諸晉……晉人以鍾儀歸,囚諸軍府。"

清華二·繫年087、089、090"朿公",讀爲"厲公",晉厲公。《史記·晉世家》:"十九年夏,景公病,立其太子壽曼爲君,是爲厲公。"

清華二·繫年091、096、099"晉臧坪公",讀爲"晉莊平公"。《史記·晉世家》:"冬,悼公卒,子平公彪立。"

清華二·繫年093、094、095"齊臧公",讀爲"齊莊公"。《史記·齊太公世家》:"靈公疾,崔杼迎故太子光而立之,是爲莊公。"

清華二·繫年098"郐公",讀爲"徐公",徐國國君。

清華二·繫年099"卲公",讀爲"昭公"。《史記·晉世家》:"二十六年,平公卒,子昭公夷立。"

清華二·繫年099"叼公",讀爲"頃公"。《史記·晉世家》:"昭公六年卒。六卿彊,公室卑。子頃公去疾立。"

清華二·繫年100、109、110"柬公",讀爲"簡公",晉簡公。《春秋·昭公三十一年》爲晉定公午元年,簡文則稱"簡公"。

清華二·繫年100、101"䇦公佗",讀爲"許公佗",許國國君佗。

清華二·繫年105"秦異公",《左傳·定公四年》楚昭王奔隨,"申包胥如秦乞師……秦哀公爲之賦《無衣》。九頓首而坐。秦師乃出",《史記·秦本紀》亦作"哀公",《索隱》云:"《始皇本紀》作'㻁公'。"今本《始皇本紀》作"畢公"。簡文作"異公"。

清華二·繫年108"晉悼公",《史記·晉世家》:"閏月乙卯,厲公遊匠驪氏,欒書、中行偃以其黨襲捕厲公,囚之,殺胥童,而使人迎公子周于周而立之,是爲悼公。"

清華二·繫年110"戉公句戔",讀爲"越公句踐"。

清華二·繫年111"晉敬公",名驕,又別謚哀公、懿公。《史記·晉世家》:"故知伯乃立昭公曾孫驕爲晉君,是爲哀公。"《史記·晉世家》,《索隱》引《紀年》:"出公二十三年奔楚,乃立昭公之孫,是爲敬公。"

清華二·繫年112"晉幽公",《史記·晉世家》:"十八年,哀公卒,子幽公柳立。"

清華二·繫年113"戉公朱句",讀爲"越公朱句"。

清華二·繫年114、119"宋悼公",《史記·宋微子世家》:"昭公四十七年卒,子悼公購由立。"

清華二·繫年114、115"公室",指君主之家,王室。《論語·季氏》:"孔子曰:'禄之去公室五世矣,政逮於大夫四世矣。'"《左傳·文公七年》:"公族,公室之枝葉也,若去之,則本根無所庇陰矣。"

清華二・繫年 124、126"宋公畋"，讀爲"宋公田"。《史記・宋微子世家》："悼公八年卒，子休公田立。"

清華二・繫年 133"郊公涉綢"，"郊公"，疑讀爲"滕公"。"涉綢"，滕公之名。

清華二・繫年 129、134、135"遬昜公"，讀爲"魯陽公"，三執珪之君，即魯陽公、平夜君、陽城君。包山簡"魯陽公後城鄭之歲"。

清華三・説命上 07"王甬命敚爲公"，讀爲"王用命説爲公"。參《國語・楚語上》："（武丁）得傅説以來，升以爲公。"《墨子・尚賢中》："武丁得之，舉以爲三公，與接天下之政，治天下之民。"

清華三・良臣 06"邨公子高"，讀爲"葉公子高"，春秋時楚國人，僭偁公，姓沈，名諸梁，字子高，沈尹戌之子，楚大夫，封於葉，爲葉縣尹。《吕氏春秋・慎行論》："沈尹戌謂令尹曰：'夫無忌，荆人讒人也。'"高誘注："沈尹戌，莊王之孫，沈諸梁葉公子高之父也。"

清華三・良臣 08"魯哀公"，《史記・魯周公世家》："十五年，定公卒，子將立，是爲哀公。"

清華三・良臣 08，清華六・太伯甲 04"奠桓公""桓公"，讀爲"鄭桓公""桓公"。《史記・鄭世家》："鄭桓公友者，周厲王少子而宣王庶弟也。宣王立二十二年，友初封於鄭。"

清華三・良臣 09"奠定公"，讀爲"鄭定公"。《史記・鄭世家》："三十六年，簡公卒，子定公寧立。"

清華六・太伯甲 01、太伯乙 01"吝公"，讀爲"文公"。《史記・鄭世家》："秋，厲公卒，子文公踕立。"

清華四・筮法 31"於公利貧"，讀爲"於公利分"，疑指利分公室。或解釋爲這種情況對公來説，安貧較有利。（《讀本四》第 61 頁）

清華六・子儀 03、05、10"公"，指秦穆公。

清華六・子儀 15"汽丹才公"，讀爲"迄旦在公"，與《詩》"夙夜在公"義同。《詩・魯頌・有駜》："有駜有駜，駜彼乘黄。夙夜在公，在公明明。"鄭箋："夙，早也。言時臣憂念君事，早起夜寐，在於公之所。"

清華七・子犯 01、03、06"秦公"，指秦穆公。

清華七・子犯 01、03、06、07"公子"，古代稱諸侯之庶子，以别於世子，亦泛稱諸侯之子。《儀禮・喪服》："公子爲其母，練冠，麻，麻衣縓緣。"鄭玄注："公子，君之庶子也。"《禮記・服問》："傳曰，有從輕從重，公子之妻，爲其皇姑。"孔穎達疏："公子謂諸侯之妾子也。"《禮記・玉藻》："公子曰臣孽。"鄭玄

注:"適而傳世曰世子,餘則但稱公子而已。"

清華七·子犯 13"公子襌耳",讀爲"公子重耳",晉文公。

清華七·趙簡子 08"襄公",晉襄公。《史記·晉世家》:"襄公墨衰絰。四月,敗秦師於殽。"

清華七·趙簡子 10"坪公",讀爲"平公",晉平公。

清華七·越公"雩公",讀爲"越公",指句踐。

清華八·邦政 11"公",某公。

清華八·心中 06"君公",稱諸侯。《書·說命中》:"明王奉若天道,建邦設都,樹后王君公,承以大夫師長。"孔穎達疏:"君公,謂諸侯也。"《墨子·尚同中》:"夫建國設都,乃作后王君公。"

頌

清華二·繫年 101 居䜌(許)公侂於頌(容)城

清華三·琴舞 11 甬(用)頌(容)耳(輯)舍(余)

清華三·琴舞 14 不畀甬(用)非頌(雍)

清華三·芮良夫 01(背)周公之頌志(詩)

清華三·芮良夫 23 人頌(訟)攼(扞)䔂(違)

清華八·攝命 11 亦則乃身亡能諫甬(用)非頌(庸)女(汝)正命

清華八·攝命 12 亦若之頌(庸)弜羕

清華八·攝命19乃智(知)隹(唯)子不隹(唯)之頌(庸)

～,與(上博二·從甲6)、(上博六·用7)同。"頌"本來就是容貌之"容"的本字。《説文·頁部》:"頌,皃也。从頁,公聲。,籒文。"

清華二·繫年101"頌城",讀爲"容城",地名,今河南魯山東南。《春秋·定公四年》:"六月……許遷于容城。"

清華三·琴舞11"頌",讀爲"容"。《書·泰誓》:"其心休休焉其如有容。"孫星衍疏:"其心休美寬大,如有所容納也。"

清華三·琴舞14"頌",讀爲"雍",訓常。簡文"不畀用非雍",如不守常,則天不畀之。

清華三·芮良夫01(背)"周公之頌志(詩)"之"頌",廟堂祭祀時用的舞曲歌辭。朱熹《集傳》:"頌者,宗廟之樂歌,《大序》所謂'美盛德之形容,以其成功,告於神明者也'。"

清華三·芮良夫23"頌",讀爲"訟",訴訟。《論語·顏淵》:"聽訟,吾猶人也。必也使無訟乎?"

清華八·攝命11、12、19"頌",讀爲"庸",用,任用。《書·舜典》:"舜生三十徵庸。"《書·大禹謨》:"無稽之言勿聽,弗詢之謀勿庸。"

訟

　清華四·別卦01訟

清華七·晉文公02命訟狱(獄)敏(拘)執辠(釋)

清華七·越公38凡市賈爭訟

清華七·越公41凡又(有)狱(獄)訟辠=(至于)王廷

～,與(上博一·孔5)、(上博四·昭8)、(上博一·孔2)同。《說文·言部》:"訟,爭也。从言,公聲。曰:謌訟。![],古文訟。"

清華四·別卦01"訟",《易》卦名。《易·訟》:"訟,有孚,窒惕,中吉。"

清華七·晉文公02"訟獄",即"訟獄",訴訟。《管子·小匡》:"無坐抑而訟獄者,正三禁之。"

清華七·越公38"凡市賈爭訟",參《韓非子·用人》:"爭訟止,技長立,則強弱不觳力,冰炭不合形,天下莫得相傷,治之至也。"

清華七·越公41"獄訟",即"獄訟",訟事,訟案。《周禮·地官·大司徒》:"凡萬民之不服教而有獄訟者,與有地治者聽而斷之,其附于刑者歸於士。"鄭玄注:"爭罪曰獄,爭財曰訟。"賈公彥疏:"獄訟相對,故獄爲爭罪,訟爲爭財。若獄訟不相對,則爭財亦爲獄。"

松

　　清華一·程寤01 梓=(化爲)松柏棫柞

　　清華一·程寤04 朋棶(棘)戠(鼓)杍松

《說文·木部》:"松,木也。从木,公聲。![],松或从容。"

清華一·程寤01"梓=(化爲)松柏棫柞",參《藝文類聚》卷八十八:"周太似夢周梓化爲松。"《藝文類聚》卷七十九:"梓化爲松柏棫柞。"(上海古籍出版社,一九八二年,第一五一三頁、一三五五頁)

清華一·程寤04"松",松樹。《書·禹貢》:"厥貢鹽絺,海物惟錯,岱畎絲、枲、鉛、松、怪石。"

容

　　清華一·程寤07 隹(惟)容内(納)棶(棘)

清華一·楚居 08 衆不容於免

 清華六·太伯甲 06 女(如)容袿(社)之尻(處)

 清華六·太伯乙 05 女(如)容袿(社)之尻(處)

～，與 ⌾（上博四·曹 24）、⌾（上博四·曹 24）同，從"宀"，"公"聲，與《說文》容字古文同。《說文·宀部》："容，盛也。從宀、谷。⌾，古文容，從公。"

　　清華一·程寤 07"容內"，讀爲"容納"，包容受納。干寶《晉紀總論》："（高祖宣皇帝）性深阻有如城府，而能寬綽以容納。"簡文"惟容內棘"，喻對小人亦予包容。

　　清華一·楚居 08"衆不容於免"，參《孟子·離婁上》："爭地以戰，殺人盈野；爭城以戰，殺人盈城，此所謂率土地而食人肉，罪不容於死。"

　　清華六·太伯甲 06、太伯乙 05"女容袿之尻"，讀爲"如容社之處"。《國語·鄭語》言鄭桓公"乃東寄帑與賄，虢、鄶受之，十邑皆有寄地"，或即簡文所謂"容社之處"。"容"，容納、容受。《書·泰誓》："其心休休焉其如有容焉。"孫星衍疏："其心休美寬大，如有所容納也。"《史記·吕太后本紀》："凡有天下治爲萬民命者，蓋之如天，容之如地，上有歡心以安百姓，百姓欣然以事其上，歡欣交通而天下治。"

見紐工聲

工

 清華二·繫年 117 楚自(師)亡工(功)

清華二·繫年 128 楚自(師)亡工(功)

清華五·厚父 08 高且(祖)克宪(憲)皇天之政工(功)

清華六·子儀 15 乃又(有)見工(功)

清華七·越公 28 王㠯亡(無)好攸(修)于民厽(三)工之堵

清華七·越公 28 蓐(農)工旻(得)寺(時)

清華七·越公 30 王好蓐(農)工(功)

清華七·越公 56 王乃徹(趣)羍=(至于)洰(溝)隓(塘)之工(功)

～，與 (上博一·孔 5)同。《說文·工部》："工，巧飾也。象人有規榘也。與巫同意。凡工之屬皆从工。 ，古文工从彡。"

清華二·繫年 117、128"工"，讀爲"功"。《周禮·春官·肆師》："凡師不功。"鄭玄注："故書功爲工，鄭司農'工'讀爲'功'，古者'工'與'功'同字。"

清華五·厚父 08"工"，讀爲"功"，功勞，功績。《周禮·夏官·司勳》："王功曰勳，國功曰功。"

清華七·越公 28"厽(三)工"，修城、修路、修河堤之事。

清華七·越公 28、30"蓐工"，讀爲"農功"，農事。《國語·周語上》："是時也，王事惟農是務，無有求利於其官，以干農功。"《左傳·襄公十七年》："宋皇國父爲大宰，爲平公築臺，妨於農收。子罕請俟農功之畢，公弗許。"

清華七·越公 56"洰隓之工"，讀爲"溝塘之功"，指水利工程。

項

清華六·子儀 17 尚耑(端)項賠(瞻)遊目以眚我秦邦

《説文·頁部》:"項,頭後也。从頁,工聲。"

清華六·子儀 17 "項",頸的後部。亦泛指頸。《左傳·成公十六年》:"王召養由基,與之兩矢,使射呂錡,中項,伏弢。"

攻

清華一·程寤 03 攻于商神

清華二·繫年 007 以攻幽王

清華三·説命上 01 王命氒(厥)百攻(工)向

清華五·命訓 06 夫明王卲(昭)天訐(信)人以尾(度)攻

清華五·命訓 14 事騽(震)則不攻(功)

清華七·越公 50 凡金革之攻

清華七·越公 67 不鼓不喿(噪)以㴶(侵)攻之

清華八·邦道 16 攻(工)猒(守)丂(巧)

清華八·邦道 17 以桯(程)亓(其)攻(功)

清華八·邦道 19 皮(彼)士迟(及)攻(工)商

攻　清華八·心中 04 而又（有）成攻（功）

攻　清華八·天下 01 戈（一）者攻之=（之之）器

攻　清華八·天下 03 今之攻者

攻　清華八·天下 03 是非攻之道也

攻　清華八·天下 03 所胃（謂）攻者

攻　清華八·天下 03 是胃（謂）攻

攻　清華八·天下 04 亦亡（無）攻也

～，與巧（上博四·曹 21）、巧（上博四·曹 36）同。《說文·攴部》："攻，擊也。从攴，工聲。"

清華一·程寤 03 "攻于商神"之"攻"，《周禮·大祝》注："攻、說，則以辭責之。"《論衡·順鼓》："攻者，責也，責讓之也。""商神"，殷商之神，恐其作祟，故責之。

清華二·繫年 007 "以攻幽王"，攻擊，進攻。《書·仲虺之誥》："兼弱攻昧，取亂侮亡。"孔穎達疏："攻，謂擊之。"

清華三·說命上 01 "百攻"，讀為"百工"，各種工匠。《墨子·節用中》："凡天下群百工，輪車鞼匏，陶冶梓匠，使各從事其所能。"《左傳·文公十年》："（楚）王使（子西）為工尹。"杜預注："掌百工之官。"

清華五·命訓 06 "夫明王卲（昭）天訐（信）人以凥（度）攻"，今本《逸周書·命訓》作"明王昭天信人以度，功地以利之"。

清華五•命訓 14"事霤（震）則不攻（功）"，今本《逸周書•命訓》作"事震則寡功"。潘振云："事騷動，故少功。"

清華七•越公 50"凡金革之攻"，指武器製作。

清華七•越公 67"不鼓不喿以滑攻之"，讀爲"不鼓不噪以侵攻之"。《國語•吳語》："越王乃令其中軍銜枚潛涉，不鼓不噪以襲攻之，吳師大北。"

清華八•邦道 16"攻"，讀爲"工"，古時對從事各種技藝的勞動者的總稱。《論語•衛靈公》："工欲善其事，必先利其器。"

清華八•邦道 17"以程（程）亓（其）攻（功）"之"程"，即"程"，考核。簡文"以程其功"，意即察其所能。《墨子•尚賢中》："然後聖人聽其言，迹其行，察其所能，而慎予官，此謂事能。"

清華八•邦道 19"皮士返攻商"，讀爲"彼士及工商"，古代所謂四民。《管子•小匡》："士農工商四民者，國之石民也，不可使雜處，雜處則其言哤，其事亂。"《漢書•食貨志上》："士農工商，四民有業。學以居位曰士，闢土殖穀曰農，作巧成器曰工，通財鬻貨曰商。"

清華八•心中 04"成攻"，讀爲"成功"，成就功業或事業。《書•禹貢》："禹錫玄圭，告厥成功。"

清華八•天下 01、03、04"攻"，與"守"相對。"攻""守"即天下之道。"攻"，攻擊、進攻。

戉（攻）

清華七•越公 63 鄥（邊）人乃相戉（攻）也

清華七•越公 67 戉（攻）之

～，從"戈"，"工"聲，"攻"字異體，與 形同。

清華七•越公 63"鄥人乃相戉也"，即"邊人乃相攻也"。參《戰國策•秦一》："寬則兩軍相攻，迫則杖戟相橦，然後可建大功。"

清華七•越公 67"戉之"，即"攻之"，攻擊、進攻。《書•仲虺之誥》："兼弱攻昧，取亂侮亡。"孔穎達疏："攻，謂擊之。"

羿

　清華八·攝命 11　弗羿（功）我一人才（在）立（位）

　清華八·攝命 29　余隹（唯）亦羿（功）乍（作）女（汝）

～，从"廾"，"功"聲。

清華八·攝命 11"弗羿我一人才立"，讀爲"弗功我一人在位"，略同於毛公鼎"毋童（動）余一人在位"。"羿"，讀爲"功"，勞。《大戴禮記·千乘》："發國功謀。"王聘珍《解詁》："功，勞也。"

清華八·攝命 29"余隹（唯）亦羿（功）乍（作）女（汝）"之"羿"，讀爲"功"，勞。

　清華五·厚父 02　帝亦弗巩（鞏）啓之經惪（德）

～，从"又"，"丮"省，"工"聲，"巩"字異體。"巩"，上博三·周 47 作 。《説文·丮部》："巩，褱也。从丮，工聲。，巩或加手。"

清華五·厚父 02"帝亦弗巩（鞏）啓之經惪（德）"之"巩"，"鞏"之異體字。毛公鼎（《集成》02841）"不（丕）巩先王配命"，文獻一般作"鞏"，鞏固，牢固。《詩·大雅·瞻卬》："藐藐昊天，無不克鞏。"毛傳："鞏，固也。"馬瑞辰《通釋》："鞏、固以雙聲爲義，古音轉，讀鞏爲固。"或讀爲"邛"。（清華大學出土文獻讀書會）

雂

　清華五·厚父 07　隹（惟）寺（時）下民雂帝之子

～，从"隹"，"工"聲，"鴻"字異體。上博簡或作 （上博三·周 50）。《説文·隹部》："雂，鳥肥大雂雂也。，雂或从鳥。"《玉篇·隹部》："雂，庸也。"

《説文·鳥部》:"鴻,鴻鵠也。从鳥,江聲。"

清華五·厚父 07"𤸰",即"鴻"。朱駿聲《説文通訓定聲》:"鴻,假借又爲傭。"或疑讀爲"庸",《書·益稷》:"帝庸作歌。""庸",乃也。一説"𤸰",讀爲"共",《禮記·内則》注"猶皆也",與下"咸"字同義。簡文"下民共帝之子",參《書·高宗肜日》"王司敬民,罔非天胤"。

江

清華七·越公 23 余亓(其)與吳科(播)弃(棄)悁(怨)喜(惡)于潛(海)澦(濟)江沽(湖)

清華七·越公 63 軍於江北

清華七·越公 63 軍於江南

清華七·越公 64 牂(將)舟戰(戰)於江

清華七·越公 64 乃命左軍監(銜)梜(枚)鯀(溯)江五里以須

清華七·越公 65 亦命右軍監(銜)梜(枚)渝江五里以須

清華七·越公 65 乃命左軍、右軍涉江

清華七·越公 66 涉江

～,與江(上博二·容 26)同。《説文·水部》:"江,水。出蜀湔氐徼外崏山,入海。从水,工聲。"

清華七·越公23"江沽",讀爲"江湖",江河湖海。《莊子·大宗師》:"泉涸,魚相與處於陸,相呴以溼,相濡以沫,不如相忘於江湖。"《漢書·貨殖傳》:"(范蠡)乃乘扁舟,浮江湖,變姓名,適齊爲鴟夷子皮,之陶爲朱公。"

清華七·越公63"軍於江北,軍於江南",參《國語·吳語》:"於是吳王起師,軍於江北,越王軍於江南。"韋昭注:"江,松江,去吳五十里。"

清華七·越公64"牆舟戰於江",讀爲"將舟戰於江"。參《國語·吳語》:"明日將舟戰於江。"

清華七·越公64"乃命左軍監梡䤵江五里以須",讀爲"乃命左軍銜枚溯江五里以須"。參《國語·吳語》:"乃令左軍銜枚泝江五里以須。"

清華七·越公65"亦命右軍監梡渝江五里以須",讀爲"亦命右軍銜枚渝江五里以須"。參《國語·吳語》:"亦令右軍銜枚踰江五里以須。"

清華七·越公65、66"乃命左軍、右軍涉江",參《國語·吳語》:"夜中,乃令左軍、右軍涉江鳴鼓中水以須。"

社

清華一·金縢06 周公乃内(納)亓(其)所爲社

清華一·金縢10 王旻(得)周公之所自以爲社(功)以弋(代)武王之敓(説)

清華一·祭公11 城(成)氒(厥)社(功)

清華三·琴舞08 皇天之社(功)

清華三·芮良夫13 先君以多社(功)

清華三·芮良夫18 社(功)袜(績)

（壯）𥛝（功）　清華五·三壽 14 余（餘）㫳（享）獻𥛝（攻）

清華六·𣄸伯甲 10 長不能莫（慕）虐（吾）先君之武敵（烈）𢦏

（壯）𥛝（功）　清華六·𣄸伯乙 09 長不能莫（慕）虐（吾）先君之武敵（烈）𢦏

清華七·越公 26 乃大鷹𥛝（攻）

清華七·越公 28 禹（稱）貣（貸）叟（役）潾塗沟（溝）塦（塘）之𥛝（功）

清華八·邦道 10 煮（圖）終之以𥛝（功）

～，从"示"，"工"聲。"攻説"之"攻"的專字。與 ̄ ̄（上博二·容 20）、̄ ̄（上博四·內 8）、̄ ̄（上博六·用 17）同，或作 ̄ ̄，"工""示"共用橫筆。

清華一·金縢"𥛝"，讀爲"貢"。（米雁）

清華一·祭公 11"壓𣎵𥛝"，讀爲"成厥功"，參《書·咸有一德》："無自廣以狹人，匹夫匹婦，不獲自盡，民主罔與成厥功。"

清華三·琴舞 08"皇天之𥛝"，讀爲"皇天之功"。《左傳·僖公二十四年》："竊人之財，猶謂之盜，況貪天之功以爲己力乎？"

清華三·芮良夫 13"多𥛝"，讀爲"多功"。《左傳·襄公九年》："魏絳多功，以趙武爲賢而爲之佐。"

清華三·芮良夫 18"𥛝襋"，讀爲"功績"，功業和勞績。《荀子·王霸》："名聲若日月，功績如天地。"《呂氏春秋·慎行論》："得陶、化益、真窺、橫革、之交五人佐禹,故功績銘乎金石,著於盤盂。"

清華五·三壽 14"釨",讀爲"攻",祭名。《周禮·春官·大祝》:"掌六祈,以同鬼神示……五曰攻,六曰説。"鄭玄注引鄭司農云:"攻、説,皆祭名也。"又《秋官·庶氏》:"掌除毒蠱,以攻説禬之。"鄭玄注:"攻説,祈名,祈其神求去之也。"

清華六·太伯甲 10、太伯乙 09"武斂戕釨",讀爲"武烈壯功"。"壯功",壯大之功勞。"功",功勞,功績。《周禮·夏官·司勳》:"王功曰勳,國功曰功。"《史記·項羽本紀》:"勞苦而功高如此,未有封侯之賞。"

清華七·越公 26"釨",讀爲"攻",六祈之一。《周禮·春官·大祝》:"掌六祈以同鬼神示:一曰類、二曰造、三曰禬、四曰禜、五曰攻、六曰説。"

清華七·越公 28"潪塗沟隍之釨",讀爲"泑塗溝塘之功",指各種水利工程。

清華八·邦道 10"釨",讀爲"功",功績。

㤅（恐）

清華一·保訓 01 㤅（恐）述（墜）保（寶）訓

清華一·保訓 02 㤅（恐）不女（汝）及訓

清華一·保訓 03 㤅（恐）弗念（堪）終

清華一·保訓 04 㤅（恐）救（求）中

清華三·芮良夫 08 㤅（恐）不和垍（均）

清華三·芮良夫 27 虐（吾）㤅（恐）皋（罪）之□身

清華三·祝辭 01 㤅（恐）弱（溺）

清華五·命訓 04 能母(毋)忑(恐)虘(乎)

清華五·命訓 05 女(如)忑(恐)而承孝(教)

清華六·管仲 20 忑(恐)皋(罪)之不埠(竭)

清華六·子儀 01 忑(恐)民之大貥(方)迻(移)易

清華七·越公 22 孤或(又)忑(恐)亡(無)良僭(僕)馭(御)獄火於雩(越)邦

～，與🗌(上博三·中 26)、🗌(上博六·競 7)、🗌(上博六·孔 22)、🗌(上博七·武 5)🗌(上博八·命 1)同，从"心"，"工"聲，"恐"字異體。《説文·心部》："恐，懼也。从心，巩聲。🗌，古文。"

清華一·保訓 04 "忑"，即"恐"，敬畏。或讀爲"恭"。

清華"忑"，即"恐"，畏懼，害怕。《書·盤庚中》："恐人倚乃身，迂乃心。"《史記·秦始皇本紀》："諸侯恐懼，會盟而弱秦。"

邢

清華二·繫年 112 以與戉(越)命(令)尹宋黑(盟)于邢

～，與🗌(包山 221)、🗌(包山 223)同，从"邑"，"幵"聲。

清華二·繫年 112 "邢"，地名。又疑"述"屬上讀，"邢述"，讀爲"鞏遂"。《禮記·王制》鄭玄注："遠郊之外曰遂。"或讀爲"紅"。（陳絜）

見紐收聲

共

 清華一·皇門 02 則不共(恭)于卹

 清華一·皇門 04 是人斯囏(助)王共(恭)明祀

 清華一·祭公 18 尃(敷)求先王之共(恭)明悳(德)

 清華二·繫年 128 競(景)之賈與舒(舒)子共戠(止)而死

 清華三·赤鵠 08 共尻(處)句(后)之牀下

 清華三·赤鵠 12 共尻(處)句(后)之牀下

 清華六·鄭子 07 娂(媚)妒之臣躬(躬)共(恭)亓(其)麀(顏)色

 清華六·鄭子 08 乳=(鄭子)女(汝)共(恭)夫=(大夫)

 清華六·鄭子 12 各共(恭)亓(其)事

 清華六·鄭子 12 君共(拱)而不言

清華五·厚父09 民弋(式)克共(恭)心芍(敬)愄(畏)

 清華五·湯丘14 句(后)古(固)共(恭)天畏(威)

 清華五·湯丘17 爲臣共(恭)命

 清華五·湯丘19 共(恭)命女(如)訇(台)

 清華五·湯丘19 是非共(恭)命虎(乎)

 清華五·三壽20 共(供)桂(皇)思坙(修)

 清華五·三壽23 我督(寅)晨共(降)奎(在)九尾(宅)

 清華六·子產05 共(恭)憸(儉)整齊

 清華七·越公53 乃出共(恭)敨(敬)

 清華七·越公53 乃出不共(恭)不敨(敬)

 清華七·越公57 乃徹(趣)取䜴(戮)于逡(後)至不共(恭)

～，與 (上博二·從甲5)、(上博二·從甲6)、(上博四·曹8)、

▨（上博五·三1）、▨（上博七·吳9）同。《説文·共部》："共，同也。从廿、卄。凡共之屬皆从共。▨，古文共。"

清華一·皇門02"不共于卹"，讀爲"不恐于恤"。今本《逸周書·皇門》作"我聞在昔有國誓王之不綏于卹"，陳逢衡注："在昔有國誓王，古我夏先后與殷先哲王也。"或讀爲"恭"。（孫飛燕）

清華一·皇門04"是人斯藊（助）王共（恭）明祀"，今本《逸周書·皇門》作"人斯是助王恭明祀"。

清華一·祭公18"尃求先王之共明悳"，讀爲"敷求先王之恭明德"。參《書·君奭》："嗣前人，恭明德，在今予小子旦非克有正，迪惟前人光施于我沖子。"

清華二·繫年128"鄝子共"，讀爲"舒子共"，舒滅于楚，其後人以舒爲氏。見秦嘉謨《世本輯補》。

清華三·赤鵠08、12"共"，副詞。皆，共同，一起。《禮記·內則》："少事長，賤事貴，共帥時。"鄭玄注："共，猶皆也。帥，循也。時，是也。禮皆如此也。"

清華六·孺子07、08"共"，讀爲"恭"。《爾雅》："恭，敬也。"

清華六·孺子12"各共亓事"，讀爲"各恭其事"。《書·盤庚上》："自今至于後日，各恭爾事，齊乃位，度乃口。罰及爾身，弗可悔。"

清華六·孺子12"君共（拱）而不言"之"共"，讀爲"拱"，拱默，拱手緘默。《漢書·鮑宣傳》："以苟容曲從爲賢，以拱默尸祿爲智。"《潛夫論·賢難》："此智士所以鉗口結舌，括囊共默而已者也。"

清華五·厚父09"民弋克共心芍愄"，讀爲"民式克恭心敬畏"。《書·康誥》："于弟弗念天顯，乃弗克恭厥兄。"

清華五·湯丘14"句古共天畏"，讀爲"后固恭天威"。參《書·顧命》："眇眇予末小子，其能而亂四方以敬忌天威。"

清華五·湯丘17、19"共命"，讀爲"恭命"，猶奉命。《書·甘誓》："左不攻于左，汝不恭命；右不攻于右，汝不恭命；御非其馬之正，汝不恭命。用命賞于祖，弗用命戮于社。"

清華五·三壽20"共"，讀爲"供"。《説文》："奉也。"簡文"供皇思修"，奉正使治。

清華五·三壽23"共"，讀爲"降"。從高處往下走。與"陟"相對。《詩·

大雅・公劉》:"陟則在巘,復降在原。"鄭箋:"陟,升;降,下也。"

清華六・子産 05"共憸",讀爲"恭儉",恭謹謙遜。《孟子・離婁上》:"恭者不侮人,儉者不奪人,侮奪人之君,惟恐不順焉,惡得爲恭儉?恭儉豈可以聲音笑貌爲焉?"《禮記・經解》:"恭儉莊敬,禮教也。"

清華七・越公 53"共敬",讀爲"恭敬",對人謙恭有禮貌。《孟子・告子上》:"恭敬之心,人皆有之。"《史記・陳丞相世家》:"項王爲人,恭敬愛人,士之廉節好禮者多歸之。"

清華七・越公 53"乃出不共不敬",讀爲"乃出不恭不敬"。郭店・五行 22:"不敬不嚴,不嚴不尊,不尊不恭,不恭無禮。"

清華七・越公 57"共",讀爲"供",訓爲供事。《書・舜典》:"汝共工。"孔傳:"共謂供其職事。"簡文"不供",指不供職事的人。(魏棟)或讀爲"恭"。

恭

 清華三・良臣 11 楚恭(共)王又(有)邱(伯)州利(犁)

 清華五・三壽 11 高宗恭(恐)愳(懼)

~,與(左塚漆梮)同。《説文・心部》:"恭,肅也。从心,共聲。"

清華三・良臣 11"楚恭王",讀爲"楚共王"。《韓非子・十過》:"昔者楚共王與晉厲公戰於鄢陵,楚師敗,而共王傷其目。"

清華五・三壽 11"恭愳",讀爲"恐懼"。《左傳・成公十三年》:"文公恐懼,綏靜諸侯,秦師克還無害,則是我有大造于西也。"

迣

清華三・説命下 09 余佳(惟)弗迣(雍)天之叚(瑕)命

~,从"辵","共"聲。

清華三・説命下 09"迣",讀爲"雍",堵塞。《詩・小雅・無將大車》:"無將大車,維塵雍兮。"鄭箋:"雍,猶蔽也。"陸德明《釋文》:"字又作壅。"《穀梁傳·僖公九年》:"讀書加于牲上,壹明天子之禁,曰毋雍泉。"范寧注:"雍,於勇反,塞也。"

巷

清華二·繫年 093 鄹(樂)經(盈)嘉(襲)巷(絳)而不果

～,或作 (上博四·采 1),从"邑","㒼"聲,而"㒼"字,从"巾","共"省聲。此字右部从"㒼""廾",與 (《秦集》一·二·53·2)、(傅 563)所从同。《說文·䢈部》:"䢈,里中道也,从䢈、从共,皆在邑中所共也。,篆文从䢈省。"段玉裁注:"里中之道曰巷,古文作䢈。《爾雅》作衖……道在邑之中,人所共由。胡絳切。共亦聲也……爲小篆,則知䢈爲古文、籀文也。先古籀後篆者,亦上部之例。今作巷。"

清華二·繫年 093"巷",讀爲"絳",地名,晉國都城,今山西侯馬。《漢書·地理志》:"蒲子,絳,晉武公自曲沃徙此。"

具

清華三·芮良夫 15 萬民具(俱)懟(憝)

清華五·命訓 05 九迂(奸)具(俱)寒(息)

清華七·子犯 13 受(紂)若大陸(岸)牆(將)具陞(崩)

清華七·晉文公 03 具䊮(黍)稷醴=(酒醴)以祀

清華八·邦政 13 具屍元(其)翟(昭)

～,从“廾”从“鼎”。《説文・廾部》:“具,共置也。从廾,从貝省。古以貝爲貨。”

清華三・芮良夫 15、清華五・命訓 05、清華七・子犯 13、清華八・邦政 13“具”,副詞,相當於“都”“皆”。《詩・小雅・節南山》:“民具爾瞻。”

清華七・晉文公 03“具番(黍)稷醴=(酒醴)以祀”,參《左傳・宣公十一年》:“量功命日,分財用,平板幹,稱畚築,程土物,議遠邇,略基趾,具餱糧,度有司,事三旬而成,不愆于素。”

溪紐孔聲

孔

 清華三・良臣 08 又(有)孔壵(丘)

 清華五・厚父 06 弗甬(用)先剴(哲)王孔甲之典荆(刑)

 清華六・太伯甲 11 君女(如)由皮(彼)孔弔(叔)

 清華六・太伯乙 10 君女(如)由皮(彼)孔弔(叔)

《説文・乚部》:“孔,通也。从乙从子。乙,請子之候鳥也,乙至而得子,嘉美之也。古人名嘉字子孔。”

清華三・良臣 08“孔壵”,即“孔丘”“孔子”,名丘,字仲尼,魯國陬邑(今山東曲阜東南)人。《史記・孔子世家》:“孔子生魯昌平鄉陬邑。其先宋人也,曰孔防叔。防叔生伯夏,伯夏生叔梁紇。紇與顔氏女野合而生孔子,禱於尼丘得孔子。魯襄公二十二年而孔子生。生而首上圩頂,故因名曰丘云。字仲尼,姓孔氏……孔子以詩書禮樂教,弟子蓋三千焉,身通六藝者七十有二人。”

清華五・厚父 06“孔甲”,參《左傳・昭公二十九年》:“及有夏孔甲,擾於有帝,帝賜之乘龍,河、漢各二,各有雌雄,孔甲不能食,而未獲豢龍氏。”杜預注:“孔甲,少康之後九世君也。其德能順於天。”孔穎達疏引《帝王世紀》:“少康子帝杼,杼子帝芬,芬子帝芒,芒子帝世,世子帝不降,不降弟帝喬,喬子帝廑也。至帝孔甲,孔甲,不降子。"

清華六·太伯甲 11、太伯乙 10"孔咠",讀爲"孔叔",人名。《左傳·僖公三年》:"楚人伐鄭,鄭伯欲成。孔叔不可,曰:'齊方勤我,棄德,不祥。'"

端紐東聲歸侯部東聲

端紐冢聲歸侯部豖聲

透紐舂聲歸収聲

定紐同聲

同

清華一·耆夜 04 庶民和同

清華一·金縢 02 周公乃爲三坦(壇)同墠(墠)

清華一·楚居 10 遷(徙)居同宮之北

清華二·繫年 024 曰:以同生(姓)之古(故)

清華二·繫年 039 穆(勠)力同心

清華二·繫年 103 者(諸)侯同縈(盟)于鹹泉以反晉

清華三·琴舞 12 不逵(失)隹(惟)同

清華三·芮良夫 11 和剌（專）同心

清華三·良臣 07 雩（越）王句踐（踐）又（有）大同

清華四·筮法 01 妻夫同人

清華四·筮法 02 参（三）女同男

清華四·筮法 03 五䇡（虛）同弍（一）䇡（虛）

清華四·筮法 03 参（三）左同右

清華四·筮法 04 参（三）男同女

清華四·筮法 05 参（三）吉同兇

清華四·筮法 05 参（三）右同左，乃旻（得）

清華四·筮法 07 参（三）兇同吉

清華四·筮法 07 参（三）男同女

清華四·筮法 09 参（三）吉同兇

清華四·筮法 09 參(三)女同男

　清華四·筮法 12 參(三)兌同吉

　清華四·筮法 15 參(三)女同男

　清華四·筮法 17 參(三)男同女

　清華四·筮法 19 參(三)男同女

　清華四·筮法 28 參(三)同式(一)

　清華四·筮法 28 凸(凡)成,同

　清華四·筮法 30 不同,乃不成

　清華四·筮法 32 而見同弔(次)於四立(位)之中

　清華四·筮法 41 卡₌(上下)同甋(狀)

　清華五·三壽 16 同民之力

　清華六·管仲 15 能旻(得)儑(僕)四人同心

清華六·管仲 15 能旻（得）儨（僕）三人同心

 清華六·管仲 16 能旻（得）儨（僕）二人同心

 清華六·管仲 22 四或（國）和同

 清華六·太伯甲 09 爲是牢鼨（鼠）不能同穴

 清華六·太伯乙 08 亓（其）爲是牢鼨（鼠）不能同穴

 清華六·子產 13 能同（通）於神

 清華七·越公 06 齊卻同心

 清華七·越公 24 皆爲同生

 清華七·越公 24 齊執同力

清華八·邦道 12 貴戔（賤）之立（位）者（諸）同雀（爵）者

～，與 、、、同。《說文·冂部》：“同，合會也。从冂、从口。”

清華一·耆夜 04“庶民和同”，百姓和睦同心。《管子·立政》：“大臣不和同，國之危也。”《禮記·仲尼閒居》：“無體之禮，上下和同。”

清華一·金縢 02"周公乃爲三坦同竆",讀爲"周公乃爲三壇同墠"。《書·金縢》:"公乃自以爲功,爲三壇同墠。"孔傳:"因太王、王季、文王請命於天,故爲三壇。壇築土,墠除地,大除地,於中爲三壇。"簡文"三壇同墠",三壇共同在一墠中。

清華一·楚居 10"同宫之北",地名。

清華二·繫年 024"同生",讀爲"同姓",指同祖的兄弟。《詩·唐風·杕杜》:"獨行睘睘。豈無他人?不如我同姓。嗟行之人,胡不比焉?人無兄弟,胡不佽焉?"毛傳:"同姓,同祖也。"

清華二·繫年 039"穆力同心",讀爲"勠力同心",謂齊心協力。典籍"勠"或作"戮"。《左傳·成公十三年》:"昔逮我獻公,及穆公相好,戮力同心,申之以盟誓,重之以昏姻。"《左傳·昭公二十五年》:"臧昭伯率從者將盟,載書曰:'戮力壹心,好惡同之。'"《國語·晉語四》:"晉鄭兄弟也,吾先君武公與晉文侯戮力一心,股肱周室,夾輔平王。"

清華二·繫年 103"同䚄",即"同盟",指古代諸侯國歃血爲誓,締結盟約。《左傳·僖公九年》:"秋,齊侯盟諸侯於葵丘曰:'凡我同盟之人,既盟之後,言歸於好。'"《穀梁傳·襄公十一年》:"秋,七月,己未,同盟於京城北。"

清華三·琴舞 12"同",相同,一樣。《易·睽》:"天地睽而其事同。"《易·乾》:"同聲相應,同氣相求。"

清華三·芮良夫 11,清華六·管仲 15、16"同心",齊心。《易·繫辭上》:"二人同心,其利斷金。"

清華三·良臣 07"雩(越)王句賤(踐)又(有)大同"之"大同",讀爲"舌庸"。《國語·吳語》:"於是越王句踐乃命范蠡、舌庸,率師沿海溯淮以絶吴路。"(廣瀨薰雄)

清華四·筮法 01"妻夫同人",卦例右上之乾,與右下之坤、左上之坤皆有夫妻之象,而象妻者同爲坤卦,故云"妻夫同人"。

清華四·筮法 03"参(三)左同右",離、艮、巽均在左,左下之坤在右,故云"三左同右"。

清華四·筮法 05"参(三)右同左",坤、兑均在右,左下之離則在左,故云"三右同左"。

清華四·筮法 07"参(三)男同女",坎爲中男,兩震爲長男,左下爲長女,故云"三男同女"。

清華四·筮法 09"参(三)女同男",離爲中女,兑爲少女,加上右上之坤,故云"三女同男"。

清華四·筮法"同",多指左下一經卦。

清華四·筮法28"同",爲講和之象。

清華四·筮法30"不同",爲不講和之象。

清華四·筮法41"卡₌同痌",讀爲"上下同狀"。《莊子·天地》:"萬物一府,死生同狀。"

清華五·三壽16"同民之力"之"同",《説文·冂部》"合會也"。

清華六·管仲22"四或和同",讀爲"四國和同"。參《文子·上德》:"聖人倀陽,天下和同。"

清華六·太伯甲09、太伯乙08"同穴",謂共同穴居。《書·禹貢》:"導渭自鳥鼠同穴,東會於灃,又東會於涇,又東過漆沮,入於河。"

清華六·子產13"能同於神",讀爲"能通於神"。《管子·九守》:"誠,暢乎天地,通於神明,見奸僞也?"

清華七·越公24"皆爲同生",皆是兄弟。《國語·晉語四》:"其同生而異姓者,四母之子別爲十二姓。"《後漢書·鄭玄傳》:"咨爾煢煢一夫,曾無同生相依。"楊樹達云:"同生,謂兄弟。"

清華七·越公06"齊郤同心",步調一致齊心協力。

清華七·越公24"同力",齊心協力,共同出力。《管子·重令》:"衆寡同力,則戰可以必勝,而守可以必固。"《公羊傳·僖公五年》:"滅者,上下之同力者也。"何休注:"言滅者臣子與君戮力一心共死之辭也。"簡文"齊執同力",與"齊郤同心"義同。

清華八·邦道12"貴戔之立者同雀者",讀爲"貴賤之位諸同爵者"。《禮記·祭義》:"是故,朝廷同爵則尚齒。"上博·曹沫21:"凡畜群臣,貴賤同待,禄毋倍。"

侗

 清華三·良臣01保侗

《説文·人部》:"侗,大皃。从人,同聲。《詩》曰:'神罔時侗。'"

清華三·良臣01"保侗",人名。馬王堆帛書《經法》有"果童",爲黃帝臣。"保"右旁與"果"形近,"侗"與"童"音同,或疑爲一人。

侗

 清華四·筮法 53 爲權（罐）侗（筩）

～，從"亻"，"同"聲。

清華四·筮法 53"侗"，讀爲"筩"，指僅有小口供存貯之器。《漢書·趙廣漢傳》："教吏爲缿筩。"顔師古注："缿若今盛錢藏瓶，爲小孔，可入而不可出，或缿或筩，皆爲此制，而用受書，令投于其中也。"

迵（通）

 清華二·繫年 079 女（焉）訂（始）迵（通）吴晉之洛（路）

 清華二·繫年 108 女（焉）訂（始）迵（通）吴晉之洛（路）

 清華二·繫年 115 達迵而歸之於楚

 清華三·説命下 05 迵（恫）瘝（瘝）少（小）民

 清華六·子儀 20 迵（通）之于虡（殽）道

 清華八·邦道 22 商遊（旅）迵（通）

～，與 、同，從"辵"，"同"聲。

清華二·繫年 079、108"女訂迵吴晉之洛"，讀爲"焉始通吴晉之路"。參《戰國策·秦三》："舉兵而攻滎陽，則成皋之路不通。"

清華二·繫年 115"達"，讀爲"衝"，攻擊。《吕氏春秋·貴卒》："衣鐵甲操鐵杖以戰,而所擊無不碎,所衝無不陷。""衝通"義同攻陷。歸之於楚,意思是把楚國的勢力逼出中原,趕回楚地。"逿逈",也可能讀爲"衝撞",沖擊碰撞。《韓非子·內儲説下》:"於是撞西北隅而入。"

清華三·説命下 05"逈㾓",讀爲"恫瘝",病痛,疾苦。《書·康誥》:"嗚呼,小子封,恫瘝乃身,敬哉。"孔傳:"恫,痛;瘝,病。治民務除惡政,當如痛病在汝身欲去之,敬行我言!"《爾雅·釋言》:"恫,痛也。"《爾雅·釋詁》:"瘝,病也。"

清華六·子儀 20"逈之于虞道",讀爲"通之于穀道"。參《管子·幼官》:"通之以道,畜之以惠。"《國語·晉語二》:"道遠難通,望大難走。"韋昭注:"通,至也。"

清華八·邦道 22"商遞逈"之"逈",讀爲"通",流通,交換。《周禮·〈考工記〉序》:"通四方之珍異以資之,謂之商旅。"《左傳·閔公二年》:"務財訓農,通商惠工。"孔穎達疏:"通商販之路,令貨利往來也。"

詷

 清華一·保訓 03 必受之以詷

《説文·言部》:"詷,共也。一曰譀也。从言,同聲。《周書》曰:'在夏后之詷。'"

清華一·保訓 03"詷",讀爲"童",幼稚童蒙。《書·顧命》"在后之侗",《釋文》:"侗,馬本作詷。"或讀爲"誦",與下文"以書受之"對舉。

㾓

 清華五·命訓 04 夫民生而㾓死喪

 清華七·越公 17 孤疾㾓(痛)之

～,从"疒","同"聲。

清華五·命訓 04、清華七·越公 17"㾓",《玉篇》:"㾓,痛也。"亦作"恫"。《説文》:"恫,痛也。"《詩·大雅·思齊》:"神罔時怨,神罔時恫。"毛傳:"恫,痛也。"

定紐用聲

用

清華一·程寤 07 叏(務)罯(擇)用周

清華一·程寤 07 妥(綏)用多福

清華一·皇門 01 䊾(肆)朕沖(沖)人非敢不用明䪥(刑)

清華一·皇門 04 王用又(有)監

清華一·皇門 04 用克和又(有)成

清華一·皇門 04 王用能承天之魯命

清華一·皇門 04 百眚(姓)萬民用亡(無)不䫻(擾)比才(在)王廷

清華一·皇門 05 先王用又(有)蓳(勸)

清華一·皇門 05 先(先人)神示(祇)遝(復)式〈式〉用休

清華一·皇門 06 王邦用寍(寧)

清華一·皇門06 少(小)民用戾

清華一·皇門06 軍用多實

清華一·皇門06 王用能盇(奄)又(有)四叟(鄰)

清華一·皇門06 孫=(子孫)用穮(末)被先王之耿光

清華一·皇門07 廼弗肎(肯)用先王之明荆(刑)

清華一·皇門08 隹(維)俞(媮)惪(德)用

清華一·皇門09 喬(驕)用從矝(禽)

清華一·皇門11 正(政)用迷圖(亂)

清華一·皇門11 獄用亡(無)成

清華一·皇門11 少(小)民用昌(禱)亡(無)用祀

清華一·皇門11 亡(無)用祀

清華一·皇門12 天用弗竁(保)

清華二·繫年 058 用㒸(挾)宋公之馭(御)

 清華二·繫年 106 吳縵(洩)用(庸)以自(師)逆鄎(蔡)卲(昭)侯

 清華二·繫年 132 奠(鄭)子䑕(陽)用滅

 清華四·筮法 36 虞(且)不相用命

 清華六·子產 15 用身之道

 清華六·子產 21 子產用歝(尊)老先生之畯(俊)

 清華六·子產 23 子產既由善用聖

 清華六·子產 27 不用民於兵麐(甲)戰戜(鬥)

 清華六·子產 27 可用而不勛(遇)大或(國)

 清華六·子產 29 固用不悖

 清華六·子產 01 民用訋(信)之

 清華七·子犯 10 窢(寧)孤是勿能用

清華七·子犯 11 用果念（臨）政（正）九州

清華七·子犯 13 用凡君所馘（問）莫可馘（聞）

清華七·趙簡子 04 用繇（由）今以坒（往）

清華七·越公 13 虐（吾）先王用克内（入）于郢

清華七·越公 17 用事（使）徒遽逨（趣）聖（聽）命

清華七·越公 19 孤用忞（願）見雩（越）公

清華七·越公 19 孤用銜（率）我壹（一）弎（二）子弟

清華七·越公 21 孤用匡（委）命潼（重）唇（臣）

清華七·越公 22 孤用内（入）守於宗宙（廟）

清華八·邦政 09 亓（其）立（位）用悉（愁）民

清華八·天下 07 乃速用之

清華八·天下 07 女（如）不旻（得）用之

清華八·虞夏 01 曰昔又(有)吴(虞)是(氏)用索(素)

清華八·虞夏 01 乍(作)政用啎(御)

清華八·虞夏 02 周人弋(代)之用兩

～,與 (上博三·周 8)、 (上博六·用 8)、 (上博六·用 11)、 (上博六·用 17)同。《説文·用部》:"用,可施行也。从卜从中。衛宏説。 ,古文用。"

清華一·程寤 07"孜罦用周",讀爲"務擇用周",選擇爲周。《荀子·富國》:"仁人之用國。"楊倞注:"用,爲也。"(《讀本一》第 60 頁)

清華一·程寤 07"妥用多福",讀爲"綏用多福"。西周金文習見,如蔡姞簋(《集成》04198):"用妥(綏)多福。"《詩·周頌·載見》作"綏以多福"。

清華一·皇門 01"繡(肆)朕衝(沖)人非敢不用明刑",今本《逸周書·皇門》作"建沈人,非不用明刑"。"不用",不應用,廢棄。《商君書·靳令》:"六蝨不用,則兵民畢競勸而樂爲主用。"

清華一·皇門 04"用克和又(有)成",今本作《逸周書·皇門》"用克和有成"。唐大沛注:"謂能和衷以相與有成也。"

清華一·皇門 04"王用能承天之魯命",今本《逸周書·皇門》作"用能承天叚命"。

清華一·皇門 04"百眚(姓)萬民用亡(無)不臚(擾)比才(在)王廷",今本《逸周書·皇門》作"百姓兆民,用罔不茂在王庭"。

清華一·▯皇門 05"先王用又(有)蓳(勸)",今本《逸周書·皇門》作"先用有勸"。

清華一·皇門 05"先神示復式用休",讀爲"先人神祇復式用休"。《逸周書·祭公》:"康受乂之,式用休。"潘振《周書解義》:"式,語辭……文王安受方國而治之,移風易俗,治用休美。"《書·多方》:"天惟式教我用休。"

清華一·皇門 06"少(小)民用叚",今本《逸周書·皇門》作"小人用格,▯

能稼穡"。

　　清華一・皇門 06"軍用多實",今本《逸周書・皇門》作"軍用克多",潘振注:"軍用,楨榦芻茭之類。"

　　清華一・皇門 06"王用能盍(奄)又(有)四哭(鄰)",今本《逸周書・皇門》作"王用奄有四鄰,遠土丕承",陳逢衡注:"奄有四鄰遠土,謂有天下。"

　　清華一・皇門 06"孫=(子孫)用穖(末)被先王之耿光",今本《逸周書・皇門》作"萬子孫用末被先王之靈光",陳逢衡注:"用末被先王之靈光,謂終受其福也。"

　　清華一・皇門 07"酒弗肎(肯)用先王之明刑",今本《逸周書・皇門》作"弗見先王之明刑"。

　　清華一・皇門 08"佳(維)俞(媮)惪(德)用",今本《逸周書・皇門》作"維德是用"。

　　清華一・皇門 09"喬(驕)用從肣(禽)",今本《逸周書・皇門》作"譬若畋,犬驕用逐禽"。

　　清華一・皇門 11"正用迷闣",讀爲"政用迷亂",政治迷亂、無序。《書・無逸》:"無若殷王受之迷亂,酗于酒德哉!"今本《逸周書・皇門》作"命用迷亂"。陳逢衡注:"政出多門故迷亂。"

　　清華一・皇門 11"獄用亡成",今本《逸周書・皇門》作"獄用無成"。

　　清華一・皇門 11"少民用晉亡用祀",讀爲"小民用禱無用祀"。《逸周書・糴匡》:"大荒,有禱無祭。"孫詒讓《周書斠補》:"《穀梁》襄二十四年傳文與此略同,祭當依范引作祀。祀與祠通。《韓詩外傳》説大祲之禮,亦云'禱而不祠',是其證。《周禮・小宗伯》鄭注云:'求福曰禱,得求曰祠。'此云有禱無祀者,謂唯有禱求而無報塞之祠也。"

　　清華一・皇門 12"天用弗窟",今本《逸周書・皇門》"天用弗保"。

　　清華二・繫年 106"縵用",讀爲"洩庸",人名。《左傳・哀公二年》:"吳洩庸如蔡納聘,而稍納師。"

　　清華二・繫年 132"奠子旟用滅",讀爲"鄭子陽用滅"。《史記・鄭世家》:"二十五年,鄭君殺其相子陽。二十七年,子陽之黨共弒繻公駘而立幽公弟乙爲君,是爲鄭君。"《淮南子・氾論》:"鄭子陽剛毅而好罰,其於罰也,執而無赦。舍人有折弓者,畏罪而恐誅,則因獅狗之驚,以殺子陽,此剛猛之所致也。"

　　清華四・筮法 36"用命",執行命令,聽從命令。《書・甘誓》:"用命,賞于祖;弗用命,戮于社。"《國語・魯語下》:"若得楚師以伐魯,魯既不違夙之取卞也,必用命焉,守必固矣。"韋昭注:"言風取卞時,魯人不違而從之,是爲聽用其命。"《史記·殷本紀》:"欲左,左。欲右,右。不用命,乃入吾網。"

清華六·子產 15"用身之道",參《墨子·貴義》:"今士之用身,不若商人之用一布之慎也。"

清華六·子產 23"子產既由善用聖",《荀子·臣道》:"故用聖臣者王,用功臣者彊,用篡臣者危,用態臣者亡。"

清華六·子產 27"不用民於兵麋戰或",讀爲"不用民於兵甲戰鬥"。《吕氏春秋·用民》:"凡用民,太上以義,其次以賞罰。"

清華七·子犯 11"用",訓爲"乃",于是。(陳偉)

清華七·越公 13"虔先王用克内于郢",讀爲"吾先王用克入于郢"。《書·畢命》:"惟文王、武王敷大德于天下,用克受殷命。"

清華七·趙簡子 04,清華七·越公 17、19、21、22"用",因此。

清華八·天下 07"速用",即召用、徵用。

清華八·虞夏 01"曰昔又(有)吳(虞)是(氏)用索(素)"之"用",使用。《詩·大雅·公劉》:"執豕于牢,酌之用匏。"

清華八·虞夏 01"乍政用倍",讀爲"作政用御",作政以治。

清華八·虞夏 02"周人弋(代)之用兩",即周人代之以兩。上文有"殷人弋(代)之以晶(三)"可證。

甬

清華一·尹誥 02 民壅(復)之甬(用)麗(離)心

清華一·程寤 05 可(何)甬(用)非桓(樹)

清華一·程寤 05 旨味既甬(用)

清華一·程寤 08 意(億)亡勿甬(用)

清華一·程寤 09 人甬（用）女（汝）母（謀）

清華一·保訓 07 甬（用）乍（作）三降（降）之悳（德）

清華一·保訓 07 甬（用）受（授）氒（厥）緒

清華一·保訓 09 甬（用）受大命

清華一·祭公 05 甬（用）纏（膺）受天之命

清華一·祭公 06 甬（用）臧（畢）城（成）大商

清華一·祭公 11 遉（董）之甬（用）畏（威）

清華一·祭公 11 康受亦弋（式）甬（用）休

清華一·楚居 06 至酓（熊）甬（勇）及酓（熊）嚴

清華三·說命上 01 甬（庸）爲逹（失）审（仲）史（使）人

清華三·說命上 07 王甬（用）命敓（說）爲公

清華三·說命中 02 甬（用）隹（惟）女（汝）复（作）礪（礪）

 清華三·說命中 03 甬(用)孚自埶(邇)

 清華三·說命中 06 甬(用)隹(惟)多惪(德)

 清華三·說命中 07 甬(用)剔(傷)

 清華三·說命下 08 天章之甬(用)九惪(德)

 清華三·琴舞 04 甬(用)戠(仇)亓(其)又(有)辟

 清華三·琴舞 05 甬(用)求亓(其)定

 清華三·琴舞 11 甬(用)頌(容)䏁(輯)舍(余)

 清華三·琴舞 11 甬(用)少(小)心

 清華三·琴舞 14 不畀甬(用)非頌(雍)

 清華三·琴舞 15 罔克甬(用)之

 清華三·琴舞 17 隹(惟)福思甬(庸)

 清華三·芮良夫 07 夫民甬(用)惪(憂)惕(傷)

清華三·芮良夫12 甬(用)建亓(其)邦

清華三·芮良夫13□□□□□□□□甬(用)燮(協)保

清華三·芮良夫04 甬(用)莫能厽(止)欲

清華三·芮良夫14 甬(用)又(有)聖政悳(德)

清華三·芮良夫15 邦甬(用)昌篙(熾)

清華三·芮良夫16 亓(其)厇(度)甬(用)逄(失)縈(營)

清華三·芮良夫17 邦甬(用)不㝛(寧)

清華三·芮良夫19 甬(用)坐(皇)可畏

清華三·芮良夫23 甬(用)交𨏴(亂)進退

清華三·芮良夫24 民甬(用)戾殍(盡)

清華三·芮良夫28 虐(吾)甬(用)复(作)訛(惎)再終

清華五·厚父06 弗甬(用)剴(哲)王孔甲之典荆(刑)

清華五·厚父 07 甬斁(敘)才(在)服

清華五·厚父 13 民曰隹(惟)酉(酒)甬(用)祧(肆)祀

清華五·厚父 13 亦隹(惟)酉(酒)甬(用)庚(康)樂

清華五·厚父 13 民亦隹(惟)酉(酒)甬(用)斁(敗)鬼(威)義(儀)

清華五·厚父 13 亦隹(惟)酉(酒)甬(用)忎(恆)痓(狂)

清華五·命訓 11 民甬(用)不遊(失)

清華五·三壽 11 大荅(路)甬(用)見兵

清華五·三壽 19 和民甬(用)政(正)

清華五·三壽 23 甬(用)肖(孽)卲(昭)句(后)成湯

清華五·三壽 26 甬(用)兇以見詢

清華五·三壽 28 天尃(顧)返(復)之甬(用)休

清華六・孺子 16 甬(用)厤(歷)受(授)之邦

 清華六・子儀 05 公命窑(窮)韋陞(昇)蠱(琴)奏甬(鏞)

 清華七・越公 12 遠夫甬(勇)戔(殘)

 清華七・越公 13 皼(豈)甬(庸)可智(知)自旻(得)

 清華七・越公 61 太甬大鬲(歷)雩(越)民

 清華七・越公 73 不穀(穀)亓(其)牆(將)王於甬句重(東)

 清華八・攝命 11 甬(用)事朕命

 清華八・攝命 11 亦則乃身亡能諫甬(用)非頌(庸)女(汝)正命

 清華八・攝命 19 甬(用)辟余才(在)立(位)

 清華八・攝命 20 乃克甬(用)之彝

 清華八・攝命 21 女(汝)亦母(毋)敢鬼(畏)甬(用)不審不允

 清華八・攝命 24 乃克悉甬(用)朕命

清華八・攝命 25 王子則克悉甬（用）王教王學

 清華八・攝命 27 所弗克戠（職）甬（用）朕命朕教

 清華八・處位 02 人甬（用）唯遇利

 清華八・處位 02 史（使）人甬（用）查（倚）典政

 清華八・處位 05 民甬（用）銜（率）欲逃

 清華八・處位 07 道頯（美）甬（用）亞（惡）

 清華八・處位 08 人而不足甬（用）

 清華八・處位 10 甬（用）邋（躐）歔（貢）而改（改）

 清華八・處位 10 又（有）救於耑（前）甬（用）

 清華八・處位 10 人甬（用）

 清華八・邦道 04 是以訨（仁）者不甬（用）

 清華八・邦道 13 甬（用）是以有余（餘）

清華八·邦道 20 元（其）正（政）事（使）臤（賢）、甬（用）能

　清華八·邦道 21 民有甬（用）

　清華八·邦道 22 民有甬（用）

　清華八·心中 02 心欲甬（用）之

～，與 、、、同。《說文·马部》："甬，艸木華甬甬然也。从马，用聲。"

　　清華一·尹誥 02"民𡉚之甬麗心"，讀為"民復之用離心"，民報之以離心。"用"，訓以。

　　清華一·程寤 05"可甬非桓"，讀為"何用非樹"。參《書·吕刑》："何擇非人，何敬非刑，何度非及。"或說"何……非……"，要……什麼呢？不是……嗎？

　　清華一·程寤 05"旨味既甬"之"甬"，讀為"用"，享用。

　　清華一·程寤 08"勿甬"，讀為"勿用"，不任用。（黃懷信）或說不要做。（王瑜楨）

　　清華一·程寤 09"人甬女母"，讀為"人用汝謀"。《逸周書·大開》："戒後人其用汝謀。"

　　清華一·保訓 07"甬"，讀為"用"，義同"以"，連詞。

　　清華一·保訓 09"甬受大命"，讀為"用受大命"。《書·金縢》："用能定爾子孫于下地，四方之民，罔不祇畏。"孔傳："言武王用受命帝庭之故，能定先人子孫於天下，四方之民無不敬畏。"

　　清華一·祭公 05"甬（用）繏（膺）受天之命"，今本《逸周書·祭公》作"用應受天命"。

　　清華一·祭公 06"甬（用）臧（畢）城（成）大商"，今本《逸周書·祭公》作"用夷居之大商之衆"。

　　清華一·祭公 11"薰（董）之甬（用）畏（威）"，今本《逸周書·祭公》作"維

天貞文王之重用威"。

清華一·祭公11"康受亦弋（式）甬（用）休"，今本《逸周書·祭公》作"康受乂之，式用休"，潘振《周書解義》："式，語辭……文王安受方國而治之，移風易俗，治用休美。"參看《書·多方》："天惟式教我用休。"

清華一·楚居06"酓甬"，讀爲"熊勇"。《史記·楚世家》："熊延生熊勇。熊勇六年，而周人作亂，攻厲王，厲王出奔彘。熊勇十年卒，弟熊嚴爲後。熊嚴十年卒。"

清華三·説命上01"甬"，讀爲"庸"，庸役。《墨子·尚賢中》："傅説被褐帶索，庸築乎傅巖。"或讀爲"傭"。（白於藍、段凱）

清華三·説命上07"王甬命敓爲公"，讀爲"王用命説爲公"。《國語·楚語上》："（武丁）得傅説以來，升以爲公。"《墨子·尚賢中》："武丁得之，舉以爲三公，與接天下之政，治天下之民。"

清華三·説命中02"甬隹女复礪"，讀爲"用惟汝作礪"。《書·説命上》《國語·楚語上》："若金，用汝作礪。"

清華三·説命中03"甬孚自執"，讀爲"用孚自邇"，因信任近臣而得取勝。用訓爲以。

清華三·説命中07"甬剔"，讀爲"用傷"。《書·説命上》："若跣弗視地，厥足用傷。"《國語·楚語上》作"若跣不視地，厥足用傷"。

清華三·説命下08、清華三·琴舞04"甬"，讀爲"用"，以也。

清華三·琴舞05"甬求亓定"，讀爲"用求其定"，以此求得安定。《詩·周頌·賚》："敷時繹思，我徂維求定。"孔傳："以此求定，謂安天下也。"《詩·大雅·文王有聲》："遹求厥寧，遹觀厥成。"

清華三·琴舞11"甬頌昗舍"，讀爲"用容輯余"。

清華三·琴舞14"不畀甬非頌"，讀爲"不畀用非雍"，如不守常，則天不畀之。

清華三·琴舞15"罔克甬之"，讀爲"罔克用之"，則不可用之。

清華三·琴舞17"隹（惟）福思甬（庸）"之"甬"，或疑讀爲"庸"，訓大。

清華五·厚父07"甬敆（敘）才（在）服"之"甬"，讀爲"庸"。（白於藍）

清華五·厚父13"民曰隹酉甬禩祀"，讀爲"民曰惟酒用肆祀"。《書·酒誥》："朝夕曰：'祀兹酒。'"孔傳："惟祭祀而用此酒，不常飲。"

清華五·厚父13"亦隹酉甬忢痓"，讀爲"亦惟酒用恆狂"。參《書·多方》："惟聖罔念作狂，惟狂克念作聖。"

清華五·命訓11"民甬（用）不逵（失）"，今本《逸周書·命訓》作"古之明

1193

王奉此六者以牧萬民,民用而不失"。潘振云:"牧,養也。不失,不失其度也。"

清華五·三壽 11"大茖(路)甬(用)見兵"之"甬",讀爲"用",訓乃。《詩·小雅·巧言》:"亂是用長。"陳奐《詩毛氏傳疏》:"用,猶以也。"

清華五·三壽 28"甬休",讀爲"用休",參上。

清華六·子儀 05"奏甬",讀爲"奏鏞",演奏大鐘。典籍或作"奏庸"。《逸周書·世俘》:"癸丑,薦殷俘王士百人。籥人造,王矢琰、秉黃鉞、執戈。王奏庸,大享一終,王拜手稽首。王定,奏庸,大享三終。"

清華七·越公 12"遠夫甬䚺",讀爲"遠夫勇殘"。《戰國策·秦五》:"昔智伯瑤殘范、中行,圍逼晉陽,卒爲三家笑。"

清華七·越公 13"敱(豈)甬(庸)可智(知)自旻(得)"之"甬",讀爲"庸"。與"豈"同義聯用。《左傳·莊公十四年》:"子儀在位,十四年矣;而謀召君者,庸非貳乎?"或説"甬可",讀爲"庸何"。《左傳·文公十八年》:"人奪女妻而不怒,一抶女,庸何傷?"王引之《經義述聞·春秋左傳中》:"庸亦何也。"《國語·魯語下》:"醉而怒,醒而喜,庸何傷? 君其入也!"(黃傑)

清華七·越公 61"太甬",《良臣》作"大同"。

清華七·越公 73"甬句重",讀爲"甬句東",又作"甬東"。《國語·吳語》:"寡人其達王於甬句東。"《國語·越語上》:"吾請達王甬句東。"韋昭注:"甬,甬江。句,句章。"《左傳·哀公二十二年》:"冬,十一月,丁卯,越滅吳,請使吳王居甬東。"杜預注:"甬東,越地,會稽句章縣東海中洲也。"

清華八·處位 10"人甬",讀爲"人用",人堪用。與處位 08"人而不足甬(用)"相對。

清華八·邦道 20"事臤、甬能",讀爲"使賢、用能",指任用賢者和有才幹的人。《周禮·大宰》:"以八統詔王馭萬民:一曰親親,二曰敬故,三曰進賢,四曰使能,五曰保庸,六曰尊貴,七曰達吏,八曰禮賓。""甬",讀爲"用",使用,任用。《孟子·梁惠王下》:"見賢焉,然後用之。"

惥

清華三·芮良夫 11 聖智惥(勇)力

清華三·芮良夫 14 以武甄(及)惥(勇)

~,從"心","甬"聲,"勇"字異體。《說文·力部》:"勇,氣也。從力,甬聲。,勇或從戈用。,古文勇從心。"

清華三·芮良夫11"悫力",即"勇力",勇猛而有氣力。亦指膽量和氣力。《周禮·夏官·司右》:"司右掌群右之政令……凡國之勇力之士,能用五兵者屬焉,掌其政令。"《後漢書·蓋延傳》:"邊俗尚勇力,而延以氣聞。"

清華三·芮良夫14"以武瑩悫",即"以武及勇"。"武勇",威武勇猛。《管子·五輔》:"其士民貴武勇而賤得利;其庶人好飲食而惡耕農。"

俑

清華三·芮良夫 12 幾(既)又(有)裳俑(庸)

清華五·箂門 15 民備不俑(庸)

清華六·太伯甲 10 腂(獲)皮(彼)誓(荊)俑(寵)

~,與 同。《說文》:"俑,痛也。從人,甬聲。"

清華三·芮良夫 12"俑",讀為"庸"。《左傳·昭公十三年》:"君庸多矣。"杜預注:"庸,功也。"

清華五·箂門 15"俑",疑讀為"庸"。《詩·王風·兔爰》:"我生之初,尚無庸;我生之後,逢此百凶。"鄭箋:"庸,勞也。"或讀為"痛",訓為"恨";"備"讀如本字,訓為"盡、皆"。"民備不痛"意為民眾都不怨恨。(張飛)

清華六·太伯甲 10"俑",讀為"寵",恩寵,寵愛。《左傳·桓公三年》:"芮伯萬之母芮姜,惡芮伯之多寵人也,故逐之,出居於魏。"簡文"荊寵",指鄭文夫人羋氏。《左傳·僖公二十二年》:"丙子晨,鄭文夫人羋氏、姜氏勞楚子於柯澤……丁丑,楚子入饗于鄭,九獻,庭實旅百,加籩豆六品。饗畢,夜出,文羋送于軍。"

誦

 清華一·耆夜 08 复(作)祝誦一終曰《明=(明明)上帝》

 清華一·耆夜 09 复(作)孶(兹)祝誦

 清華三·芮良夫 13 罔又(有)肙(怨)誦(訟)

 清華七·越公 55 及風音誦詩訶(歌)誺(謠)之非邡(越)棠(常)聿(律)

《説文·言部》："誦，諷也。从言，甬聲。"

清華一·耆夜 08、09"复祝誦""复孶祝誦"，讀爲"作祝誦""作兹祝誦"，與《詩·大雅·節南山》"家父作誦"、《崧高》"吉甫作誦"用法相近。"誦"指詩篇，"祝誦"即頌祝的詩篇。《詩·大雅·烝民》："吉甫作誦，穆如清風。"鄭箋："吉甫作此工歌之誦，其調和人之性如清風之養萬物然。"

清華三·芮良夫 13"肙誦"，讀爲"怨訟"。參《後漢書·楊震列傳》："内外吏職，多非其人，自頃所徵，皆特拜不試，致盜竊縱恣，怨訟紛錯。"《説文·言部》："訟，爭也。"或讀爲"痛"。（馮勝君）

清華七·越公 55"及風音誦詩訶誺之非邡棠聿"，讀爲"及風音誦詩歌謠之非越常律"。《周禮·春官·瞽矇》："瞽矇掌播鼗、柷、敔、塤、簫、管、弦、歌。諷誦詩，世奠繋，鼓琴瑟。掌九德六詩之歌，以役大師。""誦"，朗讀，念誦。《周禮·春官·大司樂》："以樂語教國子：興、道、諷、誦、言、語。"鄭玄注："以聲節之曰誦。"

重

 清華三·説命上 02 朕隆(降)重(傭)力

清華三·琴舞03 <u>重</u>〈再〉攽（啓）曰

～，从"止","甬"聲,"通"字異體。

清華三·說命上02"重力",讀爲"傭力",謂受雇出賣勞力。《宋書·孝義傳·郭世道》:"家貧無産業,傭力以養繼母。"《墨子·尚賢下》:"昔者傅説居北海之洲,圜土之上,衣褐帶索,庸築於傅巖之城,武丁得而舉之,立爲三公。"或讀爲"踊"。（張富海）

清華三·琴舞03"重攽",第二曲之啓。疑"重"爲"再"字之訛。《禮記·樂記》:"再成而滅商。"

通

 清華八·攝命09 通（恫）罙（瘝）勗（寡）罙（鰥）

《説文·辵部》:"通,達也。从辵,甬聲。"

清華八·攝命09"通罙",讀爲"恫瘝",病痛,疾苦。《書·康誥》:"嗚呼,小子封,恫瘝乃身,敬哉。"孔傳:"恫,痛;瘝,病。治民務除惡政,當如痛病在汝身欲去之,敬行我言！"《後漢書·和帝紀》:"朕寤寐恫矜,思弭憂釁。"清華三·說命下05"恫瘝小民"。

牪

 清華一·楚居04 乃𣪠（竊）若（鄀）人之牪（犝）以祭

～,从"牛","甬"聲,與（天星觀卜筮簡"賽禱白朝戠（特）牪",滕壬生《楚系簡帛文字編》增訂本九七頁）同。

清華一·楚居04"牪",讀爲"犝"。《爾雅·釋畜》有"犝牛",郭璞注:"今無角牛",邢昺疏:"犝牛者,無角牛名也,《易》云'童牛之牿'是也。"

戜（勇）

清華六·太伯乙09 䐫（獲）皮（彼）敔〈䙷〉（荆）戜（寵）

～，與 戜 （上博四·曹55）同，从"戈"，"甬"聲，"勇"字異體。《說文·力部》："勇，气也。从力，甬聲。戜，勇或从戈用。恿，古文勇从心。"

清華六·太伯乙09"戜"，讀爲"寵"。參上。

定紐章聲

章

清華二·繫年069 齊三辟夫₌（大夫）南章（郭）子、鄥（蔡）子、安（晏）子銜（率）自（師）以會于㘭（斷）㠭（道）

清華二·繫年092 焚亓（其）四章（郭）

清華二·繫年070 郘（駒）之克乃敦（執）南章（郭）子、鄥（蔡）子、安（晏）子以歸（歸）

～，與 㪔 （上博二·從甲5）、㪔 （上博四·曹18）同。《說文·㐭部》："㐭，度也，民所度居也。从回，象城㐭之重，兩亭相對也。或但从口。"《說文·土部》："墉，城垣也。从土，庸聲。㪔，古文墉。"

清華二·繫年069、70"南章子"，即"南郭子"，齊大夫。

清華二·繫年092"四章"，即"四郭"，城郭的四周。《後漢書·五行志一》："承樂世董逃，遊四郭董逃。"

罩

清華三·說命下 04 氒（厥）亓（其）悠（禍）亦羅于罩罦

～，从"网"，"章"聲。

清華三·說命下 04"罩罦"，讀爲"罝罬"，捕鳥的網。《爾雅·釋器》："罝，罬也。罬謂之罦。罦，覆車也。"《詩·王風·兔爰》："有兔爰爰，雉離于罝。"毛傳："罝，罬也。"《說文·网部》："罬，捕鳥覆車也。从网，叕聲。輟，罬或从車。"（孟蓬生）

來紐龍聲

龍

清華一·尹至 02 龍（寵）二玉

清華二·繫年 003 龍（共）白（伯）和立

清華二·繫年 031 乃讒（讒）大子龍（共）君而殺之

清華二·繫年 085 楚龍（共）王立七年

清華二·繫年 086 龍（共）王史（使）芸（鄖）公聘（聘）於晉

清華五·封許 07 龍盩（鬲）

清華六·管仲 26 段（假）龍（寵）以方（放）

清華七·晉文公 05 爲陞（升）龍之斿（旗）帀（師）以進

清華七·晉文公 05 爲降龍之斿（旗）帀（師）以退

清華七·晉文公 06 爲䚟（角）龍之斿（旗）帀（師）以戰（戰）

清華七·晉文公 06 爲交龍之斿（旗）帀（師）以豫（舍）

～，與 （上博四·柬 15）、 （上博七·君甲 5）同。《説文·龍部》："龍，鱗蟲之長。能幽，能明，能細，能巨，能短，能長；春分而登天，秋分而潛淵。从肉，飛之形，童省聲。凡龍之屬皆从龍。"

清華一·尹至 02"龍二玉"，讀爲"寵二玉"，指寵愛琬、琰二女。《太平御覽》卷一三五引《紀年》："后桀伐岷山，岷山女于桀二人，曰琬曰琰。桀受二女，無子，刻其名于苕華之玉，苕是琬，華是琰。"

清華二·繫年 003"龍白和"，讀爲"共伯和"。《史記·周本紀》，《索隱》引《紀年》："共伯和干王位。"

清華二·繫年 031"龍君"，讀爲"共君"，太子申生。《國語·晉語二》："驪姬見申生而哭之……驪姬退，申生乃雉經於新城之廟……是以謚爲共君。"

清華二·繫年 085、086"楚龍王"，讀爲"楚共王"。《史記·楚世家》："二十三年，莊王卒，子共王審立。"

清華五·封許 07"龍甗"，讀爲"龍甗"，有龍形紋飾的甗。

清華六·管仲 26"龍"，讀爲"寵"，恩寵，寵愛。《易·師》："在師中吉，承天寵也。"孔穎達疏："'承天寵'者，釋'在師中吉'之義也。正謂承受天之恩寵，故中吉也。"

清華七·晉文公 05"陞（升）龍之斿（旗）""降龍之斿（旗）"，清華七·晉文公 06"䚟（角）龍之斿（旗）""交龍之斿（旗）"，參《周禮·春官·司常》："司常掌九旗之物名，各有屬，以待國事。日月爲常，交龍爲旂，通帛爲旜，雜帛爲物，熊虎爲旗，鳥隼爲旟，龜蛇爲旐，全羽爲旞，析羽爲旌……王建大常，諸侯建旂。"

鄭玄注："自王以下治民者，旗畫成物之象。王畫日月，象天明也。諸侯畫交龍，一象其升朝，一象其下復也。"

龏

　　清華二·繫年 087 龏（共）王史（使）王子唇（辰）哶（聘）於晉

～，从"龍"省聲、"兄"聲，"龍"字異體。

清華二·繫年 087"龏王"，讀爲"共王"，即楚共王。參上。

龏

　　清華五·厚父 01 䎽（問）前文人之龏（恭）明惪（德）

　　清華五·厚父 04 以庶民隹（惟）政（政）之龏（恭）

　　清華八·處位 07 或忈（恩）龏（寵）不邌（襲）

～，从"龍""兄"，雙聲符字。"龍"字繁體。

清華五·厚父 01"龏明惪"，讀爲"恭明德"。《書·君奭》："嗣前人，恭明德，在今予小子旦。非克有正，迪惟前人光，施于我沖子。"孔傳："繼先王之大業，恭奉其明德。"

清華五·厚父 04"以庶民隹（惟）政（政）之龏（恭）"，即以庶民惟政之恭。參《書·無逸》："文王不敢盤于遊田，以庶邦惟正之供。"鄭玄注："文王不敢樂於遊逸田獵，以衆國所取法則，當以正道供待之故。"

清華八·處位 07"忈龏"，讀爲"恩寵"，謂帝王對臣下的優遇寵倖。亦泛指對下屬的寵愛。《論衡·幸偶》："無德薄才，以色稱媚……邪人反道而受恩寵。"

龏

　　清華一·祭公 12 敬龏（恭）之

清華一・楚居 11 至龏（共）王、康王、乳₌（孺子）王皆居爲郢

清華二・繫年 001 昔周武王監觀商王之不龏（恭）帝₌（上帝）

清華二・繫年 003 龏（共）白（伯）和歸于宋〈宗〉

清華二・繫年 077 龏（共）王即立（位）

清華三・琴舞 11 龏（恭）畏（威）才（在）上

清華三・琴舞 12 佲（遹）舎（余）龏（恭）害（何）剂（愬）

清華三・芮良夫 03 龏（恭）天之畏（威）

清華三・芮良夫 18 龏（恭）䀞（監）言（享）祀

清華五・三壽 18 龏（恭）神以敬

清華五・三壽 26 汲（急）利嚚（傲）神慕（莫）龏（恭）而不龏（顧）于遂（後）

清華五・三壽 27 龏（恭）神袋（勞）民

清華六·孺子 14 龏(拱)而不言

清華八·邦道 11 母(毋)喬(驕)大以不龏(恭)

清華二·繫年 090 龏(共)王亦衒(率)𠂤(師)回(圍)奠(鄭)

清華八·攝命 09 隹(雖)民卣(攸)毅(協)弗龏(恭)其旅(旅)

清華八·攝命 10 龏(恭)民長₌(長長)

清華八·攝命 19 隹(唯)龏(恭)威義(儀)

清華八·攝命 25 從龏(恭)女(汝)與女(汝)

~，與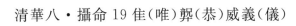(上博四·昭 6)、 (上博六·壽 7)、 (上博六·用 6)同。《説文·廾部》："龏，慤也。从廾，龍聲。"

清華一·祭公 12"敬龏"，讀爲"敬恭"，恭敬奉事，敬慎處事。《詩·大雅·雲漢》："敬恭明神，宜無悔怒。"

清華一·楚居 11、清華二·繫年 077、清華二·繫年 090"龏王"，讀爲"共王"，楚共王。參上。

清華二·繫年 001、清華八·邦道 11"不龏"，讀爲"不恭"，不尊敬，不嚴肅。《書·盤庚中》："乃有不吉不迪，顛越不恭，暫遇姦宄，我乃劓殄滅之，無遺育！"《孟子·萬章下》："（萬章）曰：'卻之，卻之爲不恭，何哉？'"

清華二·繫年 003"龏白和"，讀爲"共伯和"。參上。

清華三·琴舞 11"龏畏才上"，讀爲"恭威在上"。（胡敕瑞）或讀爲"寵"。《易·師》象傳："在師中吉，承天寵也。"

清華三·芮良夫03"龏天之畏",讀爲"恭天之威"。《書·武成》:"恭天成命,肆予東征,綏厥士女。"

清華三·琴舞12"龏",讀爲"恭",恭敬。簡文"遹余恭何怠",我恭敬不敢怠慢。

清華三·芮良夫18"龏醫亯祀",讀爲"恭監享祀"。《禮記·緇衣》:"恭以涖之,則民有孫心。"《國語·楚語下》:"聖王正端冕,以其不違心,帥其群臣精物以臨監享祀。"

清華五·三壽18"龏神以敬",讀爲"恭神以敬"。參《書·微子之命》:"恪慎克孝,肅恭神人。"孔傳:"言微子敬慎能孝,嚴恭神人。"

清華五·三壽26"慕龏"、清華八·攝命09"弗龏",讀爲"莫恭""弗恭",不敬。

清華六·孺子14"龏而不言",讀爲"拱而不言",拱手緘默。《漢書·鮑宣傳》:"以苟容曲從爲賢,以拱默尸祿爲智。"

清華八·攝命10"龏民",讀爲"恭民"。《書·無逸》:"徽柔懿恭,懷保小民,惠鮮鰥寡。"孔傳:"以美道和民,故民懷之。以美政恭民,故民安之。"

清華八·攝命19"佳龏威義",讀爲"唯恭威儀"。《儀禮·士冠禮》:"敬爾威儀,淑慎爾德。眉壽萬年,永受胡福。"

清華八·攝命25"龏",讀爲"恭"。《爾雅·釋詁》:"恭,敬也。"

憥

 清華八·邦道03 可(何)憥(寵)於貴

~,與▨(上博七·鄭甲2)、▨(上博七·鄭乙2)同,从"心","龍"聲。

清華八·邦道03"憥",讀爲"寵"。《國語·楚語上》:"其寵大矣。"韋昭注:"榮也。"

寵

 清華八·攝命31 甚谷(欲)女(汝)寵乃服

清華八·處位01 寵彔（福）逆亞（惡）

～，與（上博六·競9）同。《說文·宀部》："寵，尊居也。从宀，龍聲。"

清華八·攝命31"甚谷（欲）女（汝）寵乃服"之"寵"，尊崇。《國語·楚語下》："其在周，程伯、休父其後也，當宣王時，失其官守而爲司馬氏。寵神其祖，以取威於民。"韋昭注："寵，尊也。言休父之後世尊神其祖，以威耀其民。"

清華八·處位01"寵"，《說文》："尊居也。"《國語·楚語下》："彼將思舊怨而欲大寵。"韋昭注："大寵，令尹、司馬也。"《詩·小雅·瞻彼洛矣》："君子至止，福祿如茨。"鄭箋："爵命爲福。"簡文"寵福"，指處於高位、獲得爵命的官員。

聾

 清華八·處位01 君唯聾痽（狂）

～，與（上博二·容37）同。《說文·耳部》："聾，無聞也。从耳，龍聲。"

清華八·處位01"聾"，聽覺失靈或閉塞。《左傳·僖公二十四年》："耳不聽五聲之和爲聾，目不別五色之章爲昧。""聾痽"，讀爲"聾狂"，愚昧狂亂。《老子·道經》："五色令人目盲；五音令人耳聾；五味令人口爽；馳騁田獵，令人心發狂；難得之貨，令人行妨。"《韓非子·解老》："目不能決黑白之色則謂之盲；耳不能別清濁之聲則謂之聾；心不能審得失之地則謂之狂。"

瓏

清華五·三壽09 則若火=（小人）之瓏痽（狂）而不吝（友）

～，从"疒"，"龍"聲。

清華五·三壽09"瓏痽"，疑亦讀爲"聾狂"，愚昧狂亂。參上。或讀爲"寵狂""縱狂"。

清紐恖聲

恖

 清華三·琴舞 14 差(佐)寺(事)王恖(聰)明

 清華五·三壽 21 歸(觀)臺(覺)恖(聰)明

～，與 (《璽彙》1108)、(雲夢·日甲 158 反)同。"蒽"，或作 (雲夢·秦律 179)、(關沮 316)。《説文·心部》："恖，多遽恖恖也。从心、囟，囟亦聲。"

清華三·琴舞 14、清華五·三壽 21"恖明"，讀爲"聰明"，視聽靈敏。《墨子·節用中》："古者聖王制爲飲食之法，曰：'足以充虛繼氣，強股肱，耳目聰明則止。'"《書·皋陶謨》："天聰明，自我民聰明。"孔穎達疏："聰明，謂聞見也。天之所聞見，用民之所聞見也。"

遌

清華八·攝命 09 亦勿殴(侮)其遌(童)通(恫)罖(瘝)㝵(寡)罖(鰥)

～，从"辵"，"恖"聲。

清華八·攝命 09"遌"，讀爲"童"。《玉篇·辛部》："童，獨也。"《易·觀》"童觀"，陸德明《釋文》引馬融云"童，猶獨也。"《玄應音義》卷二十四"儒童"注："童，幼也，謂幼少也。"毛公鼎有"廼敄(侮)鰥寡"。《書·康誥》："孟侯，朕其弟，小子封。惟乃丕顯考文王，克明德慎罰；不敢侮鰥寡。"簡文"亦勿侮其童、恫瘝、寡、鰥"，"侮"後各種人，"童"，獨也，幼也；"恫瘝"，廢疾者；"寡"，老而無夫者；"鰥"，老而無妻者。

瑽

 清華五·封許 06 瑽(蔥)玒(衡)

～，从"玉"，"悤"聲。

清華五·封許 06 "蔥衡"，市上玉飾。見《禮記·玉藻》："凡帶有率，無箴功。一命縕韍幽衡，再命赤韍幽衡，三命赤韍蔥衡。"鄭玄注："衡，佩玉之衡也。幽，讀爲'黝'。黑謂之黝，青謂之蔥。"《爾雅·釋器》："一染謂之縓，再染謂之赬，三染謂之纁。青謂之蔥，黑謂之黝，斧謂之黼。"

潨

 清華一·祭公 19 我亦隹(惟)以潨(沈)我詧(世)

 清華五·厚父 09 天命不可潨(忱)

～，从"心"，"悤"聲。

清華一·祭公 19 "潨"，讀爲"沈"，没入水中，沉没。《詩·小雅·菁菁者莪》："汎汎楊舟，載沈載浮。"

清華五·厚父 09 "潨"，讀爲"忱"，信任、相信。常於涉及天命、天意時用之。《詩·大雅·大明》："天難忱斯，不易維王。"毛傳："忱，信也。"鄭箋："天之意難信矣。"簡文"天命不可潨(忱)"，猶《書·君奭》之"天不可信"。（黄德寬）

從紐从聲

從

 清華一·耆夜 04 逡(後)箟(爵)乃從

清華一·耆夜 12 從朝迡(及)夕

清華一·皇門 09 喬(驕)用從胗(禽)

清華一·楚居 02 從，及之盤(泮)

清華一·楚居 03 麗不從行

清華二·繫年 026 鄦(蔡)侯與從

清華二·繫年 137 以從楚自(師)於武昜(陽)

清華三·説命上 06 邑人皆從

清華三·説命上 07 自從事于甍(殷)

清華三·赤鵠 14 顕(夏)句(后)乃從少(小)臣之言

清華五·命訓 13 [賞]不從袋(勞)

清華五·命訓 14 以賞從袋(勞)

清華五·命訓 15 以中從忠則尚(賞)

清華五·命訓 15 以尚(權)從鸌(法)則不行

清華五·三壽 01 參（三）壽與從

清華六·管仲 02 記（起）事之本系（奚）從

清華六·管仲 03 從人

清華六·管仲 03 丌（其）從人之道可旻（得）䎽（聞）虎（乎）

清華六·管仲 03 從人之道

清華七·子犯 10 卑（譬）若從鱸（雄）肰（然）

清華七·越公 32 乃以簹（熟）飤（食）監（脂）鹽（醢）肏（脯）肓

（羹）多從

清華八·攝命 25 民［㳊（朋）］□興從顯女（汝）

清華八·攝命 25 從龏（恭）女（汝）與女（汝）

清華八·處位 03 君乃無從敗（規）下之蟲□

清華八·處位 06 從取賹（資）女（焉）

清華八·邦道 07 必從身㫃（始）

清華八·邦道 08 唯上之流是從

 清華八·邦道 09 則□□□母（毋）從（縱）欲以弪（枉）亓（其）道

 清華八·八氣 07 木曰隹（唯）從母（毋）柫（拂）

～，與 、、、同。《說文·从部》："從，隨行也。从辵、从，从亦聲。"

清華一·耆夜 04 "遂爵乃從"，讀爲"後爵乃從"。"嘉爵速飲，後爵乃從"與後面"嘉爵速飲，後爵乃復"相類，都是勸酒之辭。

清華一·耆夜 12 "從朝返（及）夕"，從早到晚。"從"，介詞。自，由。

清華一·皇門 09 "從肣"，即"從禽"，追逐禽獸。謂田獵。《易·屯》："即鹿無虞，以從禽也。"《三國志·魏書·棧潛傳》："若逸于遊田，晨出昏歸，以一日從禽之娛，而忘無垠之釁，愚竊惑之。"

清華一·楚居 03 "麗不從行"，麗季不是順產。"從"，順。《黃帝內經·素問·通評虛實論》："故曰滑則從。"王冰注："從，謂順也。"

清華一·楚居 02，清華二·繫年 137，清華三·說命上 06 "從"，跟，隨。跟從，跟隨。《詩·邶風·擊鼓》："從孫子仲，平陳與宋。"

清華三·說命上 07 "自從"，介詞。表示時間的起點。陶潛《擬古》詩之三："自從分別來，門庭日荒蕪。"

清華三·赤鵠 14 "頤（夏）句（后）乃從少（小）臣之言"之"從"，聽從，順從。《易·坤》："或從王事，无成有終。"孔穎達疏："或順從於王事。"《莊子·大宗師》："父母於子，東西南北，唯命之從。"

清華五·命訓 13 "[賞]不從袋（勞）"，今本《逸周書·命訓》作"賞不從勞"。《逸周書·寶典》："以法從權，安上無慝。""從"，讀爲"縱"，猶失也。

清華五·命訓 14 "以賞從袋（勞）"，今本《逸周書·命訓》作"以賞從勞"。

清華五·命訓 15 "以中從忠則尚（賞）"，今本《逸周書·命訓》作"以法從中則賞"。

清華五·命訓 15"以尚（權）從𪥐（法）則不行"，今本《逸周書·命訓》作"以權從法則行"。

清華二·繫年 026，清華五·三壽 01"與從"，陪從。《國語·齊語》："桓公知天下諸侯多與己也，故又大施忠焉。"韋昭注："與，從也。"

清華七·子犯 10"卑（譬）若從䖈（雉）肰（然）"之"從"，重視。《爾雅·釋詁》："從，重也。"

清華七·越公 32"乃以𩱧（熟）飤（食）䀛（脂）䤈（醢）䏑（脯）肴（羹）多從"之"從"，《說文》："隨行也。"

清華八·攝命 25"從龔女與女"，讀爲"從恭汝與汝"，百姓則順從你恭敬你。

清華八·處位 03"無從"，找不到門徑或頭緒。《韓非子·五蠹》："今爲衆人法，而以上智之所難知，則民無從識之矣。"

清華六·管仲 02、03，清華八·處位 06"從"，《國語·吳語》："以從逸王志。"韋昭注："從，隨也。"

清華八·邦道 07"必從身𠙵"，讀爲"必從身始"。《韓詩外傳》卷八："君欲治，從身始。"

清華八·邦道 08"唯上之流是從"，唯從上流。

清華八·邦道 09"從欲"，讀爲"縱欲"，謂放縱私欲，不加克制。《左傳·昭公十年》："《書》曰'欲敗度，縱敗禮'，我之謂矣。夫子知度與禮矣。我實縱欲而不能自克也。"

清華八·八氣 07"木曰佳（唯）從母（毋）柫（拂）"之"從"，順從。

㐱

清華二·繫年 121 晉嵒（魏）文侯帥（斯）㐱（從）晉𠂤（師）

清華六·子產 06 秨（秩）所以㐱（從）即（節）行豊（禮）

～，與 㐱（上博四·內 6）、㐱（上博四·內 8）同，从"从""止"，乃"從"字異體。

清華二·繫年 121"㐱"，即從，跟，隨。

清華六·子產 06"㐱即行豊"，讀爲"從節行禮"。"從節""行禮"義同。

《國語・魯語下》:"從禮而静,是昭吾子也。"《禮記・文王世子》:"興秩節,祭先師先聖焉。"鄭玄注:"節,猶禮也。"

縱

清華三・芮良夫 07 母(毋)自縱(縱)于䶢(逸)以嚻(遨)

清華七・越公 27 縱(總)經遊民

～,與(上博八・志 1)同。《説文・糸部》:"縱,緩也。一曰:舍也。从糸,從聲。"

清華三・芮良夫 07"母(毋)自縱(縱)于䶢(逸)以嚻(遨)"之"縱",放縱。《書・酒誥》:"誕惟厥縱淫泆于非彝。"《漢書・昭帝紀》:"廷尉李种坐故縱死罪棄市。"顔師古曰:"縱謂容放之。""縱逸",恣縱放蕩。張華《博陵王宫俠曲》之一:"身在法令外,縱逸常不禁。"

清華七・越公 27"縱經遊民",讀爲"總經遊民",統率並管理遊民。"總",統率。《書・盤庚下》:"無總于貨寶,生生自庸。""經",治理、管理。《周禮・天官・大宰》:"一曰治典,以經邦國,以治官府,以紀萬民。"(駱珍伊)

從紐叢聲

懞

清華七・越公 31 雩(越)庶民百眚(姓)乃再(稱)譶懞(悚)思(懼)

～,从"心","叢"聲。

清華七・越公 31"懞思",讀爲"悚懼",恐懼,戒懼。《韓非子・内儲説上》:"吏以昭侯爲明察,皆悚懼其所而不敢爲非。"王符《潛夫論・慎微》:"人君聞此,可以悚思。"

遳

清華二·繫年 054 秦康公衒（率）自（師）以遳（送）瘫（雍）子

清華六·子儀 10 公遳（送）子義（儀）

~，从"辵"，"叢"聲。

清華二·繫年 054、清華六·子儀 10"遳"，讀爲"送"，送行，送別。《詩·邶風·燕燕》："之子于歸，遠送于野。"

茸

清華八·處位 08 茸寞（定）亓（其）含（答）

清華八·處位 11 茸能又（有）尾（度）

~，从"艸"，"茸"聲，"茸"字異體。《說文·艸部》："茸，艸茸茸皃。从艸，聰省聲。"

清華八·處位 08"茸"，即"茸"，或疑讀爲"取"。或讀爲"叢"。《說文》："叢，聚也。"或讀爲"乃"。

清華八·處位 11"茸能又（有）尾（度）"之"茸"，或讀爲"叢"。或讀爲"乃"。

滂紐丰聲

奉

清華一·皇門 11 乃隹（惟）又（有）奉侯（嬇）夫

清華二·繫年 050 未可奉承也

清華三·芮良夫 21 不奉(逢)庶懃(難)

清華五·命訓 11 是古(故)明王奉此六者

清華五·湯丘 05 繘(適)奉(逢)道迲(路)之祱(祟)

清華五·湯丘 08 以長奉社禝(稷)

清華六·子儀 12 敼(豈)曰奉晉軍以相南面之事

～，與 、同。《説文·廾部》："奉，承也。从手从廾，丰聲。"

清華一·皇門 11"乃隹(惟)又(有)奉俟(娭)夫"，今本《逸周書·皇門》作"乃維有奉狂夫是陽是繩"。"奉"，尊奉。

清華二·繫年 050"奉承"，此處指奉之爲君。

清華三·芮良夫 21"不奉庶懃"，讀爲"不逢庶難"。《後漢書·桓譚馮衍列傳》："蓋聞晉文出奔而子犯宣其忠，趙武逢難而程嬰明其賢，二子之義當矣。"

清華五·命訓 11"奉"，奉行。《國語·晉語二》："夫齊侯將施惠如出責，是之不果奉，而暇晉是皇！"韋昭注："奉，行也。"

清華五·湯丘 05"繘奉道迲之祱"，讀爲"適逢道路之祟"。參《漢書·諸葛豐傳》："時侍中許章以外屬貴幸，奢淫不奉法度，賓客犯事，與章相連。豐案劾章，欲奉其事，適逢許侍中私出。"

清華五·湯丘 08"以長奉社禝(稷)"，參《管子·大匡》："夷吾之爲君臣也，將承君命，奉社稷以持宗廟，豈死一糾哉？"

清華六·子儀 12"奉"，擁戴。《國語·晉語二》："庶幾曰：諸侯義而撫之，百姓欣而奉之，國可以固。"

諱

 清華五·封許09(背) 諱(封)鄦(許)之命

 清華八·攝命27 不則高諱(奉)乃身

～，从"言"，"奉"聲。

清華五·封許09(背)"諱鄦之命"，讀爲"封許之命"，是周初封建許國的文件。

清華八·攝命27"諱"，讀爲"奉"，侍奉，侍候。《孟子·告子上》："爲宫室之美、妻妾之奉、所識窮乏者得我與？"《南史·裴子野傳》："唯以教誨爲本，子侄祗畏，若奉嚴君。"

垬

 清華二·繫年018 乃先建壟(衛)弔(叔)垬(封)于庚(康)丘

 清華二·繫年130 子垬(封)子

 清華七·晉文公02 四垬(封)之内皆肰(然)

 清華八·邦道01 凸(凡)皮(彼)刬(削)垬(邦)臧(戕)君

 清華八·邦道13 古(故)四垬(封)之审(中)亡(無)堇(勤)裛(勞)

～，與 同，从"土"，"丰"聲，"封"之異體，與《説文》

"封"字籀文同。《説文·土部》:"封,爵諸侯之土也。从之、从土、从寸,守其制度也。公侯,百里;伯,七十里;子男,五十里。𡎺,古文封省。𡊚,籀文从半。"

清華二·繫年018"乃先建衞弔坓于庚丘",讀爲"乃先建衞叔封于康丘"。《史記·周本紀》:"頗收殷餘民,以封武王少弟封爲衞康叔。"《左傳·定公四年》:"分康叔以大路、少帛、綪茷、旃旌、大吕……命以《康誥》而封於殷虚。""坓",即"封",分地以封諸侯。《史記·秦本紀》:"秦之先爲嬴姓。其後分封,以國爲姓。"

清華二·繫年130"子坓子",即"子封子",人名。

清華七·晉文公02"四坓之内",即"四封之内",四方疆界之内。《國語·越語下》:"王曰:'蠡爲我守於國。'范蠡對曰:'四封之内,百姓之事,蠡不如種也。四封之外,敵國之制,立斷之事,種亦不如蠡也。'"《管子·中匡》:"愛四封之内,而後可以惡竟外之不善者。"

清華八·邦道13"四坓之审",讀爲"四封之中",意即"四封之内",參上。

清華八·邦道01"刐坓",讀爲"削邦",侵削邦國。

邦

清華一·尹誥03 今隹(惟)民遠邦逞(歸)志

清華一·耆夜04 穆=(穆穆)克邦

清華一·金縢07 官(管)弔(叔)返(及)亓(其)群𨟎(兄)俤(弟)
乃流言于邦曰

清華一·金縢09 邦人□□□□兌(弁)

清華一·金縢12 我邦豪(家)豊(禮)亦宜之

清華一·金縢 13 二公命邦人聿（盡）遉（復）竺（築）之

清華一·皇門 01 朕藀（寡）邑少（小）邦

清華一·皇門 03 堇（勤）卹王邦王豪（家）

清華一·皇門 05 堇（勤）勞王邦王豪（家）

清華一·皇門 06 王邦用窰（寧）

清華一·皇門 08 弗卹王邦王豪（家）

清華一·皇門 10 以不利氒（厥）辟氒（厥）邦

清華一·皇門 12 邦亦不窰（寧）

清華一·皇門 13 皆卹尔（爾）邦

清華一·祭公 04 隹（作）戟（陳）周邦

清華一·祭公 07 坓（修）和周邦

清華一·祭公 10 皇天改大邦壁（殷）之命

清華一·祭公 13 寋(皇)寋(戱)方邦

 清華一·祭公 16 女(汝)母(毋)以戾孳(兹)皋(罪)爐(辜)芒(亡)寺(時)寁大邦

 清華一·祭公 17 亓(其)皆自寺(時)审(中)夐(乂)萬邦

 清華一·楚居 14 王大(太)子以邦返(復)於淋(沈)鄩

 清華一·楚居 15 王大(太)子以邦居鄬(鄢)鄩

 清華一·楚居 16 邦大瘠(瘠)

 清華二·繫年 007 邦君者(諸)正乃立幽王之弟舍(余)臣于鄹(虢)

 清華二·繫年 008 邦君者(諸)侯女(焉)訂(始)不朝于周

 清華二·繫年 039 二邦伐緒(鄀)

 清華二·繫年 050 母(毋)乃不能邦

 清華二·繫年 083 是教吳人反楚邦之者(諸)侯

清華二·繫年 084 卲(昭)王女(焉)返(復)邦

清華二·繫年 104 改邦陳、郜(蔡)之君

清華二·繫年 104 囟(使)各返(復)亓(其)邦

清華二·繫年 106 卲(昭)王既返(復)邦

清華二·繫年 108 二邦爲好

清華二·繫年 136 楚邦以多亡城

清華三·説命中 03 戠(捷)蓍(螽)邦

清華三·芮良夫 01 周邦聚(驟)又(有)禍(禍)

清華三·芮良夫 02 莫卹邦之不寍(寧)

清華三·芮良夫 06 卹邦之不娍(臧)

清華三·芮良夫 12 甬(用)建亓(其)邦

清華三·芮良夫 15 邦甬(用)昌篡(熾)

清華三・芮良夫 17 邦甬（用）不甯（寧）

 清華三・芮良夫 21 邦亓（其）康甯（寧）

 清華三・芮良夫 28 而邦受亓（其）不甯（寧）

 清華三・良臣 09 徭（後）出邦

 清華四・筮法 61 邦又（有）兵命、鷹（熒）忎（怪）、風雨、日月又（有）此（食）

 清華五・厚父 02 建顝（夏）邦

 清華五・厚父 04 永保顝（夏）邦

 清華五・厚父 05 埶（設）萬邦

 清華五・厚父 06 亡丞（厥）邦

 清華五・封許 08 以永厚周邦

 清華五・湯丘 03 乃與少（小）臣忎（惎）愳（謀）鄎（夏）邦

清華五·厚門 02 可(何)以成邦

清華五·厚門 03 幾言成邦

清華五·厚門 04 四以成邦

清華五·厚門 10 夫四以成邦

清華五·厚門 16 大弼(費)於邦

清華五·三壽 10 鹽(殷)邦之蚤(妖)棄(祥)並记(起)

清華五·三壽 12 而不智(知)邦之牆(將)芒(喪)

清華五·三壽 19 窗(留)邦旻(偃)兵

清華六·孺子 01 女(如)邦牆(將)又(有)大事

清華六·孺子 02 區=(區區)奠(鄭)邦脭(望)虐(吾)君

清華六·孺子 03 史(使)人姚(遙)甜(聞)於邦

清華六·孺子 04 不見亓(其)邦

清華六·孺子04 邦豪（家）躝（亂）巳（已）

清華六·孺子06 乳=（孺子）女（汝）母（毋）智（知）邦正（政）

清華六·孺子10 邦人既妻（盡）䎽（聞）之

清華六·孺子11 以定奠（鄭）邦之社禝（稷）

清華六·孺子14 二三臣史（事）於邦

清華六·孺子17 甬（用）厤（歷）受（授）之邦

清華六·管仲08 隹（惟）邦之䆞（寶）

清華六·管仲14 耑（前）又（有）道之君可（何）以䆞（保）邦

清華六·管仲14 耑（前）又（有）道之君所以䆞（保）邦

清華六·管仲16 䜵（舊）天下之邦君

清華六·管仲20 邦以䘚（卒）喪

清華六·管仲22 邦以安䆞（寧）

清華六·管仲 25 疋（胥）舍（舍）之邦

清華六·管仲 29 唯（雖）齊邦區=（區區）

清華六·太伯甲 13 虐（吾）若䏁（聞）夫瑿（殷）邦

清華六·太伯乙 12 虐（吾）若䏁（聞）夫䣙（殷）邦曰

清華六·子儀 02 乃关（券）冊秦邦之𡥈（賢）余（餘）

清華六·子儀 17 尚耑（端）項賠（瞻）遊目以𥄃我秦邦

清華六·子產 02 立（位）固邦安

清華六·子產 03 邦危民麗（離）

清華六·子產 12 能攸（修）丌（其）邦或（國）

清華六·子產 14 先聖君所以䢔（達）成邦或（國）也

清華六·子產 14 𦔻（前）者之能𠭥（役）相丌（其）邦豪（家）

清華六·子產 16 裝（勞）惠邦政

清華六·子產 20 邦以衺(壞)

清華六·子產 24 乃隶(肆)參(三)邦之命(令)

清華六·子產 25 隶(肆)參(三)邦之型(刑)

清華六·子產 29 邦或(國)

清華七·子犯 01 者(胡)晉邦又(有)禍(禍)

清華七·子犯 03 晉邦又(有)禍(禍)

清華七·子犯 07 夫公子之不能居晉邦

清華七·子犯 12 曁(殷)邦之君子

清華七·子犯 13 邦乃述(遂)喪(亡)

清華七·子犯 14 欲记(起)邦系(奚)以

清華七·子犯 14 欲亡邦系(奚)以

清華七·子犯 14 女(如)欲记(起)邦

清華七·子犯 15 女（如）欲亡邦

清華七·晉文公 01 逯（屬）邦利（耆）老

清華七·晉文公 02 以攸（修）晉邦之政

清華七·晉文公 03 以攸（修）晉邦之祀

清華七·晉文公 04 以虐（吾）晉邦之閼（間）凥（處）戜（仇）戵（讎）之閼（間）

清華七·越公 03 於雩（越）邦

清華七·越公 05 母（毋）𨵵（絕）雩（越）邦之命于天下

清華七·越公 06 於雩（越）邦

清華七·越公 06 三（四）方者（諸）侯亓（其）或敢不賓于吳邦

清華七·越公 07 余亓（其）必斁（滅）𨵵（絕）雩（越）邦之命于天下

清華七·越公 07 勿兹（使）句㣇（踐）屬（繼）蓐於雩（越）邦巳（矣）

清華七·越公 10 天不夃（仍）賜吳於雩（越）邦之利

清華七·越公 10 以勫（潰）去亓（其）邦

清華七·越公 11 昔虐（吾）先王盍膚（盧）所以克內（入）郢邦

清華七·越公 14 今皮（彼）新（新）去亓（其）邦而笃（篤）

清華七·越公 22 孤或（又）忎（恐）亡（無）良僕（僕）馭（御）猷火

於雩（越）邦

清華七·越公 26 吳人既闌（襲）雩（越）邦

清華七·越公 27 王乍（作）安邦

清華七·越公 28 邦乃叚（暇）安

清華七·越公 30 王思邦遊民

清華七·越公 34 于雩（越）邦

清華七·越公 36 雩（越）邦乃大多飤（食）

清華七·越公 37 雩(越)邦備(服)蓐(農)多食

清華七·越公 43 墾(舉)雩(越)邦乃皆好訏(信)

清華七·越公 44 雩(越)邦備(服)訏(信)

清華七·越公 48 墾(舉)雩(越)邦乃皆好巠(徵)人

清華七·越公 50 雩(越)邦皆備(服)巠(徵)人

清華七·越公 52 與(舉)雩(越)邦羍=(至于)鄔(邊)還(縣)成(城)市乃皆好兵甲

清華七·越公 52 雩(越)邦乃大多兵

清華七·越公 53 雩(越)邦多兵

清華七·越公 54 王乃大詢(徇)命于邦

清華七·越公 58 雩(越)邦庶民則皆辳(震)僮(動)

清華七·越公 59 王監雩(越)邦之既茍(敬)

清華七·越公 59 鼓命邦人救火

清華七·越公 60 墾（舉）邦走火

清華七·越公 61 此乃諰（屬）邦政於夫=（大夫）住（種）

清華七·越公 69 闔（襲）吳邦

清華七·越公 70 今吳邦不天

清華七·越公 71 昔天以雩（越）邦賜吳

清華七·越公 71 今天以吳邦賜郕（越）

清華七·越公 74 天加褐（禍）于吳邦

清華八·攝命 02 甚余我邦之若否

清華八·攝命 04 雩（越）四方少（小）大邦

清華八·邦政 04 邦募（寡）穅（廩）

清華八·邦政 07 豪（家）牆（將）毀

清華八·邦政 11 豪(家)之政

清華八·邦政 11 而豪(家)旻(得)長

清華八·處位 01 豪(家)尻(處)立(位)

清華八·處位 03 攽(炕)政眩(眩)邦

清華八·邦道 01 以至于邦豪(家)慁(昏)圝(亂)

清華八·邦道 20 邦豪(家)女(安)

清華八·邦道 22 此絧(治)邦之道

清華八·邦道 22 夫邦之弱張

清華八·邦道 24 邦又(有)剾(癘)殳(疫)

清華八·邦道 24 邦獄衆多

清華八·邦道 27 足以敗(敗)於邦

清華八·邦道 27 以事之于邦

清華八·天下05 以安亓(其)邦

　清華八·天下07 邦豢(家)亓(其)䯤(亂)

～，與🀄(上博一·孔4)、🀄(上博四·昭9)、🀄(上博四·柬5)、🀄(上博四·曹19)、🀄(上博八·志2)同。《説文·邑部》："邦，國也。从邑，丰聲。🀄，古文。"

清華一·尹誥03"遠邦逼志"，即"遠邦歸志"，遠方的邦國都歸附之心。

清華一·耆夜04"克邦"，指勝任國事，用法與"克家"同。《易·蒙》："子克家。"

清華一·金縢07"官(管)弔(叔)返(及)亓(其)群粲(兄)俤(弟)乃流言于邦曰"，今本《書·金縢》作"武王既喪，管叔及其群弟乃流言於國"。

清華一·金縢12"我邦豢(家)豊(禮)亦宜之"，今本《書·金縢》作"我國家禮亦宜之"。"邦家"，國家。《書·湯誥》："俾予一人，輯寧爾邦家。"孔傳："言天使我輯安汝國家。國，諸侯。家，卿大夫。"《詩·小雅·南山有臺》："樂只君子，邦家之基。"鄭箋："人君既得賢者置之於位，又尊敬以禮樂樂之，則能爲國家之本。"《後漢書·皇甫規傳》："故能功成於戎狄，身全於邦家也。"

清華三·良臣09"後(後)出邦"之"邦"，讀爲"封"。（陳偉）

清華六·孺子04、子產14"邦豢(家)"，參上。

清華一·金縢13"二公命邦人聿(盡)返(復)𠂆(築)之"，今本《書·金縢》作"二公命邦人，凡大木所偃，盡起而築之"。"邦人"，國人，百姓。《史記·魯世家》作"國人"。

清華六·孺子10"邦人"，參上。

清華一·皇門01"小邦"，小國，小城邑。《書·武成》："大邦畏其力，小邦懷其德。"

清華一·皇門03"堇(勤)卹王邦王豢(家)"，今本《逸周書·皇門》作"勤王國王家"。

清華一·祭公04、07，清華三·芮良夫01，清華五·封許08"周邦"，指周朝。

清華一·祭公 13"方邦",即方國。《詩·大雅·大明》："以受方國。"

清華一·祭公 10、16"大邦",大國。《書·武成》："大邦畏其力,小邦懷其德。"孔傳："言天下諸侯,大者畏威,小者懷德。"《詩·小雅·采芑》："蠢爾蠻荆,大邦爲讎。"鄭箋："大邦,列國之大也。"

清華一·祭公 17、清華五·厚父 05"萬邦",所有諸侯封國。後引申爲天下、全國。《書·堯典》："協和萬邦,黎民於變時雍。"《詩·大雅·文王》："儀刑文王,萬邦作孚。"鄭箋："儀法文王之事,則天下咸信而順之。"

清華二·繫年 007、008,清華六·管仲 16"邦君",古代指諸侯國君主。《書·伊訓》："卿士有一于身,家必喪。邦君有一于身,國必亡。"孔傳："諸侯犯此,國亡之道。"《後漢書·陰識傳》："自是已後,暴至巨富,田有七百餘頃,輿馬僕隸,比於邦君。"

清華二·繫年 083、136"楚邦",楚國。

清華二·繫年 104"改邦陳、郳(蔡)之君"之"邦",封也。《墨子·非攻下》："唐叔與吕尚邦齊、晉。"《左傳·昭公十三年》："楚之滅蔡也,靈王遷許、胡、沈、道、房、申於荆焉。平王即位,既封陳、蔡,而皆復之,禮也。"

清華五·厚父 02、04,湯丘 03"顕邦""鄾邦",即"夏邦",指夏朝。

清華五·三壽 10,清華六·太伯甲 13,清華七·子犯 12"鬱邦",即"殷邦",指商朝。

清華六·太伯乙 12"鄘邦",讀爲"殷邦",指商朝。

清華六·孺子 02、11"奠邦",讀爲"鄭邦",鄭國。

清華六·管仲 14"宲邦",讀爲"保邦"。《書·周官》："王曰:'若昔大猷,制治於未亂,保邦于未危。'"

清華六·管仲 29"齊邦",齊國。

清華六·子儀 02、17"秦邦",秦國。

清華六·子產 02"立固邦安",讀爲"位固邦安"。《吕氏春秋·求人》："五曰:身定、國安,天下治,必賢人。"

清華六·子產 03"邦危民麗",讀爲"邦危民離"。《韓非子·制分》："夫國治則民安,事亂則邦危。"

清華六·子產 12、29"邦或",讀爲"邦國",國家。《詩·大雅·瞻卬》："人之云亡,邦國殄瘁。"

清華六·子產 24、25"參邦",讀爲"三邦",指夏、商、周三朝。

清華七·子犯 01、03、07,清華七·晉文公 02、03、04"晉邦",晉國。

清華七·越公"雩邦",讀爲"越邦",越國。

清華七·越公"吳邦",吳國。

清華七·越公 11"郢邦",指楚國。

清華七·越公 27"安邦",使國家平安穩定。焦贛《易林·家人之渙》:"解商驚惶,散我衣裝,君不安邦。"

清華七·越公 59"鼓命邦人救火"之"邦人",參上。

清華七·越公 60"壆邦",讀爲"舉邦",全國。亦指全國之人。《三國志·吳書·張顧諸葛步傳》:"昭容貌矜嚴,有威風,權常曰:'孤與張公言,不敢妄也。'舉邦憚之。"《荀子·榮辱》:"義之所在,不傾於權,不顧其利,舉國而與之不爲改視。"

清華六·子產 16、清華七·越公 61"邦政",國家軍政,執掌國家軍政。《書·周官》:"司馬掌邦政,統六師,平邦國。"孔傳:"夏官卿主戎馬之事,掌國征伐,統正六軍,平治王邦四方國之亂者。"

清華六·孺子 06"邦正",讀爲"邦政",參上。

清華八·攝命 04"雩四方少大邦",讀爲"越四方小大邦"。《書·多士》:"惟天不畀不明厥德,凡四方小大邦喪,罔非有辭于罰。"

清華八·邦政 07、11,清華八·處位 01,清華八·邦道 01、20,清華八·天下 07"豪",即"邦家",國家。參上。

清華八·邦道 22"綑邦",讀爲"治邦"。《周禮·天官·大宰》:"大宰之職,掌建邦之六典,以佐王治邦國。"

清華八·邦道 24"邦獄衆多"之"邦",《說文》:"邦,國也。"

埄

 清華四·筮法 30 埄(邦)去政已

～,从"土","邦"聲,"邦"字繁體。

清華四·筮法 30"埄",即"邦",《說文》"國也"。

峯

 清華七·晉文公 03 四峯(封)之內皆肰(然)

清華七·晉文公 04 四𤰶（封）之內皆肰（然）

清華七·晉文公 04 四𤰶（封）之內皆肰（然）

~，從"田"，"丰"聲，"封"之異體，與《說文》"邦"之古文 同。《說文》古文假"封"爲"邦"。

清華七·晉文公 03、04"四𤰶之內"，即"四封之內"，參上。

毇

清華八·攝命 12 乃隹（唯）誈（望）亡毇（逢）

清華八·攝命 19 是亦尚弗毇（逢）乃彝

~，從"殳"，"夆"聲。

清華八·攝命 12、19"毇"，讀爲"逢"，遇到，遇見。《說文·辵部》："逢，遇也。"《詩·王風·兔爰》："我生之初，尚無爲。我生之後，逢此百罹，尚寐無吪。"

豐

清華三·琴舞 16 思豐亓（其）返（復）

清華八·邦道 19 隹（雖）阱（踐）立（位）豐彔（祿）

清華七·子犯 07 天豐（亡）惎（謀）禍（禍）於公子

~，與豐（上博三·周 51）、豐（上博八·李 2）同，從"壴（鼓）"，"丰"聲。

《説文·豐部》:"豐,豆之豐滿者也。从豆,象形。一曰《鄉飲酒》有豐侯者。,古文豐。"

清華三·琴舞16"豐",大,高大。《易·序卦》:"豐者,大也。"

清華八·邦道19"豐录",讀爲"豐禄",厚禄。《荀子·議兵》:"是高爵豐禄之所加也,榮孰大焉?將以爲害邪?則高爵豐禄以持養之,生民之屬,孰不願也?""豐",厚,使豐厚。《國語·周語上》:"樹於有禮,艾人必豐。"韋昭注:"豐,厚也。"

清華七·子犯07"豐",讀爲"亡"。"豐",滂紐冬部(或歸東部),"亡",明紐陽部。典籍中"邦""方","方""罔"相通,詳參《古字通假會典》第26、312頁。安大簡《詩·周南·樛木》"葛藟荒之"之"荒"作"豐",可爲二字通假之證。簡文"天亡謀禍於公子",意謂老天不會嫁禍於公子。(程燕)

鄷

 清華四·别卦04 鄷(豐)

《説文·邑部》:"鄷,周文王所都。在京兆杜陵西南。从邑,豐聲。"

清華四·别卦04"鄷",讀爲"豐",卦名,《周易》第五十五卦,離下震上。《彖》曰:"豐,大也。明以動,故豐。王假之,尚大也。'勿憂,宜日中',宜照天下也。日中則昃,月盈則食,天地盈虛,與時消息,而況于人乎?況于鬼神乎?"《象》曰:"雷電皆至,豐。君子以折獄致刑。""鄷"與馬王堆帛書《衷》寫法相同。王家臺秦簡本、馬國翰輯本《歸藏》、今本《周易》作"豐"。

滂紐豐聲歸丰聲

明紐尨聲

惷

清華四·别卦02 惷(蒙)

～，从"心","竉"聲。"尨",上博三·周1作 ❀。

清華四·別卦02"憹",讀爲"蒙",卦名,《周易》第四卦,坎下艮上。今本"困蒙,吝",王弼注:"獨遠於陽,處兩陰之中,闇莫之發,故曰困蒙也。困於蒙昧,不能比賢以發其志,亦以鄙矣。故曰吝也。"馬王堆漢墓帛書《繆和》:"子曰:'夫蒙者,然少未又(有)知也。凡物之少,人之所好也。故曰:蒙,亨。'"《序》:"物生必蒙,故受之以蒙。蒙者,蒙也,物之穉也。"上博三·周1作"尨",馬王堆帛書本、今本作"蒙"。"尨""蒙"古通。

閣

 清華七·越公21 閣冒兵刃

～,从"豕","門"聲。"蒙"之異體。

清華七·越公21"閣冒",即"蒙冒",也作"冒蒙",爲同義複合詞。蒙、冒皆爲頂着、冒着的意思。《左傳·襄公十四年》:"乃祖吾離被苫蓋、蒙荊棘以來歸我先君。"杜預注:"蒙,冒也。"《淮南子·脩務》:"昔者南榮疇恥聖道之獨亡於己,身淬霜露,敕蹻跂,跋涉山川,冒蒙荊棘,百舍重跰,不敢休息。"(趙嘉仁)或讀爲"觸冒"。(程少軒)或釋爲"圂"。(范常喜)

正編·魚部

魚　部

影紐烏聲

烏（於）

清華一·尹誥 03 於（嗚）虐（呼）

清華一·程寤 04 於（嗚）唐（呼）

清華一·程寤 06 於唐（嗚呼）

清華一·程寤 08 於唐（嗚呼）

清華一·保訓 07 於（嗚）唐（呼）

清華一·保訓 09 於（嗚）唐（呼）

清華一·耆夜 08 於

清華一·金縢02 爲一坦(壇)於南方

清華一·金縢07 公㫃(將)不利於需(孺)子

清華一·金縢08 亡(無)以㟴(復)見於先王

清華一·金縢08 於逡(後)周公乃遺王志(詩)曰《周鴞》

清華一·皇門01 於(嗚)嗁(呼)

清華一·皇門08 我王訪良言於是人

清華一·皇門12 於(嗚)嗁(呼)

清華一·祭公04 於(嗚)虎(呼)

清華一·祭公08 於(嗚)虎(呼)

清華一·祭公14 於(嗚)虎(呼)

清華一·祭公15 於(嗚)虎(呼)

清華一·祭公17 於(嗚)虎(呼)

清華一·楚居 01 季繼(連)初降於郳山

清華一·楚居 02 穴酓(熊)逄(遲)遲(徙)於京宗

清華一·楚居 04 思(使)若(鄀)嗌(嗌)卜遷(徙)於夷屯

清華一·楚居 08 衆不容於免

清華一·楚居 11 以爲凥(處)於章[華之臺]

清華一·楚居 14 以爲凥(處)於菌湈

清華一·楚居 14 王大(太)子以邦返(復)於湫(沈)鹿

清華一·楚居 15 返(復)於鄳(鄢)

清華一·楚居 15 以爲凥(處)於𣲖鹿

清華二·繫年 019 大敗(敗)衛(衛)肖(師)於睘

清華二·繫年 023 郗(蔡)哀侯取(娶)妻於陳

清華二·繫年 023 賽(息)侯亦取(娶)妻於陳

清華二·繫年 025 我㪍（將）求救（救）於郕（蔡）

 清華二·繫年 025 賽（息）侯求救（救）於郕（蔡）

 清華二·繫年 026 文王敗（敗）之於新（莘）

 清華二·繫年 026 文王爲客於賽（息）

 清華二·繫年 029 圾蒴於汝

 清華二·繫年 029 改遞於陳

 清華二·繫年 038 秦穆公乃訠（召）文公於楚

 清華二·繫年 044 以敗（敗）楚自（師）於城僕（濮）

 清華二·繫年 044 票（盟）者（諸）侯於墫（踐）土

 清華二·繫年 045 秦人豫（舍）戍於奠（鄭）

 清華二·繫年 045 奠（鄭）人敀（屬）北門之筦（管）於秦之戍人

 清華二·繫年 059 叚（假）遂（路）於宋

清華二·繫年 068 所不返（復）頓於齊

 清華二·繫年 076 連尹戠（止）於河灉

 清華二·繫年 078 王命繡（申）公鳴（聘）於齊

 清華二·繫年 080 吳人女（焉）或（又）服於楚

 清華二·繫年 084 吳王子脣（晨）牆（將）记（起）禍（禍）於吳

 清華二·繫年 086 龏（共）王史（使）芸（鄖）公鳴（聘）於晉

 清華二·繫年 087 競（景）公史（使）翟（糴）之伐（茷）鳴（聘）於楚

 清華二·繫年 088 龏（共）王事（使）王子脣（辰）鳴（聘）於晉

 清華二·繫年 089 明（盟）於宋

 清華二·繫年 090 敓（敗）楚𠂤（師）於䵣（鄢）

 清華二·繫年 091 公會者（諸）侯於瞑（湨）梁

 清華二·繫年 091 述（遂）以墨（遷）䛐（許）於鄭（葉）而不果

清華二·繫年 091 自(師)造於方城

 清華二·繫年 093 奔内(入)於曲夭(沃)

 清華二·繫年 095 以爲成於晉

 清華二·繫年 101 居晉(許)公旎於頌(容)城

 清華二·繫年 101 述(遂)明(盟)者(諸)侯於聖(召)陵

 清華二·繫年 106 自歸(歸)於吳

 清華二·繫年 112 齊人女(焉)訇(始)爲長城於濟

 清華二·繫年 116 逴迴而歸之於楚

 清華二·繫年 117 與晉自(師)戢(戰)於長城

 清華二·繫年 119 晉公止會者(諸)侯於邔(任)

 清華二·繫年 121 戉(越)公内(入)亯(饗)於魯

 清華二·繫年 123 齊侯明(盟)於晉軍

清華二·繫年 123 明(盟)陳和與陳淏於溋門之外

 清華二·繫年 124 晉公獻齊俘馘於周王

 清華二·繫年 127 秦人敓(敗)晉𠂤(師)於茖(洛)会(陰)

 清華二·繫年 128 與之戬(戰)於珪(桂)陵

 清華二·繫年 131 奠(鄭)𠂤(師)逃内(入)於蔑

 清華二·繫年 131 楚𠂤(師)回(圍)之於鄭

 清華二·繫年 131 以歸(歸)於郢

 清華二·繫年 131 奠(鄭)大莉(宰)慭(欣)亦记(起)褐(禍)於奠(鄭)

 清華二·繫年 132 亡遂(後)於奠(鄭)

 清華二·繫年 132 楚人歸(歸)奠(鄭)之四㧻(將)軍與亓(其)萬民於奠(鄭)

 清華二·繫年 134 與晉𠂤(師)戬(戰)於武易(陽)之城下

淏求自（師）

 清華二·繫年 136 陳人女（焉）反而內（入）王子定於陳

 清華二·繫年 137 王命坪（平）亦（夜）悼武君㚒（使）人於齊陳

 清華二·繫年 137 以從楚自（師）於武昜（陽）

 清華三·琴舞 08 五攵（啟）曰：於（嗚）虖（呼）

 清華三·琴舞 11 於（嗚）虖（呼）

 清華三·琴舞 15 於（嗚）虖（呼）

 清華三·芮良夫 26 於（嗚）虖（呼）畏㦿（哉）

 清華三·赤鵠 02 嘗我於而（尔）䀇（羹）

 清華三·赤鵠 06 少（小）臣乃疠（寐）而鼎（寢）於途（路）

 清華四·筮法 13 复（作）於陽

 清華四·筮法 14 內（入）於侌（陰）

清華四·筮法 31 於公利貧(分)

清華四·筮法 33 㐁(次)於四立(位)之中

清華四·筮法 39 乃蠚(惟)兇之所集於四立(位)是視

清華四·筮法 61 复(作)於上

清華四·筮法 61 复(作)於下

清華五·命訓 08 訋(殆)於䲹(亂)矣

清華五·命訓 10 福莫大於行

清華五·命訓 10 褐(禍)莫大於遥(淫)祭

清華五·命訓 10 伱(恥)莫大於瘍(傷)人

清華五·命訓 11 賞莫大於壞(讓)

清華五·命訓 11 罰莫大於多虞(詐)

清華五·命訓 14 敎(藝)遥(淫)則割(害)於材(才)

清華五·湯丘 01 湯䂇（處）於湯（唐）㘴（丘）

清華五·湯丘 01 取（娶）妻於又（有）莘（莘）

清華五·湯丘 05 少䦧（間）於疾

清華五·湯丘 09 夫人母（毋）以我爲訋（怠）於丌（其）事虎（乎）

清華五·湯丘 09 我訋（怠）於丌（其）事

清華五·湯丘 11 女（如）幸余䦧（間）於天畏（威）

清華五·湯丘 12 湯或（又）䚈（問）於少（小）臣

清華五·湯丘 13 湯或（又）䚈（問）於少（小）臣

清華五·湯丘 14 湯或（又）䚈（問）於少（小）臣

清華五·湯丘 16 湯或（又）䚈（問）於少（小）臣

清華五·湯丘 17 湯或（又）䚈（問）於少（小）臣

清華五·湯丘 18 湯或（又）䚈（問）於少（小）臣

自	清華五·耆門01 䛆(問)於少(小)臣
自	清華五·耆門01 古之先帝亦有良言青(情)至於今虎(乎)
自	清華五·耆門02 女(如)亡(無)又(有)良言清(情)至於今
自	清華五·耆門03 湯或(又)䛆(問)於少(小)臣曰
自	清華五·耆門05 湯或(又)䛆(問)於少(小)臣曰
自	清華五·耆門10 湯或(又)䛆(問)於少(小)臣
自	清華五·耆門11 湯或(又)䛆(問)於少(小)臣
自	清華五·耆門16 大弼(費)於邦
自	清華五·耆門18 湯或(又)䛆(問)於少(小)臣
自	清華五·耆門19 湯或(又)䛆(問)於少(小)臣
自	清華六·孺子03 亡(無)不盈(盈)亓(其)志於虔(吾)君之君㠯(己)也

清華六·孺子03 史（使）人姚（遥）馧（聞）於邦

清華六·孺子03 邦亦無大繇賻（賦）於萬民

清華六·孺子04 虐（吾）君函（陷）於大難之中

清華六·孺子04 尻（處）於塦（衛）三年

清華六·孺子08 盧（掩）於亓（其）考（巧）語

清華六·孺子09 尃（布）恩（圖）於君

清華六·孺子13 加鈺（重）於夫＝（大夫）

清華六·孺子13 女（汝）訢（慎）鈺（重）君夒（葬）而舊（久）之於上三月

清華六·孺子13 乃史（使）臱（邊）父於君

清華六·孺子14 二三老母（毋）交於死

清華六·孺子14 二三臣史（事）於邦

清華六·孺子14 女（焉）宵（削）昔（錯）器於巽（選）贛（藏）之中

清華六·孺子14 訇（殆）於……

清華六·孺子17 或（又）禹（稱）记（起）虐（吾）先君於大難之中

清華六·管仲01 齊赶（桓）公䚋（問）於筦（管）中（仲）曰

清華六·管仲01 豸（學）於（烏）可以巳（已）

清華六·管仲02 豸（學）於（烏）可以巳（已）

清華六·管仲02 赶（桓）公或（又）䚋（問）於筦（管）中（仲）曰

清華六·管仲03 赶（桓）公或（又）䚋（問）於筦（管）中（仲）曰

清華六·管仲05 赶（桓）公或（又）䚋（問）於筦（管）中（仲）曰

清華六·管仲06 可執（設）於承

清華六·管仲07 可立於栦（輔）

清華六·管仲07 赶（桓）公或（又）䚋（問）於筦（管）中（仲）曰

 清華六·管仲 08 趄(桓)公或(又)龥(問)於笑(管)中(仲)曰

清華六·管仲 14 趄(桓)公或(又)龥(問)於笑(管)中(仲)曰

清華六·管仲 16 趄(桓)公或(又)龥(問)於笑(管)中(仲)曰

清華六·管仲 17 必哉於宜(義)

 清華六·管仲 17 而成於氏(度)

清華六·管仲 18 既惠於民

 清華六·管仲 18 哉於亓(其)身

清華六·管仲 19 既訋(怠)於正(政)

 清華六·管仲 20 趄(桓)公或(又)龥(問)於笑(管)中(仲)曰

清華六·管仲 22 莫悆(愛)裻(勞)力於亓(其)王

清華六·管仲 24 趄(桓)公或(又)龥(問)於笑(管)中(仲)曰

清華六·管仲 26 既幣(蔽)於貨

清華六·管仲 27 趄（桓）公或（又）䚘（問）於笑（管）中（仲）

清華六·太伯甲 05 以頷於攷（庸）瓜（耦）

清華六·太伯甲 06 戬（戰）於魚羅（麗）

清華六·太伯甲 08 虗（吾）达（逐）王於鄝（葛）

清華六·太伯甲 12 方諫虗（吾）君於外

清華六·太伯甲 12 兹賠（詹）父內謫於中

清華六·太伯乙 05 以猷於攷（庸）瓜（耦）

清華六·太伯乙 05 戬（戰）於魚羅（麗）

清華六·太伯乙 07 虗（吾）达（逐）王於鄝（葛）

清華六·太伯乙 10 方諫虗（吾）君於外

清華六·太伯乙 11 兹賠（詹）父內謫於中

清華六·子儀 01 既敷（敗）於䧹（殽）

清華六·子儀02 車帨（逸）於舊書（數）三百

清華六·子儀03 以視楚子義（儀）於杏會

清華六·子儀04 乃張大庝於東奇之外

清華六·子儀07 乃命陞（昇）瑟（琴）訶（歌）於子義（儀）

清華六·子儀11 以不敎（穀）之攸（修）遠於君

清華六·子儀18 臣矔於湋𩰦（䐞）

清華六·子儀18 訶（辭）於儷

清華六·子產01 昔之聖君取虞（獻）於身

清華六·子產13 能同（通）於神

清華六·子產14 以成名於天下者

清華六·子產16 子產專（傅）於六正

清華六·子產17 耑（端）彼（使）於三（四）㫃（鄰）

清華六·子產 27 不用民於兵䯅(甲)戰或(鬭)

清華五·三壽 01 高宗觀於匋(洹)水之上

清華五·三壽 01 高宗乃䜈(問)於少壽曰

清華五·三壽 05 虔(吾)䜈(聞)夫長莫長於風

清華五·三壽 05 虔(吾)䜈(聞)夫䣂(險)莫䣂(險)於心

清華五·三壽 05 高宗乃或(又)䜈(問)於彭且(祖)曰

清華五·三壽 07 虔(吾)䜈(聞)夫長莫長於水

清華五·三壽 07 虔(吾)䜈(聞)夫䣂(險)莫䣂(險)於櫐(鬼)

清華五·三壽 07 虔(吾)䜈(聞)夫長莫長於□

清華五·三壽 12 於(嗚)虐(呼)

清華五·三壽 23 於(嗚)虐(呼)

清華五·三壽 24 高宗或(又)䜈(問)於彭且(祖)曰

清華五·三壽 28 於(嗚)虖(呼)

 清華五·三壽 28 (背)慇(殷)高宗䚻(問)於三昏(壽)

 清華五·三壽 27 於(嗚)虖(呼)

 清華五·封許 07 於(嗚)唐(呼)

 清華五·厚父 09 於(嗚)虖(呼)

 清華七·子犯 03 以即(節)中於天

 清華七·子犯 05 □□於難

 清華七·子犯 05 瞿轄於志

 清華七·子犯 06 鼼(顧)監於訛(禍)

 清華七·子犯 07 天豐(亡)愖(謀)褐(禍)於公子

 清華七·子犯 07 公乃䚻(問)於邧(蹇)舅(叔)

 清華七·子犯 09 公乃䚻(問)於邧(蹇)舅(叔)

清華七・子犯 13 公子褈(重)耳䎽(問)於邗(蹇)雪(叔)

清華七・晉文公 01 晉文公自秦内(入)於晉

清華七・晉文公 01 母(毋)辡(辨)於妞(好)妝嬶䀄皆見

清華七・晉文公 08 敗(敗)楚師(師)於城僕(濮)

清華七・趙簡子 03 子죄(始)造於善

清華七・趙簡子 03 子죄(始)造於不善

清華七・趙簡子 05 盄(趙)柬(簡)子䎽(問)於成剸(剸)

清華七・越公 01 赶陞(登)於會旨(稽)之山

清華七・越公 01 乃史(使)夫₌(大夫)住(種)行成於吴帀(師)

清華七・越公 04 辟(親)辱於㝳(寡)人之𨛫₌(敝邑)

清華七・越公 06 亦茲(使)句戔(踐)䜌(繼)蓍於雩(越)邦

清華七・越公 07 勿茲(使)句戔(踐)䜌(繼)蓍於雩(越)邦巳

（矣）

清華七·越公 10 天不朌（仍）賜吳於雩（越）邦之利

清華七·越公 10 虞（且）皮（彼）既大北於坪（平）备（邊）

清華七·越公 14 虗（吾）於膚（胡）取仐（八千）人以會皮（彼）死

清華七·越公 15 孤敢兌（脫）皋（罪）於夫=（大夫）

清華七·越公 17 飤（食）於山林蔖芒

清華七·越公 17 用事（使）徒遽逗（趣）聖（聽）命於

清華七·越公 20 以遂（奔）告於鄥（邊）

清華七·越公 21 余聖（聽）命於門

清華七·越公 22 陟枾（棲）於會旨（稽）

清華七·越公 22 孤或（又）忎（恐）亡（無）良僕（僕）馭（御）猇火

於雩（越）邦

清華七·越公 22 孤用內（入）守於宗宙（廟）

清華七·越公 24 恣志於雩（越）公

清華七·越公 41 乃亡（無）敢增歷亓（其）政以爲獻於王

清華七·越公 61 此乃諰（屬）邦政於夫=（大夫）住（種）

清華七·越公 63 軍於江北

清華七·越公 63 軍於江南

清華七·越公 64 牁（將）舟戩（戰）於江

清華七·越公 68 乃至於吳

清華七·越公 69 昔不穀（穀）先秉利於雩（越）

清華七·越公 70 旻（得）辠（罪）於雩（越）

清華七·越公 72 乃徥（使）人告於吳王

清華七·越公 73 不穀（穀）亓（其）牁（將）王於甬句重（東）

清華八·邦政 06 與於終要

清華八・邦政 09 丌（其）君子專（薄）於敩（教）而行懇（詐）

清華八・邦政 10 弟子敼（轉）遠人而爭赶（窺）於誨（謀）夫

清華八・處位 03 自奠（定）於遙（後）事

清華八・處位 04 乃敼（敝）於亡

清華八・處位 08 丌（其）噐（遇）於異垰（進）

清華八・處位 10 又（有）救於歬（前）甬（用）

清華八・處位 10 乃胃（謂）良人出於無氐（度）

清華八・邦道 03 可（何）懇（寵）於貴

清華八・邦道 03 可（何）愿（羞）於俴（賤）

清華八・邦道 05 既丌（其）不兩於煮（圖）

清華八・邦道 05 則或 於弗智（知）

清華八・邦道 05 以㒸（勉）於衆

清華八·邦道09 母(毋)咸(感)於窒(令)色以還心

 清華八·邦道12 和於亓(其)身

 清華八·邦道13 是以尃(敷)均於百眚(姓)之溓(兼)厲而懇(愛)者

 清華八·邦道14 亡(無)鼻(寡)於者(諸)侯

 清華八·邦道15 上有悐(過)不加之於下

 清華八·邦道16 今夫逾人於亓(其)豐(勝)

 清華八·邦道19 女(如)亡(無)能於一官

 清華八·邦道19 皮(彼)士返(及)攻(工)商、戎(農)夫之慇(惰)於亓(其)事

 清華八·邦道20 悉(戀)於亓(其)力

 清華八·邦道21 不记(起)事於戎(農)之厽(三)時

 清華八·邦道27 足以敤(敗)於邦

清華八·邦道 27 則亡(無)命大於此

　　清華八·心中 03 爲君者亓(其)監(鑒)於此

　　清華八·心中 06 亓(其)母(毋)蜀(獨)忻(祈)保豪(家)叟(没)
身於畏(鬼)與天

　　清華八·八氣 05 旬(玄)榠(冥)銜(率)水以飤(食)於行

　　清華八·八氣 05 祝螎(融)銜(率)火以飤(食)於寤(竈)

　　清華八·八氣 05 句余亡(芒)銜(率)木以飤(食)於户

　　清華八·八氣 05 司兵之子銜(率)金以飤(食)於門

　　清華八·八氣 06 句(后)土銜(率)土以飤(食)於室中

～，與匀(上博五·君 3)、𠂤(上博四·曹 51)、𠂤(上博二·容 41)、匀(上博七·君甲 9)、𠂤(上博七·凡甲 15)、𠂤(上博八·命 1)、𠂤(上博八·有 1)同。《説文·烏部》："烏，孝烏也。象形。孔子曰：烏肟，呼也。取其助气，故以爲烏呼。𦏊，古文烏，象形。𠁣，象古文烏省。"

清華一·金縢 02 "爲一坦(壇)於南方"，今本《書·金縢》作 "爲壇於南方"。

清華一·金縢 07 "公㵒(將)不利於需(孺)子"，今本《書·金縢》作 "公將不利於孺子"。

清華一·金縢08"亡（無）以返（復）見於先王"，今本《書·金縢》作"我無以告我先王"。

清華一·金縢08"於遂（後）周公乃遺王志（詩）曰《周鴞》"，今本《書·金縢》作"于後，公乃爲詩以貽王，名之曰《鴟鴞》"。

清華一·皇門08"我王訪良言於是人"，今本《逸周書·皇門》作"王阜良，乃惟不順之言于是"。

清華一·楚居01"季繼初降於騩山"，讀爲"季連初降於騩山"。《國語·周語上》："昔夏之興也，融降於崇山；其亡也，回禄信於聆隧。"

清華一·楚居02"遷於京宗"，讀爲"徙於京宗"。《左傳·文公十六年》："楚人謀徙於阪高。"

清華一·楚居08"衆不容於免"，《莊子·天下》："常寬容於物，不削於人。"

清華一·楚居14"以爲凥（處）於菌滿"，《左傳·莊公二十年》："夏，鄭伯遂以王歸，王處于櫟。"

清華二·繫年023"鄀哀侯取妻於陳"，讀爲"蔡哀侯娶妻於陳"。《左傳·莊公十年》："蔡哀侯娶于陳，息侯亦娶焉。"

清華二·繫年025"我將求救於鄀"，讀爲"我將求救於蔡"。《左傳·莊公十年》："息侯聞之，怒，使謂楚文王曰：'伐我，吾求救於蔡而伐之。'"

清華二·繫年026"文王敗之於新"，讀爲"文王敗之於莘"。《左傳·莊公十年》："楚子從之。秋九月，楚敗蔡師于莘，以蔡侯獻舞歸。"

清華二·繫年044"盟者侯於墠土"，讀爲"盟諸侯於踐土"。《左傳·僖公二十八年》："夏四月戊辰，晉侯、宋公、齊國歸父、崔夭、秦小子憖次于城濮……楚師敗績……晉師三日館穀，及癸酉而還。甲午，至于衡雍，作王宮于踐土。"

清華二·繫年045"秦人豫成於奠"，讀爲"秦人舍成於鄭"。《左傳·昭公二十七年》："十二月，晉籍秦致諸侯之戍于周，魯人辭以難。"

清華二·繫年059"叚逄於宋"，讀爲"假路於宋"。《左傳·宣公十四年》："楚子使申舟聘于齊，曰：'無假道于宋。'亦使公子馮聘于晉，不假道于鄭。"

清華二·繫年068"所不返頓於齊"，讀爲"所不復仇於齊"。《公羊傳·定公四年》："闔廬曰：'士之甚，勇之甚，將爲之興師而復讎于楚。'"

清華二·繫年078"王命繡公聘於齊"，讀爲"王命申公聘於齊"。《左傳·成公二年》："及共王即位，將爲陽橋之役，使屈巫聘於齊，且告師期。"

清華二·繫年 076、101、119、123，清華三·赤鵠 06"於"，介詞，在。《論語·述而》："子於是日哭則不歌。"酈道元《水經注·晉水》："晉荀吳帥師敗狄于大鹵。"

清華二·繫年 086、088"聘於晉"，讀爲"聘於晉"。《左傳·僖公三十年》："東門襄仲將聘于周，遂初聘于晉。"

清華二·繫年 089"明於宋"，讀爲"盟於宋"。《春秋·僖公二十七年》："十有二月甲戌，公會諸侯，盟于宋。"

清華二·繫年 080"吳人女或服於楚"，讀爲"吳人焉又服於楚"。《左傳·僖公二十年》："滑人叛鄭而服於衛。夏，鄭公子士、洩堵寇帥師入滑。"

清華二·繫年 084"吳王子晨酒記禍於吳"，讀爲"吳王子晨將起禍於吳"。《國語·越語下》："上天降禍於越，委制於吳。"

清華二·繫年 091"述以罨誓於鄩而不果"，讀爲"遂以遷許於葉而不果"。《左傳·成公六年》："夏四月丁丑，晉遷於新田。"

清華二·繫年 091"自造於方城"，讀爲"師造於方城"。《管子·大匡》："公不聽。興師伐魯，造於長勺。"

清華二·繫年 093"奔內於曲天"，讀爲"奔入於曲沃"。《左傳·僖公二十四年》："辛丑，狐偃及秦、晉之大夫盟於郇。壬寅，公子入於晉師。丙午，入於曲沃。"

清華二·繫年 095"以爲成於晉"，《左傳·僖公二十八年》："鄉役之三月，鄭伯如楚致其師，爲楚師既敗而懼，使子人九行成於晉。"

清華四·筮法 13"复於陽"，即"作於陽"，卦例之右兑出於乾卦之上，即"作於陽"。

清華四·筮法 14"內於金"，讀爲"入於陰"，左兑入於坤卦之下，即"入於陰"。

清華四·筮法 31"於"，介詞。對，對於。《孫子·虛實》："以吾度之，越人之兵雖多，亦奚益於勝敗哉！"《史記·老子韓非列傳》："是皆無益於子之身。"

清華五·命訓 08"訋（殆）於鑾（亂）矣"，今本《逸周書·命訓》作"則殆於亂"。

清華五·命訓 10"福莫大於行"，今本《逸周書·命訓》作"福莫大於行義"。

清華五·命訓 14"敓（藝）遥（淫）則割（害）於材（才）"，今本《逸周書·命訓》作"藝淫則害于才"。

清華五·湯丘 09"我忉於亓事"，讀爲"我怠於其事"，怠懈於國事。

清華五·帝門 01、02"至"，達到。"於"，助詞，無義。《書·盤庚上》："王命衆，悉至于庭。"《論語·學而》："夫子至於是邦也，必聞其政。"

清華六·管仲 01、02"孥(學)於(烏)可以已"之"於",讀爲"烏",副詞,表反問語氣,相當於"哪裏""怎麽"。《吕氏春秋·季夏紀·明理》:"故亂世之主烏聞至樂?"高誘注:"烏,安也。"《荀子·勸學》:"君子曰:學不可以已。"

清華六·太伯乙 05"戰於",即"戰於",介詞,在。

清華六·子儀 01"敗於",介詞,在。酈道元《水經注·晉水》:"晉荀吳帥師敗狄於大鹵。"

清華六·子儀 18"詞(辭)於儷"之"於",訓而。

清華七·越公 01"乃史夫=住行成於吳市",讀爲"乃使大夫種行成於吳師"。《左傳·僖公二十八年》:"鄉役之三月,鄭伯如楚致其師,爲楚師既敗而懼,使子人九行成于晉。"

清華七·越公 04"辟辱於募人之粗=",讀爲"親辱於寡人之敝邑"。《國語·吳語》:"君王以親辱於弊邑。"

清華七·越公 10"天不劢(仍)賜吴於雩(越)邦之利"之"於"介詞,表方式、對象,相當於"以"。《韓非子·解老》:"慈,於戰則勝,以守則固。"

清華七·越公 14"虔(吾)於膚(胡)取伞(八千)人以會皮(彼)死"之"於"讀作"烏",副詞,表反問語氣,相當於"哪裏""怎麽"。《吕氏春秋·季夏紀·明理》:"故亂世之主烏聞至樂?"高誘注:"烏,安也。"

清華七·越公 20"以逡告於鄩",讀爲"以奔告於邊"。《左傳·昭公三十二年》:"天子有命,敢不奉承,以奔告於諸侯。"

清華七·越公 17、21"聖命於",讀爲"聽命於"。《左傳·襄公五年》:"穆叔以屬鄫爲不利,使鄫大夫聽命于會。"

清華七·越公 63"軍於江北,軍於江南",《國語·吳語》:"於是吳王起師,軍於江北,越王軍於江南。"

清華七·越公 64"牆舟戰於江",讀爲"將舟戰於江"。《國語·吳語》:"明日將舟戰於江。"

清華七·越公 68"乃至於吳",《國語·吳語》:"乃至於吳。"

清華七·越公 69"昔不穀先秉利於雩",讀爲"昔不穀先秉利於越"。《國語·吳語》:"昔不穀先委制於越君。"

清華七·越公 70"旻皋於雩",讀爲"得罪於越"。《國語·吳語》:"得罪於君王。"

清華七·越公 72"乃使人告於吳王",即"乃使人告於吳王"。《國語·吳語》:"因使人告於吳王曰。"

清華七·越公 73"不毂亓牁王於甬句重",讀爲"不毂其將王於甬句東"。《國語·吳語》:"寡人其達王於甬句東。"

清華八·邦道 27"則亡(無)命大於此"之"於",介詞,比,表示比較。《禮記·檀弓下》:"苛政猛於虎也。"

清華"翻(問)於"之"於",介詞,向。《論語·學而》:"子禽問於子貢。"《孟子·梁惠王下》:"昔者齊景公問於晏子曰。"

清華八·子犯 07、09、13,趙簡子 05"莫……於",沒有什麽……比。《老子·德經》:"罪莫大於可欲,禍莫大於不知足,咎莫大於欲得。"

清華"於虖",讀爲"嗚呼",嘆詞。《左傳·襄公三十年》:"烏乎,必有此夫!"《漢書·武帝紀》:"麟鳳在郊藪,河洛出圖書。嗚虖,何施而臻此與!"顔師古注:"虖讀曰呼。嗚呼,歎辭也。"

鷖

清華三·赤鵠 06 衆鷖(烏)牁(將)飤(食)之

清華三·赤鵠 06 晉(巫)鷖(烏)曰

清華三·赤鵠 07 衆鷖(烏)

清華三·赤鵠 07 乃係(訊)晉(巫)鷖(烏)曰

清華三·赤鵠 07 晉(巫)鷖(烏)乃言曰

清華三·赤鵠 09 衆鷖(烏)乃逑(往)

清華三·赤鵠 09 晉(巫)鷖(烏)乃欶(歠)少(小)臣之胊(喉)渭

（胃）

～，與（上博四·逸·交3）同，从"鳥"，"於"聲，"於"字繁體。

清華三·赤鵠06、07、09"衆鷁"，即"衆烏"。《漢書·五行志》："燕一烏鵲鬭於宮中而黑者死，楚以萬數鬭於野外而白者死，象燕陰謀未發，獨王自殺於宮，故一烏水色者死，楚炕陽舉兵，軍師大敗於野，故衆烏金色者死，天道精微之效也。"

清華三·赤鵠06、07、09"晉鷁"，即"巫烏"。尹灣漢簡《神烏賦》"螻（？）飛之類，烏最可貴。其性好仁，反哺於親。行義淑茂，頗得人道。"曹操《短歌行》："月明星稀，烏鵲南飛。"

郙

　清華六·太伯甲07 北邊（就）郙（鄔）、鄭（劉）

　　清華六·太伯乙06 北徧（就）郙（鄔）、鄭（劉）

～，从"邑"，"於"聲。

清華六·太伯"郙"，即"鄔"，地名。《左傳·隱公十一年》："王取鄔、劉、蔿、邘之田于鄭，而與鄭人蘇忿生之田：溫、原、絺、樊、隰郕、欑茅、向、盟、州、陘、隤、懷。"

影紐亞聲

亞

　　清華四·筮法10 亞（惡）肴（爻）凥（處）之

　　清華四·筮法13 亞（惡）肴（爻）凥（處）之

清華四·筮法34 虞(且)相亞(惡)也

清華五·厚門06 而罷(一)亞(惡)罷(一)好

清華五·厚門12 亞(惡)悳(德)枲(奚)若

清華五·厚門12 亞(惡)事枲(奚)若

清華五·厚門12 亞(惡)殳(役)枲(奚)若

清華五·厚門13 亞(惡)正(政)枲(奚)若

清華五·厚門13 亞(惡)型(刑)枲(奚)若

清華五·厚門14 此胃(謂)亞(惡)悳(德)

清華五·厚門15 此胃(謂)亞(惡)事

清華五·厚門16 此胃(謂)亞(惡)殳(役)

清華五·厚門17 此胃(謂)亞(惡)正(政)

清華五·厚門17 此胃(謂)亞(惡)型(刑)

清華五·三壽 02 可(何)胃(謂)亞(惡)

清華五·三壽 04 可(何)胃(謂)亞(惡)

清華五·三壽 05 亞(惡)非(必)芒(喪)

清華五·三壽 06 可(何)胃(謂)亞(惡)

清華五·三壽 07 亞(惡)非(必)頸(傾)

清華五·三壽 08 亞(惡)非(必)亡(無)飤

清華六·子產 26 此胃(謂)張岂(美)弃(棄)亞(惡)

清華八·處位 01 寵稟(福)逆亞(惡)

清華八·處位 04 或亞(惡)孳(哉)

清華八·處位 06 亞(惡)殁(没)者(諸)

清華八·處位 06 頮(美)亞(惡)乃出

清華八·處位 07 道頮(非)甬(用)亞(惡)

清華八·處位 09 贛（貢）以惽（治）疾亞（惡）

清華八·處位 10 亦亓（其）又（有）頪（美）而爲亞（惡）

清華八·邦道 10 孚（免）亞（惡）慮敳（美）

清華八·邦道 10 母（毋）亞（惡）繇（謠）

清華八·心中 01 心所爲姯（美）亞（惡）

~，與 ■（上博一·孔 28）、■（上博七·武 9）同。《説文·亞部》："亞，醜也。象人局背之形。賈侍中説：以爲次弟也。"

清華四·筮法 10、13"亞肴"，讀爲"惡爻"，當指左下卦中的五、九而言。奇數的五、九是陽爻，與六合組爲兌，爲小凶。

清華五·帝門 06"罷亞罷好"，讀爲"一惡一好"。句式見於《左傳·昭公元年》："疆場之邑，一彼一此，何常之有？"

清華五·帝門 12、14"亞（惡）惪（德）"，讀爲"惡德"，與"美德"相對。《書·説命中》："爵罔及惡德，惟其賢。"《禮記·緇衣》："是以民有惡德，而遂絶其世也。"

清華五·帝門 12、13、15、16、17"亞"，讀爲"惡"，與"美"相對。

清華五·三壽 02、04、06"亞"，讀爲"惡"，罪過，罪惡。《易·大有》："君子以遏惡揚善，順天休命。"《左傳·定公五年》："使復其所，吾以志前惡。"杜預注："惡，過也。"《説文》："惡，過也。"

清華五·三壽 05"亞非芒"，讀爲"惡必喪"，謂過度、過錯必致喪失。

清華六·子產 26"弃亞"，讀爲"棄惡"，丟棄怨恨。《左傳·成公十三年》："吾與女同好棄惡，復脩舊德，以追念前勳。"

清華八·處位 01、04"亞"，讀爲"惡"，指惡人。或惡哉，與後文"或美哉"對比，陳述"不度政"下惡人和美人的不同境遇。

清華八·處位 06"亞沒者",讀爲"惡沒諸"。"惡",疑問代詞。相當於"何""安""怎麼"。《左傳·桓公十六年》:"棄父之命,惡用子矣?"杜預注:"惡,安也。"

清華八·邦道 10"孚亞慮散",讀爲"免惡慮美"。"惡",與"美"相對,醜,壞。指財貨、容貌、年成、政俗等。

清華八·處位 06"頯亞"、清華八·心中 01"媄亞",讀爲"美惡",美醜,好壞。指財貨、容貌、年成、政俗等。《荀子·儒效》:"通財貨,相美惡,辨貴賤,君子不如賈人。"《史記·天官書》:"凡候歲美惡,謹候歲始。"劉向《說苑·談叢》:"鏡以精明,美惡自服。"

惡

清華六·子產 05 此胃(謂)亡(無)好惡

~,與(上博一·緇 4)同。《說文·心部》:"惡,過也。从心,亞聲。"

清華六·子產 05"好惡",喜好與嫌惡。《禮記·王制》:"命市納賈,以觀民之所好惡,志淫好辟。"葛洪《抱朴子·擢才》:"且夫愛憎好惡,古今不均,時移俗易,物同價異。"

啎

清華六·孺子 02 不相旻(得)啎(惡)

清華七·越公 16 亡(無)良鄹(邊)人禹(稱)瘲悁(怨)啎(惡)

清華七·越公 19 余弃(棄)啎(惡)周好

清華七·越公 23 余亓(其)與吳科(播)弃(棄)悁(怨)啎(惡)于潛(海)澊(濟)江沽(湖)

 清華七·越公 27 不禹（稱）民啞（惡）

清華七·越公 62 舀（挑）起悁（怨）啞（惡）

《說文·口部》："啞，笑也。从口，亞聲。《易》曰：'笑言啞啞。'"

清華六·孺子 02"不相旻啞"，讀爲"不相得惡"，意云不相互怨恨。

清華七·越公 16、23、62"悁啞"，讀爲"怨惡"，怨恨憎惡。《墨子·尚同上》："是以內者父子兄弟作怨惡，離散不能相和合。"《淮南子·時則》："行優遊，棄怨惡，解役罪，免憂患，休罰刑。"

清華七·越公 19"弃啞"，讀爲"棄惡"。《左傳·成公十三年》："吾與女同好棄惡，復脩舊德，以追念前勳。"

清華七·越公 27"民啞"，讀爲"民惡"，民之過錯。

涯

 清華八·天下 01 深亓（其）涯

～，从"水"，"亞"聲，疑"洼"字異體。

清華八·天下 01"涯"，疑即"洼"。《說文·水部》："洼，深池也。"

曉紐虍聲

虎

 清華一·祭公 04 於（嗚）虎（呼）

 清華一·祭公 08 於（嗚）虎（呼）

 清華一·祭公 14 於（嗚）虎（呼）

(救)楚

清華一·祭公 15 於(嗚)虎(呼)

清華一·祭公 17 於(嗚)虎(呼)

清華二·繫年 105 秦異公命子甫(蒲)、子虎衒(率)自(師)救

清華五·湯丘 03 此可以和民虎(乎)

清華五·湯丘 09 夫人母(毋)以我爲忢(急)於亓(其)事虎(乎)

清華五·湯丘 18 是非惥(愛)民虎(乎)

清華五·湯丘 19 是非共(恭)命虎(乎)

清華五·厚門 01 古之先帝亦有良言青(情)至於今虎(乎)

清華六·管仲 03 亓(其)從人之道可旻(得)䎽(聞)虎(乎)

清華六·管仲 24 今夫年(佞)者之利燓(氣)亦可旻(得)而䎽

(聞)虎(乎)

清華六·管仲 29 不裻(勞)而爲臣裻(勞)虎(乎)

清華六·管仲 30 爲君不裌(勞)而爲臣裌(勞)虎(乎)

𧆝，與 𧆝(上博二·容 26)、𧆝(上博四·曹 20)同，从"虎"，其下部之人形兩旁加飾筆而成"介"形，爲"虎"字之繁化。𧆝，懷疑是𧆝(上博四·采 4)形演變，下部訛變爲"力"形。故有學者釋爲"虜"。(白於藍)《説文·虎部》："虎，山獸之君。从虍，虎足象人足。象形。凡虎之屬皆从虎。𧇽，古文虎。𧇿，亦古文虎。"

清華一·祭公 04、08、14、15、17"於虎"，讀爲"嗚呼"，歎詞。參上。

清華二·繫年 105"秦異公命子甫、子虎衍自救楚"，讀爲"秦異公命子蒲、子虎率師救楚"。參《左傳·定公五年》："秦子蒲、子虎帥車五百乘以救楚……使楚人先與吳人戰，而自稷會之，大敗夫槩王于沂。"

清華五·帝門 01"至於今虎"，讀爲"至於今乎"。《史記·萬石張叔列傳》："劍，人之所施易，獨至今乎？"

清華六·管仲 03、24"可旻龠虎""可旻而龠虎"，讀爲"可得聞乎""可得而聞乎"。《禮記·哀公問》："寡人雖無似也，願聞所以行三言之道，可得聞乎？"

清華"虎"，讀爲"乎"，句尾語氣詞。

虗

清華一·尹誥 03 於(嗚)虗

清華一·金縢 02 未可以感(戚)虗(吾)先王

清華二·繫年 015 西𨟢(遷)商盍(蓋)之民于邾(朱)虗(圉)

清華三·説命下 09 虗(吾)乃專(敷)之于百青(姓)

清華三·琴舞 09 於(嗚)虐(呼)

清華三·琴舞 11 於(嗚)虐(呼)

清華三·琴舞 15 於(嗚)虐(呼)

清華三·芮良夫 24 虐(吾)楚(靡)所爰(援)詣

清華三·芮良夫 26 於(嗚)虐(呼)畏挙(哉)

清華三·芮良夫 27 虐(吾)审(中)心念詿(絓)

清華三·芮良夫 27 虐(吾)忑(恐)睪(罪)之□身

清華三·芮良夫 28 虐(吾)甬(用)复(作)訨(毖)再終

清華三·赤鵠 03 虐(吾)不亦殺尔

清華三·赤鵠 05 箮(孰)洢(調)虐(吾)䍻(羹)

清華三·良臣 06 齊桓(桓)公又(有)歙寺(夷)虐(吾)

清華五·三壽 02 少壽倉(答)曰:虐(吾)……

清華五·三壽04 虗(吾)䎽(聞)夫長莫長於風

清華五·三壽05 虗(吾)䎽(聞)夫䍤(險)莫䍤(險)於心

清華五·三壽06 虗(吾)䎽(聞)夫長莫長於水

清華五·三壽07 虗(吾)䎽(聞)夫䍤(險)莫䍤(險)於巢(鬼)

清華五·三壽07 虗(吾)䎽(聞)夫長莫長於□

清華五·三壽08 虗(吾)䎽(聞)夫䍤(險)非(必)矛迟(及)干

清華五·三壽09 虗(吾)孛(勉)自印(抑)畏以敬

清華五·三壽12 於(嗚)虗(呼)

清華五·三壽23 於(嗚)虗(呼)

清華五·三壽27 於(嗚)虗(呼)

清華五·三壽28 於(嗚)虗(呼)

清華五·湯丘06 虗(吾)君可(何)

清華五·湯丘08 虘(吾)此是爲見之

清華五·湯丘09 虘(吾)可(何)君是爲

清華五·湯丘13 虘(吾)戜(戱)虽(夏)女(如)刣(台)

清華六·孺子01 昔虘(吾)先君

清華六·孺子03 區₌(區區)奠(鄭)邦賹(望)虘(吾)君

清華六·孺子03 亡(無)不盈(盈)亓(其)志於虘(吾)君之君吕(己)也

清華六·孺子03 虘(吾)君函(陷)於大難之中

清華六·孺子05 虘(吾)先君之棠(常)心

清華六·孺子05 今虘(吾)君既〈即〉枼(世)

清華六·孺子09 昔虘(吾)先君史(使)二三臣

清華六·孺子10 三(四)嚣(鄰)以虘(吾)先君爲能敘

清華六·孺子10 歔虗(吾)先君而孤乳=(孺子)

清華六·孺子11 虗(吾)先君女(如)忍乳=(孺子)志=(之志)

清華六·孺子11 虗(吾)先君兆(必)牁(將)相乳=(孺子)

清華六·孺子15 或(又)辱虗(吾)先君

清華六·孺子16 二三夫=(大夫)膚(皆)虗(吾)先君斎=(之所)伋(守)孫也

清華六·孺子16 虗(吾)先君智(知)二三子之不忈=(二心)

清華六·孺子17 或(又)禹(稱)记(起)虗(吾)先君於大難之中

清華六·孺子18 虗(吾)先君之悥(憂)可(何)

清華六·太伯甲02 忞(閔)氒(喪)虗(吾)君

清華六·太伯甲04 昔虗(吾)先君逗(桓)公迻(後)出自周

清華六·太伯甲06 虗(吾)[乃]膢(獲)郯(函)、邲(訾)

清華六·太伯甲06 亦虐（吾）先君之力也

清華六·太伯甲07 枼（世）及虐（吾）先君武公

清華六·太伯甲07 枼（世）及虐（吾）先君臧（莊）公

清華六·太伯甲08 虐（吾）达（逐）王於鄾（葛）

清華六·太伯甲09 枼（世）及虐（吾）先君卲（昭）公、剌（厲）公

清華六·太伯甲10 今及虐（吾）君

清華六·太伯甲10 長不能莫（慕）虐（吾）先君之武敽（烈）臧

（壯）釭（功）

清華六·太伯甲12 方諫虐（吾）君於外

清華六·太伯甲13 虐（吾）若䎽（聞）夫醫（殷）邦

清華六·太伯乙01 态䘮（喪）虐（吾）君

清華六·太伯乙05 虐（吾）乃䍃（獲）鄘（函）、邨（嘗）

清華六·太伯乙06 亦虔(吾)先君之力也

清華六·太伯乙06 枼(世)及虔(吾)先君武公

清華六·太伯乙07 枼(世)及虔(吾)先君臧(莊)公

清華六·太伯乙07 虔(吾)达(逐)王於鄢(葛)

清華六·太伯乙08 枼(世)及虔(吾)先君卲(昭)公、剌〈剌〉(厲)公

清華六·太伯乙09 長不能莫(慕)虔(吾)先君之武敽(烈)臧(壯)紅(功)

清華六·太伯乙10 方諫虔(吾)君於外

清華六·太伯乙12 虔(吾)若聑(聞)夫鄙(殷)邦曰

清華六·子儀07 尻(處)虔(吾)以休

清華六·子儀10 虔(吾)可(何)以祭稷

清華七·子犯02 虔(吾)宔(主)好定而敬訏(信)

清華七·子犯 04 虐(吾)宔(主)之式(二)晶(三)臣

清華七·子犯 05 虐(吾)宔(主)弱寺(時)而愳(強)志

清華七·子犯 10 虐(吾)尚(當)觀丌(其)風

清華七·晉文公 04 以虐(吾)晉邦之冎(間)尻(處)栽(仇)戠(讎)之冎(間)

清華七·趙簡子 01 昔虐(吾)子之牆(將)方少

清華七·趙簡子 02 豪(就)虐(吾)子之牆(將)倀(長)

清華七·趙簡子 02 今虐(吾)子既爲寍遅(將)軍巳(已)

清華七·趙簡子 04 虐(吾)子牆(將)不可以不戒巳(已)

清華七·趙簡子 07 昔虐(吾)先君獻公是尻(居)

清華七·趙簡子 08 豪(就)虐(吾)先君襄公

清華七·趙簡子 10 豪(就)虐(吾)先君坪(平)公

清華七·越公 03 虘(吾)君天王

清華七·越公 11 昔虘(吾)先王盍膚(盧)所以克内(入)郢邦

清華七·越公 12 虘(吾)先王邊(逐)之走

清華七·越公 12 虘(吾)先王用克内(入)于郢

清華七·越公 13 虘(吾)舓(始)俴(踐)雩(越)堅(地)以荦=(至于)今

清華七·越公 14 虘(吾)於膚(胡)取伞(八千)人以會皮(彼)死

清華七·越公 16 兹(使)虘(吾)弌(二)邑之父兄子弟

清華七·越公 49 句虘(吳)

清華八·邦道 25 虘(吾)臥(曷)遠(失)

清華八·邦道 25 此母(毋)乃虘(吾)專(敷)均

清華八·邦道 25 侯〈医〉(殹)虘(吾)乍(作)事

清華八・邦道 26 侯〈医〉(殹)虐(吾)秅(蕪)稅

清華八・邦道 26 医(殹)(繄)虐(吾)爲人皋(罪)庆

清華八・邦道 19 虐(吾)幾(豈)惡(愛)□

～，與 、、、、同，由"虎"(![])形演變而來，是在![]形下加一橫畫。古文字常常在"人"形的下部加一橫畫，參黃德寬文。

清華"於虐"，讀爲"嗚呼"，歎詞。參上。

清華一・金縢 02 "未可以感(戚)虐(吾)先王"，今本《書・金縢》作"未可以戚我先王"。

清華二・繫年 015 "邾虐"，讀爲"朱圉"，地名。見《書・禹貢》雍州"西傾、朱圉、鳥鼠，至于太華；熊耳、外方、桐柏，至于陪尾。"《漢書・地理志》："天水郡……冀，《禹貢》朱圉山在縣南梧中聚。莽曰冀治。"在今甘肅甘谷縣西南。

清華三・良臣 06 "龠寺虐"，讀爲"管夷吾"。管仲名夷吾，古常云"管龠"，簡文"龠"疑爲"管"字之誤。管仲，管嚴之子，名夷吾，字仲，諡敬仲，齊稱仲父。詳見《史記・管晏列傳》。

清華五・三壽 04、05、07、08 "虐䚽夫"，讀爲"吾聞夫"。《國語・周語上》："吾聞夫犬戎樹惇，帥舊德而守終純固，其有以禦我矣！"

清華六・孺子"虐先君"，讀爲"吾先君"。《左傳・隱公十一年》："吾先君新邑於此，王室而既卑矣，周之子孫日失其序。"

清華七・趙簡子"虐子"，讀爲"吾子"，敬愛之稱。《儀禮・士冠禮》："某有子某，將加布於其首，願吾子之教之也。"鄭玄注："吾子，相親之辭。吾，我也；子，男子之美稱。"簡文指范獻子對趙簡子的尊稱。

清華七・越公 49 "句虐"，讀爲"句吾"，或作句無。《國語・吳語》："句踐之地，南至於句無，北至於禦兒，東至於鄞，西至於姑蔑，廣運百里。"

清華"虐"，讀爲"吾"，我，第一人稱代詞。

虖

 清華一·程寤 04 於（嗚）虖（呼）

 清華一·程寤 06 於（嗚）虖（呼）

 清華一·程寤 08 於（嗚）虖（呼）

 清華一·保訓 07 於（嗚）虖（呼）

 清華一·保訓 09 於（嗚）虖（呼）

 清華一·皇門 01 於（嗚）虖（呼）

清華一·皇門 12 於（嗚）虖（呼）

 清華二·繫年 019 赤鄳（翟）王峀虖记（起）肖（師）伐壟（衛）

清華二·繫年 051 乃伓（抱）靁（靈）公以虖（號）于廷曰

 清華五·封許 07 於（嗚）虖（呼）

清華六·子儀 01 既敗（敗）於虖（殽）

清華五·命訓03［能］母(毋)諻(懲)虞(乎)

清華五·命訓03 能亡(無)俚(恥)虞(乎)

清華五·命訓04 能母(毋)懂(勸)虞(乎)

清華五·命訓05 能母(毋)忎(恐)虞(乎)

清華六·子產15 不以虞(虐)出民力

清華七·子犯02 母(毋)乃猷(猶)心是不跂(足)也虞(乎)

清華七·子犯04 母(毋)乃無良左右也虞(乎)

清華七·趙簡子11 攷(侈)之龠(儉)虞(乎)

清華八·邦政11 亓(其)穎(類)不長虞(乎)

清華八·邦道25 是亓(其)不旹(時)虞(乎)

清華八·邦道26 是亓(其)疾至(重)虞(乎)

清華八·邦道27 而上弗智(知)虞(乎)

清華八·心中 03 不唯㥨（謀）而不厇（度）虐（乎）

　　清華八·邦道 26 已（己）旿（乎）不再（稱）虐（乎）

～，與、、、、同。或作![]，从"虍"。《説文·口部》："唬，虎聲也。从口、虎。讀若暠。"段玉裁注："唬，當讀呼，去聲，亦讀如鏵字，从虎、口，虎亦聲也。"《説文通訓定聲》："叚借爲號。"《集韻》："號，《説文》：'呼也。'或作諕，亦作皋、號、唬。"清代宋保《諧聲補逸》："《説文》諕、號、唬三字皆从虎聲。古音魚、虞、模部内字多由藥、鐸轉入蕭、宵、肴、豪韻中。《楚辭·大招》：'青春受謝，白日昭只。春氣奮發，萬物遽只。冥凌浹行，魂無逃只。魂魄歸來，無遠遙只。'招、逃、遙與遽爲韻。《荀子·哀公篇》云'君號然也'，《家語》作'君胡然也'。楊倞注云：'聲近字遂誤耳。'皆足爲唬從虎聲之證。"（劉樂賢）

　　清華二·繫年 019"赤鄻（翟）王峀虐"，杜預《春秋經傳集解後序》引《紀年》："衛懿公及赤翟戰于洞〈泂〉澤。"《左傳·閔公二年》："及狄人戰于熒澤，衛師敗績，遂滅衛。"

　　清華二·繫年 051"乃伓需公以虐于廷曰"，讀爲"乃抱靈公以號于廷曰"。《左傳·文公七年》："穆嬴日抱大子以啼于朝。"《史記·晉世家》："太子母繆嬴日夜抱太子以號泣於朝。"

　　清華六·子儀 01"既敗於虐"，讀爲"既敗於殽"，秦敗於殽之後。《左傳·僖公三十二年》杜預注："殽在弘農澠池縣西。"當今河南洛寧縣西北。《左傳·僖公三十三年》："夏四月辛巳，敗秦師于殽，獲百里孟明視、西乞術、白乙丙以歸。"

　　清華五·命訓 03、04、05"虐"，讀爲"乎"。《左傳·僖公二十六年》："齊侯曰：'魯人恐乎？'"

　　清華六·子産 15"虐"，讀爲"虐"。《淮南子·覽冥》"天不夭於人虐也"，高誘注："虐，害也。"

　　清華"虐"，讀爲"乎"，句尾語氣詞，表疑問。相當於"嗎"。《論語·八佾》："管仲儉乎？"

　　清華"於虐"，讀爲"嗚呼"，歎詞。参上。

嵞

清華二·繫年048 襄公新（親）衝（率）𠂤（師）御（禦）秦𠂤（師）于嵞（崤）

～，从"山"，"㞕"聲，"崤"字異體。

清華二·繫年048"嵞"，即"崤"，讀爲"殽"，地名。《左傳·僖公三十二年》："晉人禦師必于殽。"杜預注："殽在弘農澠池縣西。"當今河南省洛寧縣西北。《左傳·僖公三十三年》："夏四月辛巳，敗秦師于殽，獲百里孟明視、西乞術、白乙丙以歸，遂墨以葬文公。"《史記·晉世家》："九年冬，晉文公卒，子襄公歡立……襄公墨衰絰。四月，敗秦師于殽，虜秦三將孟明視、西乞秫、白乙丙以歸。遂墨以葬文公。"

嵞

清華六·子儀20 迵（通）之于嵞（殽）道

～，从"山"，"虎"聲，與"嵞"爲一字異體。

清華六·子儀20"嵞"，讀爲"殽"，地名。《左傳·文公三年》："秦伯伐晉，濟河焚舟，取王官及郊。晉人不出，遂自茅津濟，封殽尸而還。"參上。

遽

清華七·越公17 用事（使）徒遽逨（趣）聖（聽）命

《説文·辵部》："遽，傳也。一曰窘也。从辵，豦聲。"

清華七·越公17"遽"，《爾雅·釋言》："遽，傳也。"《禮記·玉藻》："士曰傳遽之臣，於大夫曰外私。"鄭玄注："傳遽，以車馬給使者也。""徒遽"表示徒步、坐車的使者。《國語·吳語》："吳王親對之曰：天子有命，周室卑約，貢獻莫入，上帝鬼神而不可以告。無姬姓之振也，徒遽來告。孤日夜相繼，匍匐就君。"韋昭注："徒，步也。遽，傳車也。"《吳越春秋·夫差内傳》："吳王親對曰：天子有命，周室卑弱，約諸侯貢獻，莫入王府，上帝鬼神而不可以告。無姬姓之所振,懼,遣使來告。冠蓋不絕於道。""徒遽"相當於"使"。簡文"用事(使)徒遽趣聖(聽)命於……"一句意謂"因此派遣徒步的使者、坐車的使者趕緊聽命於……"(胡敕瑞)

遽

清華八·攝命 05 母(毋)遽(遞)才(在)服

~,從"辵","虍"聲,"遞"之異體。

清華八·攝命 05"母遽",讀爲"毋遞"。《説文·辵部》:"遞,更易也。""毋遞",與勿替義近。中山王鼎(《集成》02840)"毋替厥邦"。《詩·小雅·楚茨》:"勿替引之。"《書·召誥》:"式勿替有殷歷年。"或説讀爲"虢(弛)",訓爲懈怠。

琥

清華四·筮法 57 爲弓、琥、玩(璜)

《説文·玉部》:"琥,發兵瑞玉,爲虎文。從玉、從虎,虎亦聲。《春秋傳》曰:'賜子家雙琥。'"

清華四·筮法 57"琥",雕成虎形的玉器。《周禮·春官·大宗伯》:"以玉作六器,以禮天地四方……以白琥禮西方。"《左傳·昭公三十二年》:"賜子家子雙琥。"孔穎達疏:"蓋刻玉爲虎形也。"

虜

清華一·楚居 12 盇(闔)虜(廬)内(入)郢

~,從"力""毌","虍"聲。《説文·毌部》:"虜,獲也。從毌從力,虍聲。"

清華一·楚居 12"盇虜",張家山漢簡作"蓋盧",即吳王闔廬。公元前五〇六年,吳王闔廬用伍子胥、孫武等人之謀,攻入郢都。《左傳·定公四年》:"闔廬之弟夫槩王晨請於闔廬……楚人爲食,吳人及之,奔。食而從之,敗諸雍澨,五戰及郢……庚辰,吳入郢,以班處宮。"

虜

 清華二・繫年 084 吳王盍（闔）虜（盧）乃歸（歸）

 清華二・繫年 109 與吳王盍（闔）虜（盧）伐楚

 清華二・繫年 110 盍（闔）虜（盧）即殜（世）

～，從"力"，"虎"聲。

清華二・繫年"盍虜"，即吳王闔廬。參上。

梠

 清華一・皇門 01 穢（蔑）又（有）耆耇梠（慮）事鳴（屏）朕立（位）

～，與上博六・用 14 同，從"木"，"虎"聲。

清華一・皇門 01"梠"，讀爲"慮"，《説文》："謀思也。"今本《逸周書・皇門》作"下邑小國克有耆老據屏位"。

遞

 清華五・封許 08 女（汝）亦佳（惟）橐（淑）章尔遞（慮）

～，從"辵"，"梠"聲。"辵"所從"彳"與"虍"頭共用筆畫，所從"止"與"木"共用筆畫。

清華五・封許 08"遞"，讀爲"慮"，思考，謀劃。《説文・思部》："慮，謀思也。"《書・太甲下》："弗慮胡獲，弗爲胡成。"《史記・淮陰侯列傳》："智者千慮，必有一失；愚者千慮，亦有一得。"

・ 1289 ・

虛

清華六·管仲 27 陞(地)室(壙)虛

清華六·子產 22 虛言亡(無)實(實)

清華七·越公 22 怀虛宗宙(廟)

清華八·邦道 01 以返(及)祓(滅)由虛丘

～，與(上博三·亙10)、(上博五·三11)同。《說文·丘部》："虛，大丘也。崑崙丘謂之崑崙虛。古者九夫爲井，四井爲邑，四邑爲丘。丘謂之虛。从丘，虍聲。"段玉裁注："'丘''虛'語之轉。《易·升》九三'升虛邑'，馬云：'虛，丘也。'虛猶聚也，居也。引申爲虛落，今作'墟'。"

清華六·管仲 27"室虛"，讀爲"壙虛"，空地，荒地。《管子·五輔》："實壙虛，墾田疇，修牆屋，則國家富。"

清華六·子產 22"虛言亡實"，即"虛言無實"。《管子·明法解》："言而無實者，誅；吏而亂官者，誅。是故虛言不敢進，不肖者不敢受官。"

清華七·越公 22"怀虛"，或讀爲"背虛"，抛棄使虛空。（石小力）

或讀爲"圮虛"。《書·堯典》："方命圮族。"孔傳："圮，毀。""虛"，讀爲"墟"，毀爲廢墟。《墨子·非攻中》："今萬乘之國，虛數於千，不勝而入。""圮墟"，同義詞聯用。

清華八·邦道 01"虛丘"，即"丘虛"，又作"丘墟"，廢墟，荒地。《管子·八觀》："衆散而不收，則國爲丘墟。"《史記·李斯列傳》："紂殺親戚、不聽諫者，國爲丘墟，遂危社稷。"簡文"滅由虛丘"，指國家被夷滅而成廢墟。

虗

清華四·筮法 01 六虗（虛）

清華四·筮法 03 五虗（虛）同

清華四·筮法 04 弌（一）虗（虛）

～，从"丘"，从"虍"，疑即虛字。

清華四·筮法"虗"，即"虛"。《易·繫辭下》："周流六虛。"王弼注："六虛，六位也。"此處前一卦例，合觀左右，初至上六爻之位均有陽爻，故云"六虛"。後一卦例，則其兩上卦的中間一爻沒有陽爻，故云"五虛"。左下卦惟有一陽爻，故爲"同一虛"。

戲

清華三·芮良夫 04 圂（滿）溋（盈）、康戲而不智夁（嗇）告

清華五·三壽 25 昏（晦）則……戲（虐）怪（淫）自嘉而不縷（數）

清華六·管仲 19 或（又）以民戲（害）

《說文·戈部》："戲，三軍之偏也。一曰兵也。从戈，虗聲。"

清華三·芮良夫 04"戲"，遊戲、逸樂。《書·西伯戡黎》："非先王不相我後人，惟王淫戲用自絕。"孫星衍疏："言王遊戲自絕於天。"《史記·孔子世家》："孔子爲兒嬉戲，常陳俎豆，設禮容。"

清華五·三壽 25"戲"，讀爲"虐"，戲謔。《書·西伯戡黎》："惟王淫戲用自絕。"《史記·殷本紀》作"維王淫虐用自絕"。

清華六·管仲 19"或以民戲",讀爲"又以民害"。或讀爲"虐",殘害,侵凌。《書·洪範》:"無虐煢獨,而畏高明。"孔傳:"單獨者不侵虐之。"

膚

清華七·越公 11 昔虐(吾)先王盍(闔)膚(盧)所以克內(入)郢邦

清華七·越公 14 虐(吾)於膚(胡)取伞(八千)人以會皮(彼)死

～,與（上博二·魯 4）、（上博四·柬 3）同,"臚"字異體。《説文·肉部》:"臚,皮也。從肉,盧聲。𦢊,籀文臚。"

清華七·越公 11"盍膚",讀爲"闔盧",參上。
清華七·越公 14"膚",讀爲"胡",疑問代詞。

慮

清華八·邦道 09 必慮耑(前)退

清華八·邦道 10 孚(免)亞(惡)慮敚(美)

～,與（上博五·姑 7）、（郭店·緇衣 33）同,從"心","膚"聲,《説文》以"膚"爲"臚"之古文,而"臚""慮"均從"虐"聲,"慮"字異體。

清華八·邦道 09"必慮耑退",即"必慮前退"。《大戴禮記·武王踐阼》:"見爾前,慮爾後。"
清華八·邦道 10"慮",《爾雅·釋詁》:"謀也。"

尻

清華一·楚居 01 乇(宅)尻(處)爰波

清華一·楚居 01 尻（處）于方山

 清華一·楚居 02 先尻（處）于京宗

 清華一·楚居 11 以爲尻（處）於章［華之臺］

 清華一·楚居 14 以爲尻（處）於䓵澫

 清華一·楚居 15 以爲尻（處）於㭍郢

 清華三·赤鵠 07 帝命二黃它（蛇）與二白兔尻（處）句（后）之寢

（寢）室之棟

 清華三·赤鵠 08 共尻（處）句（后）之牀下

 清華三·赤鵠 11 尻（處）句（后）之寢（寢）室之棟

 清華三·赤鵠 12 共尻（處）句（后）之牀下

 清華四·筮法 11 亞（惡）肴（爻）尻（處）之

 清華四·筮法 14 亞（惡）肴（爻）尻（處）之

清華六・孺子04 凥（處）於鄘（衛）三年

清華六・太伯甲06 女（如）容袿（社）之凥（處）

清華六・太伯乙06 女（如）容袿（社）之凥（處）

清華六・子儀07 凥（處）虐（吾）以休

清華六・子儀14 級（給）織不能官凥

清華七・子犯01 凥（處）女（焉）三戠（歲）

清華七・晉文公04 以虐（吾）晉邦之闊（間）凥（處）戠（仇）戠

（讎）之闊（間）

清華七・趙簡子07 昔虐（吾）先君獻公是凥（居）

清華七・越公55 穌（唯）立（位）之宷（次）凥

清華八・邦政13 具凥亓（其）饗（昭）

清華八・處位01 邦豪（家）凥（處）立（位）

清華八·處位 02 女(如)歬(前)凥(處)既奴(若)無觡(察)

清華八·心中 01 凥(處)身之中以君之

～，與 ■(上博二·容 25)、■(上博三·周 26)同。《説文·几部》："凥，處也，从尸得几而止。《孝經》曰：'仲尼凥。'凥，謂閒居如此。"

清華一·楚居 01、02、11、15，清華三·赤鵠 07、08、11、12，清華四·筮法 11、14，清華六·孺子 04"凥"，即"處"，居住，居於，處在。《易·繫辭下》："上古穴居而野處，後世聖人易之以宫室。"《史記·樗里子甘茂列傳》："昔曾參之處費，魯人有與曾參同姓名者殺人。"

清華六·太伯甲 06、太伯乙 06"女容袿之凥"，讀爲"如容社之處"。《國語·鄭語》言鄭桓公"乃東寄帑與賄，虢、鄶受之，十邑皆有寄地"，或即簡文所謂"容社之處"。

清華六·子儀 14"官凥"，見於張家山漢簡《史律》："卜學童能諷書史書三千字，征卜書三千字，卜九發中七以上，乃得爲卜，以爲官處。"

清華七·子犯 01"凥女三歲"，讀爲"處焉三歲"。《史記·晉世家》："居楚數月，而晉太子圉亡秦，秦怨之；聞重耳在楚，乃召之。"

清華七·晉文公 04"以虔晉邦之閒凥戜戜之閒"，讀爲"以吾晉邦之間處仇讎之間"。《左傳·襄公九年》："天禍鄭國，使介居二大國之間。"

清華七·趙簡子 07"昔虖(吾)先君獻公是凥"之"凥"，讀爲"居"。郭店·老丙 9："故殺[人衆]，則以哀悲蒞之，戰勝則以哀禮居之。"

清華七·越公 55"宎凥"，讀爲"次凥"，次舍。《周禮·天官·宫正》："次舍之衆寡。"孫詒讓《正義》："凡吏士有職事常居宫内者爲官府，官府之小者爲舍。"或讀爲"次緒"或"次序"。（段凱）

清華八·處位 01"凥立"，讀爲"處位"。《韓非子·姦劫弑臣》："處位治國，則有尊主廣地之實。"

清華八·心中 01"凥身之中以君之"，即"處身之中以君之"，指心處身之中而爲身之主宰。

屋

清華五·湯丘 01 湯屋（處）於湯（唐）至（丘）

清華五·湯丘 15 不屋（居）矣（疑）

～，從"土"，"尸"聲，"尸"字異體。

清華五·湯丘 01 "屋"，即"尸"（處），居住，居於，處在。參上。

清華五·湯丘 15 "不屋矣"，讀爲"不居疑"。《論語·顏淵》："居之不疑。"

唇（暑）

清華八·邦道 12 寒唇（暑）

～，與（上博八·志4）、（郭店·緇衣9）同，從"日"，"尸"聲，"暑"字異體。《説文·日部》："暑，熱也。從日，者聲。"

清華八·邦道 12 "寒唇"，即"寒暑"，冷和熱，寒氣和暑氣。《左傳·襄公十七年》："吾儕小人皆有闔廬以避燥濕寒暑。"《荀子·榮辱》："骨體膚理辨寒暑疾養。"

曉紐兩聲

賈

清華二·繫年 046 奠（鄭）之賈人弦高牺（將）西市

清華二·繫年 128 競（景）之賈與豎（舒）子共戠（止）而死

清華三·說命下 07 若賈,女(汝)母(毋)非貨女(如)戠(埴)石

 清華五·命訓 09 亟(極)賞則民賈亓上

 清華七·越公 38 □□□而□(價)賈女(焉)

 清華七·越公 38 凡市賈爭訟

 清華七·越公 42 市賈

 清華八·邦道 16 價歔(守)賈價(鬻)聚賜(貨)

～,與 同。《說文·貝部》:"賈,賈市也。从貝,襾聲。一曰坐賣售也。"

清華二·繫年 046"奠之賈人弦高牆西市",讀爲"鄭之賈人弦高將西市"。參《左傳·僖公三十三年》:"三十三年春,秦師……及滑,鄭商人弦高將市於周,遇之。""賈人",商人。《國語·越語上》:"臣聞之,賈人夏則資皮,冬則資絺,旱則資舟,水則資車,以待乏也。"韋昭注:"賈人,買賤賣貴者。"

清華二·繫年 128"競之賈",讀爲"景之賈",人名,楚公族,楚平王謚競(景)平,平王之後以"景"爲氏。楚青銅器有"競(景)坪王之定"(《集成》00037)。

清華三·說命下 07"若賈",如果做買賣。《韓非子·五蠹》:"長袖善舞,多錢善賈。"

清華五·命訓 09"亟(極)賞則民賈亓上",今本《逸周書·命訓》作"極賞則民賈其上"。

清華七·越公 38"價賈",賣買。《左傳·昭公二十九年》:"平子每歲賈馬,具從者之衣履,而歸之于乾侯。"杜預注:"賈,買也。"

清華七·越公38、42"市賈",市肆中的商人。《左傳·昭公十三年》:"同惡相求,如市賈焉。"

清華八·邦道16"賈鬻",讀爲"賈鬻",買賣。《文選·劉孝標〈廣絕交論〉》:"凡斯五交,義同賈鬻。"李善注:"杜預《左氏傳》注曰:'賈,買也。'鄭衆《周禮》注曰:'鬻,賣也。'"《逸周書·小開》:"賈粥不讎。"

覍

 清華八·邦道26 則覍(價)贾(賈)亓(其)臣臣(僕)

～,從"爪","賈"聲,"賈"字異體。由於"爪"佔據了"賈"上部的位置,所以"賈"有省形。

清華八·邦道26"覍覍",即"價買",買賣,交易。《周禮·地官·司市》:"以量度成賈而徵價。"賈公彥疏:"價,買之。物賈定,則召買者來。"

價

 清華八·邦道16 價獸(守)賈覍(鬻)聚賜(貨)

《說文·人部》:"價,物直也。從人、賈,賈亦聲。"

清華八·邦道16"價",即賈人。《周禮·天官·序官》:"賈八人。"鄭玄注:"賈主市買,知物賈。"

曉紐霍聲歸雨聲

匣紐乎聲

乎

 清華八·攝命32 王乎(呼)乍(作)冊任冊命白(伯)䎃(攝)

～,與古文字"平"形近。《說文·兮部》:"乎,語之餘也。從兮,象聲上越揚之形也。"

清華八·攝命32"乎",讀爲"呼",指命令,吩咐。《儀禮·特牲饋食禮》:"凡祝呼佐食,許諾。"鄭玄注:"呼,猶命也。"

虖

 清華五·厚父09 於(嗚)虖(呼),天子!

~,所從"虍""乎"均是聲符,"乎"可以看作和"虍"共用筆畫。《說文·虍部》:"虖,哮虖也。从虍,乎聲。"

清華五·厚父09"於虖",讀爲"嗚呼",歎詞。

匣紐于聲

于

清華一·尹至03 見章于天

清華一·尹至05 顕(夏)衆民内(入)于水曰嘼(戰)

清華一·尹誥02 毕(厥)辟复(作)悁(怨)于民

清華一·尹誥03 虗(吾)可(何)复(祚)于民

清華一·尹誥04 乃至(致)衆于白(亳)审(中)邑

清華一·程寤01 廼少=(小子)琧(發)取周廷梓(梓)梪(樹)于毕(厥)閒(間)

清華一·程寤03 忻(祈)于六末山川

清華一·程寤03 攻于商神

清華一·程寤03 占于明堂

清華一·程寤04 受商命于皇帝=(上帝)

清華一·程寤07 逑(芇)于商

清華一·保訓04 親勘(耕)于鬲(歷)茅(丘)

清華一·保訓05 不諱(違)于庶萬眚(姓)之多欲

清華一·保訓05 聿(厥)又(有)攸(施)于上下遠埶(邇)

清華一·保訓08 昔散(微)叚(假)中于河

清華一·保訓08 迺(乃)追(歸)中于河

清華一·保訓09 至于成康(湯)

清華一·耆夜01 乃飲(飲)至于文大(太)室

清華一·耆夜 10 蚰（蟋）蟀（蜶）趯（躍）隓（降）于[尚]（堂）

清華一·金縢 04 命于帝廷（廷）

清華一·金縢 05 以奠（定）尔（爾）子孫于下埅（地）

清華一·金縢 06 自以弋（代）王之敚（説）于金𫲣（縢）之匱

清華一·金縢 07 乃流言于邦曰

清華一·皇門 02 今我卑（譬）少（小）于大

清華一·皇門 02 則不共于卹

清華一·皇門 03 膳（羞）于王所

清華一·皇門 03 自釐（釐）臣至于又（有）貧（分）厶（私）子

清華一·皇門 05 以瀕（賓）右（佑）于上

清華一·皇門 07 至于氒（厥）逡（後）嗣立王

清華一·皇門 07 乃隹（維）訟=（急急）疋（胥）區（驅）疋（胥）敺

（教）于非彝

清華一·皇門 08 以餥（問）求于王臣

清華一·皇門 12 監于茲

清華一·皇門 13 輔余于險

清華一·皇門 13 嚳（閱）余于淒（濟）

清華一·祭公 06 孳（茲）由（迪）諯（襲）𡥈（學）于文武之曼惪

（德）

清華一·祭公 12 我亦走（上）下卑于文武之受命

清華一·祭公 14 藍（監）于頭（夏）商之既敗（敗）

清華一·祭公 14 至于萬啻（億）年

清華一·祭公 19 我亦不以我辟歘（陷）于戀（難）

清華一·祭公 19 弗遠（失）于政

清華一·楚居 01 氐（抵）于空（穴）窮

清華一·楚居01 遊(前)出于喬山

清華一·楚居01 凥(處)于方山

清華一·楚居02 先凥(處)于京宗

清華一·楚居03 妣隹賓于天

清華二·繫年002 柬(厲)王大瘧(虐)于周

清華二·繫年002 卿杢(士)、者(諸)正、萬民弗刃(忍)于
(厥)心

清華二·繫年003 乃歸柬(厲)王于敃(彘)

清華二·繫年003 龏(共)白(伯)和歸于宋〈宗〉

清華二·繫年004 戎乃大敗(敗)周自(師)于千畮(畝)

清華二·繫年005 周幽王取(娶)妻于西繡(申)

清華二·繫年005 孚(褒)台(姒)辟(嬖)于王

清華二·繫年006 回（圍）坪（平）王于西繡（申）

清華二·繫年007 邦君者（諸）正乃立幽王之弟舍（余）臣于虢

（虢）

清華二·繫年008 晉文侯戴（仇）乃殺惠王于虢（虢）

清華二·繫年008 邦君者（諸）侯女（焉）舍（始）不朝于周

清華二·繫年009 晉文侯乃逆坪（平）王于少鄂（鄂）

清華二·繫年009 立之于京自（師）

清華二·繫年009 止于成周

清華二·繫年010 晉人女（焉）舍（始）啓于京自（師）

清華二·繫年011 齊襄公會者（諸）侯于首趾（止）

清華二·繫年012 楚文王以啓于灘（漢）旛（陽）

清華二·繫年013 乃執（設）三監于殷

 清華二·繫年 014 飛曆(廉)東逃于商盍(蓋)氏

 清華二·繫年 015 西𨞪(遷)商盍(蓋)之民于邾虐

 清華二·繫年 015 止于成周

 清華二·繫年 017 周成王、周公既𨞪(遷)殷民于洛邑

 清華二·繫年 018 乃先建壴(衛)弔(叔)垄(封)于庚(康)丘

 清華二·繫年 018 壴(衛)人自庚(康)丘𨞪(遷)于沂(淇)壴(衛)

 清華二·繫年 020 𨞪(遷)于曹

 清華二·繫年 021 伐衛于楚丘

 清華二·繫年 022 衛人自楚丘𨞪(遷)于帝丘

 清華二·繫年 023 賽(息)爲(媯)牁(將)歸于賽(息)

 清華二·繫年 024 賽(息)爲(媯)乃内(入)于郙(蔡)

· 1305 ·

清華二·繫年024 乃史（使）人于楚文王曰

清華二·繫年032 惠公奔于梁

清華二·繫年033 秦穆公乃内惠公于晉

清華二·繫年034 至于梁城

清華二·繫年035 秦公衒（率）自（師）与（與）惠公戬（戰）于馯（韓）

清華二·繫年035 惠公女（焉）以亓（其）子褱（懷）公爲執（質）于秦

清華二·繫年038 秦人记（起）自（師）以内文公于晉

清華二·繫年044 述（遂）朝周襄王于衡澭（雍）

清華二·繫年048 襄公新（親）衒（率）自（師）御（禦）秦自（師）于嵞（崤）

清華二·繫年051 乃命左行瘍（蔑）与（與）陁（隨）會卲（召）襄公之弟癰（雍）也于秦

清華二·繫年 051 乃俈(抱)霝(靈)公以唐(號)于廷

清華二·繫年 052 而卲(召)人于外

清華二·繫年 054 敗之于瘝〈䘏〉岳(陰)

清華二·繫年 055 秦公以戬(戰)于䘏岳(陰)之古(故)

清華二·繫年 056 王會者(諸)侯于犮(厥)貉(貉)

清華二·繫年 058 史(使)孫(申)白(伯)亡(無)惎(畏)聘(聘)

于齊

清華二·繫年 061 王會者(諸)侯于醽(厲)

清華二·繫年 062 晉成公䢔(卒)于扈

清華二·繫年 064 㱿(席)于楚軍之門

清華二·繫年 065 述(遂)敗晉自(師)于河

清華二·繫年 066 會者(諸)侯于㡭(斷)道

 清華二·繫年066 公命邹(駒)之克先鴋(聘)于齊

 清華二·繫年068 女子芺(笑)于房审(中)

 清華二·繫年069 遖(須)者(諸)侯于凼(斷)㠭(道)

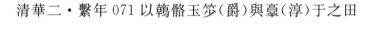 清華二·繫年070 齊三辟(嬖)夫=(大夫)南章(郭)子、䣖(蔡)子、安(晏)子衛(率)自(師)以會于凼(斷)㠭(道)

 清華二·繫年071 敗齊自(師)于焱(靡)开(笄)

 清華二·繫年071 以鶉骼玉笒(爵)與臺(淳)于之田

 清華二·繫年072 齊同(頃)公朝于晉競(景)公

 清華二·繫年074 吳人服于楚

清華二·繫年074 陳公子諲(徵)䣕(舒)取(娶)妻于奠(鄭)穆公

清華二·繫年083 以敓(敗)楚自(師)于白(柏)㠯(舉)

清華二·繫年084 與吳人戩(戰)于析

清華二·繫年094 晉人既殺欒(樂)緹(盈)于曲夭(沃)

清華二·繫年097 明(盟)于宋

清華二·繫年097 明(盟)于鄵(虢)

清華二·繫年098 會者(諸)侯于繡(申)

清華二·繫年103 者(諸)侯同䚇(盟)于鹹泉以反晉

清華二·繫年103 至今齊人以不服于晉

清華二·繫年107 居于州埜(來)

清華二·繫年109 以與吳王曷(壽)夢相見于鄵(虢)

清華二·繫年110 以與夫秦(差)王相見于黃池

清華二·繫年111 以與戉(越)命(令)尹宋䚇(盟)于邧

清華二·繫年113 戉(越)公、宋公敚(敗)齊自(師)于襄坪(平)

清華二·繫年114 宋悼公朝于楚

清華二·繫年 119 采(卒)于戁

清華二·繫年 121 戊(越)公與齊侯貣(貸)、魯侯衎(衍)明(盟)
于魯稷門之外

清華二·繫年 125 朝周王于周

清華二·繫年 126 宋公畋(田)、奠(鄭)白(伯)訐(駢)皆朝于楚

清華三·說命上 01 隹(惟)𠭯(殷)王賜敚(說)于天

清華三·說命上 01 以貨旬(徇)求敚(說)于邑人

清華三·說命上 02 隹(惟)敀(弻)人夒(得)敚(說)于專(傅)厰
(巖)

清華三·說命上 05 敚(說)于𩫈(圍)伐逵(失)审(仲)

清華三·說命上 07 自從事于𠭯(殷)

清華三·說命中 01 武丁朝于門

清華三·說命中 02 漸(漸)之于乃心

清華三·說命中 05 女(汝)隹(惟)孽(茲)敚(說)砥(底)之于乃心

清華三·說命中 07 識(志)之于乃心

清華三·說命下 04 氒(厥)亓(其)您(禍)亦羅于罨罦

清華三·說命下 05 余克亯(享)于朕辟

清華三·說命下 09 虐(吾)乃專(敷)之于百青(姓)

清華三·說命下 10 專(敷)之于朕政

清華三·琴舞 07 㬎(顯)于上下

清華三·琴舞 10 思輔舍(余)于勤(艱)

清華三·琴舞 15 是簋(墜)于若(若)

清華三·芮良夫 01 忈(恆)靜(爭)于稟(富)

清華三·芮良夫 07 母(毋)自縱(縱)于婉(逸)以嚻(遨)

清華三·芮良夫 08 不藍(鑒)于顗(夏)商

清華三·芮良夫16 于可又(有)静(争)

清華三·芮良夫17 尚藍(鑒)于先舊

清華三·芮良夫26 言罙(深)于肙(淵)

清華三·赤鵠01 集于湯之廛(屋)

清華三·赤鵠05 乃逃于顕(夏)

清華三·赤鵠06 于畝(食)亓(其)祭

清華三·赤鵠09 不可亟(極)于筥(席)

清華三·赤鵠10 至于顕(夏)句(后)

清華五·厚父02 能叴(格)于上

清華五·厚父04 不盤于庚(康)

清華五·厚父06 湳涵于非彝

清華五·厚父10 亡㬎(顯)于民

清華五·厚父 11 引（矧）其能丁（貞）良于虐（友）人

清華五·厚父 12 毕（厥）祦（徵）女（如）右（佐）之服于人

清華五·厚父 13 母（毋）湛于酉（酒）

清華五·封許 05 命女（汝）侯于鄦（許）

清華五·封許 07 余既監于殷之不若

清華五·命訓 02 則乇（度）至于亟（極）

清華五·命訓 03 則乇（度）至于亟（極）

清華五·命訓 03 則乇（度）至于亟（極）

清華五·命訓 04 則乇（度）至于亟（極）

清華五·命訓 05 則乇（度）至于亟（極）

清華五·命訓 06 則乇（度）至于亟（極）

清華五·三壽 08 殜=（世世）至于逡（後）飤（嗣）

清華五·三壽 17 非褢（壞）于惔（湛）

清華五·三壽 23 方曼（般）于茖（路）

清華五·三壽 26 迀（急）利嚚（傲）神慕（莫）龏（恭）而不鼻（顧）

于迻（後）

清華六·太伯甲 10 色〈孚〉淫枀（媱）于庚（康）

清華六·太伯乙 09 孚淫枀（媱）于康

清華六·子儀 03 徒㑹（逸）于舊典六百

清華六·子儀 08 余隼（誰）思（使）于告之

清華六·子儀 09 余隼（誰）思（使）于脅之

清華六·子儀 20 週（通）之于虘（殷）道

清華六·子儀 20 斀（豈）于孫＝（子孫）若

清華六·子產 28 以先慇（謀）人以迻（復）于身

清華七·子犯 13 思(懼)不死型(刑)以及于氒(厥)身

清華七·晉文公 07 成之以兔于蒿(郊)三

清華七·越公 05 母(毋)監(絕)雩(越)邦之命于天下

清華七·越公 06 三(四)方者(諸)侯亓(其)或敢不賓于吳邦

清華七·越公 07 余亓(其)必敓(滅)監(絕)雩(越)邦之命于天下

清華七·越公 12 天賜中(衷)于吳

清華七·越公 13 虐(吾)先王用克內(入)于郢

清華七·越公 23 余亓(其)與吳科(播)弃(棄)悁(怨)琞(惡)于潪(海)灒(濟)江沽(湖)

清華七·越公 28 王趽亡(無)好攸(修)于民厽(三)工之堵

清華七·越公 34 于雩(越)邦

清華七·越公 39 或告于王廷

清華七·越公 43 嚞（及）于左右

清華七·越公 45 䛯（問）之于左右

清華七·越公 47 交于王寶（府）厽（三）品

清華七·越公 48 嚞（及）于左右

清華七·越公 48 方和于亓（其）陸（地）

清華七·越公 52 䛯（問）于左右

清華七·越公 54 乃徹（趣）詢（徇）于王宮

清華七·越公 54 王乃大詢（徇）命于邦

清華七·越公 55 秢（唯）立（位）之宋（次）尻、備（服）祴（飾）、群勿（物）品采之侃（愆）于者（故）裳（常）

清華七·越公 56 乃徹（趣）取繆（戮）于遂（後）至遂（後）成

清華七·越公 57 王乃徹（趣）執（設）戍于東㠯（夷）、西㠯（夷）

清華七·越公57 乃彶(趣)取䜴(戮)于逡(後)至不共(恭)

清華七·越公74 天加褍(禍)于吳邦

清華七·越公75 孤余糸(奚)面目以視于天下

清華八·攝命02 余亦闌(橫)于四方

清華八·攝命05 母(毋)悶(慁)于乃佳(唯)沿(沖)子少(小)子

清華八·攝命09 惠于少(小)民

清華八·攝命11 女(汝)有告于余事

清華八·攝命12 女(汝)有退進于朕命

清華八·攝命13 女(汝)母(毋)敢有退于之

清華八·攝命13 女(汝)亦母(毋)敢迖(泆)于之

清華八·攝命14 亦則匄(遏)逆于朕

清華八·攝命16 女(汝)母(毋)敢屭(朋)沇(酗)于酉(酒)

清華八·攝命 17 鮮佳（唯）楚（胥）學于威義（儀）遠（德）

清華八·攝命 18 不迓（之）則䢍（俾）于余

清華八·攝命 20 佳（唯）人乃亦無智（知）亡䉍（聞）于民若否

清華八·攝命 22 不明于民

清華八·攝命 22 亦尚宽（辯）逆于朕

清華八·攝命 23 女（汝）迺尚瞽（祗）逆告于朕

清華八·攝命 32 各于大室

清華八·邦道 01 以不䖒（掩）于志

清華八·邦道 01 以至于邦豪（家）惽（昏）䚔（亂）

清華八·邦道 01 以返（及）于身

清華八·邦道 14 闊固以不壓于上命

清華八·邦道 25 䏦（靖）悈（殛）以智（知）之于百眚（姓）

清華八·邦道 27 以事之于邦

～，與 、、同。《說文·亏部》："亏，於也。象气之舒亏。从丂、从一。一者，其气平之也。凡亏之屬皆从亏。今變隸作于。"

清華一·尹至 03、程寤 01、保訓 04、楚居 01"于"，介詞，介進動作行爲之所在。

清華一·尹誥 02、程寤 03"于"，介詞，介進動作行爲相關的對象。

清華一·耆夜 10、金縢 06、皇門 03、楚居 01"于"，介詞，介進動作行爲之所至。

清華一·金縢 04"命于帝廷(廷)"，今本《書·金縢》作"乃命于帝庭"。

清華一·金縢 05"以奠(定)尔(爾)子孫于下陞(地)"，今本《書·金縢》作"用能定爾子孫于下地"。

清華一·金縢 06"自以弋(代)王之敓(說)于金絴(縢)之匱"，今本《書·金縢》作"乃納册于金縢之匱中"。

清華一·金縢 07"乃流言于邦曰"，今本《書·金縢》作"管叔及其群弟乃流言於國"。

清華一·皇門 02"今我卑(譬)少(小)于大"，今本《逸周書·皇門》作"命我辟王小至于大"。

清華一·皇門 02"則不共于卹"，今本《逸周書·皇門》作"我聞在昔有國誓王之不綏于卹"。

清華一·皇門 03"膳(羞)于王所"，今本《逸周書·皇門》作"羞于王所"。

清華一·皇門 03"自蚩(蠢)臣至于又(有)貧(分)厶(私)子"，今本《逸周書·皇門》作"其善臣以至于有分私子"。

清華一·皇門 07"于"，介詞，介進動作行爲相關的方式或手段。

清華一·皇門 12"監于茲"，今本《逸周書·皇門》作"監于茲"。

清華一·皇門 13"豎(閱)余于淒(濟)"，今本《逸周書·皇門》作"乃而予于濟"。

清華一·祭公 14"藍(監)于顥(夏)商之既敓(敗)"，今本《逸周書·祭公》作"監于夏商之既敗"。

清華一·祭公 14"至于萬喜（億）年"，今本《逸周書·祭公》作"至于萬億年"。

清華一·祭公 19"我亦不以我辟歉（陷）于戁（難）"，今本《逸周書·祭公》作"我亦維丕以我辟險于難"。

清華一·祭公 19"弗逵（失）于政"，今本《逸周書·祭公》作"不失于正"。

清華一·楚居 01"于"，介詞，介進動作行爲之所自。

清華三·說命中 02、05、07"之于乃心"，《國語·周語上》："夫民慮之于心而宣之於口，成而行之，胡可壅也？"

清華三·說命下 05"余克亯（享）于朕辟"，《書·盤庚上》："茲予大享于先王，爾祖其從與享之。"

清華三·琴舞 07"㬎于上下"，讀爲"顯于上下"。《管子·五輔》："古之聖王，所以取明名廣譽、厚功大業，顯於天下。"

清華五·厚父 02"能嬯于上"，讀爲"能格于上"。《書·君奭》："在太戊，時則有若伊陟、臣扈，格于上帝；巫咸乂王家。"

清華三·芮良夫 08"不藍（鑒）于顕（夏）商"、清華五·封許 07"余既監于殷之不若"，《書·召誥》："我不可不監于有夏，亦不可不監于有殷。"

清華五·命訓 02、03、04、05、06"則厇（度）至于亟（極）"，今本《逸周書·命訓》作"則度至于極"。

清華七·越公 52"䛑于左右"，讀爲"問于左右"。《禮記·檀弓下》："穆公問于子思曰。"

清華七·越公 54"乃徹詢于王宮"，讀爲"乃趣徇于王宮"。《左傳·昭公四年》："王弗聽，負之斧鉞，以徇於諸侯。"

清華七·越公 55"侃于耆棠"，讀爲"愆于故常"。《左傳·昭公二十六年》："至于夷王，王愆于厥身，諸侯莫不並走其望，以祈王身。"

清華七·越公 56、57"廖于"，讀爲"戮于"。《書·甘誓》："弗用命，戮于社，予則孥戮汝。"

清華七·越公 57"王乃徹埶戍于東尸、西尸"，讀爲"王乃趣設戍于東夷、西夷"。《左傳·昭公二十七年》："十二月，晉籍秦致諸侯之戍于周，魯人辭以難。"

清華七·越公 74"天加褙于吳邦"，即"天加禍于吳邦"。《國語·吳語》："天既降禍于吳國。"

清華七·越公 75"孤余系面目以視于天下"，即"孤余奚面目以視于天下"。《國語·吳語》："孤何以視于天下！"

清華八·攝命 02"余亦闐于四方"，讀爲"余亦橫于四方"。《書·泰誓下》:"惟我文考若日月之照臨,光于四方,顯于西土。"

清華八·攝命 09"惠于少民",讀爲"惠于小民"。《書·無逸》:"作其即位,爰知小人之依,能保惠于庶民,不敢侮鰥寡。"

清華五·厚父 13"母(毋)湛于酉(酒)"、清華八·攝命 16"女(汝)母(毋)敢朋(朋)沈(酖)于酉(酒)",《書·微子》:"我祖厎遂陳於上,我用沈酗于酒,用亂敗厥德於下。"

清華八·攝命 32"各于大室",伊簋(《集成》04287)"王各穆大室"。

清華八·邦道 01"以返于身",即"以及于身"。《左傳·昭公十二年》:"王揖而入,饋不食,寢不寐,數日,不能自克,以及于難。"

清華一·皇門 07"至于",引進動作行爲延續或終止的時間。

清華八·邦道 01"以至于",連詞。猶言直至,直到。表示在時間、程度、範圍、數量上的延伸。《左傳·昭公十六年》:"恃此質誓,故能相保,以至于今。"

訏

 清華七·越公 56 㠯(夷)訏䜌(蠻)吳

《説文·言部》:"訏,詭譌也。从言,于聲。一曰訏,䚩。齊楚謂信曰訏。"

清華七·越公 56"㠯訏䜌吳",讀爲"夷譁蠻吳"。"訏",讀爲"譁",喧嘩義。《書·費誓》:"公曰:嗟!人無譁,聽命!"孔傳:"使無喧嘩,欲其靜聽誓命。"《詩·周頌·絲衣》:"不吳不敖,胡考之休。"毛傳:"吳,譁也。"(陳偉)或認爲"訏""吳"是樂器名。或說指欺詐不實。

㝃

清華一·楚居 14 郊(鄢)郢遷(徙)居鄀㝃

清華一·楚居 14 王自鄀㝃遷(徙)郙(蔡)

清華三·祝辭 02 㝃(皋)!旨(詣)五㠯(夷)

吁

清華八·虞夏 02 首備（服）乍（作）吁（冔）

《說文·亏部》："吁，驚語也。从口、亏，亏亦聲。"《說文·号部》："号，痛聲也。从口在丂上。凡号之屬皆从号。"

清華一·楚居 14 "䣞吁"，讀爲"宛橐"，地名。《越絕書·越絕外傳紀策考》："范蠡其始居楚也，生於宛橐，或伍户之虛。"（李家浩、楊蒙生）

清華三·祝辭 02 "吁"，讀爲"皋"。《儀禮·士喪禮》："皋！某復。"鄭玄注："皋，長聲也。"《經傳釋詞》："皋，發語之長聲也。"

清華八·虞夏 02 "吁"，讀爲"冔"，殷代冠名，《說文》作"呼"。《詩·大雅·文王》："厥作祼將，常服黼冔。"鄭箋："冔，殷冠也。"《儀禮·士冠禮》："周弁，殷冔，夏收。"鄭注："收，言所以收斂髮也。"

宇

清華一·楚居 08 乃渭（潰）疆浧之波（陂）而宇人女（焉）

《說文·宀部》："宇，屋邊也。从宀，于聲。《易》曰：'上棟下宇。'㝢，籀文宇从禹。"

清華一·楚居 08 "宇人"，使人居住。《詩·大雅·緜》："古公亶父，來朝走馬。率西水滸，至于岐下。爰及姜女，聿來胥宇。"毛傳："宇，居也。"

羽

清華八·虞夏 01 乍（作）樂《羽（竽）猷（管）》九成

～，从"羽"，"于"聲，"竽"字異體。

清華八·虞夏 01 "羽猷"，讀爲"竽管"，爲夏之樂名。簡文《羽管》九成"，結構與《書·益稷》"《簫韶》九成"相同。《呂氏春秋·仲夏紀》："禹立，勤勞天下，日夜不懈，通大川，決壅塞，鑿龍門，降通瀁水以導河，疏三江五湖，注之東海，以利黔首。於是命皋陶作爲《夏籥》九成，以昭其功。"《淮南子·齊俗》："夏后氏，其社用松，祀户，葬牆置翣，其樂《夏籥》九成、六佾、六列、六英，其服尚青。""夏籥",即"竽管"。"夏""竽"古音均爲影紐魚部字。

清華三·良臣06"龠寺虘",讀爲"管夷吾",即管仲,名夷吾。簡文"龠"或疑爲"管"字之誤。

竽

清華六·太伯甲07 縈厄(軛)鄔(鄢)、竽(邘)之國

清華六·太伯乙06 縈厄(軛)鄔(鄢)、竽(邘)之國

～,與 同。《説文·竹部》:"竽,管三十六簧也。从竹,亏聲。"

清華六·太伯"竽",讀爲"邘",地名,在今河南沁陽縣西北。《左傳·隱公十一年》:"王取鄔、劉、蔿、邘之田于鄭,而與鄭人蘇忿生之田:溫、原、絺、樊、隰郕、欑茅、向、盟、州、陘、隤、懷。"

芋

清華二·繫年056 宋右币(師)芋(華)孫兀(元)欲衺(勞)楚币(師)

清華二·繫年057 宋公爲左芋(盂)

清華二·繫年057 奠(鄭)白(伯)爲右芋(盂)

清華二·繫年060 以芋(華)孫兀(元)爲敦(質)

清華二·繫年088 王或(又)事(使)宋右币(師)芋(華)孫兀

(元)行晉楚之成

～,與芋(上博一‧孔9)、芋(上博五‧三8)、華(上博八‧李2)同。《説文‧艸部》:"芋,大葉實根,駭人,故謂之芋也。从艸,亏聲。"

清華二‧繫年056、060、088"芋孫兀",讀爲"華孫元",即華元,出於宋戴公之後華氏。《左傳‧文公十六年》:"於是華元爲右師。"孔穎達疏:"《世本》云:華督生世子家,家生華孫御事,事生華元,右師是也。"《左傳‧文公七年》:"公子蕩爲司城,華御事爲司寇。"杜預注:"華元父也。"簡文"華元",或認爲應爲華御事之譌。

清華二‧繫年057"宋公爲左芋,奠白爲右芋",讀爲"宋公爲左盂,鄭伯爲右盂"。《左傳‧文公十年》:"宋公爲右盂,鄭伯爲左盂。"杜預注:"盂,田獵陳名。"

雩

清華三‧良臣07 雩(越)王句賤(踐)又(有)大(舌)同(庸)

清華五‧封許02 雩(越)才(在)天下

清華七‧越公03 上帝降□□於雩(越)邦

清華七‧越公05 母(毋)盬(絕)雩(越)邦之命于天下

清華七‧越公06 亦兹(使)句㹡(踐)屬(繼)蔡於雩(越)邦

清華七‧越公06 孤亓(其)銜(率)雩(越)庶眚(姓)

清華七‧越公07 余亓(其)必斁(滅)盬(絕)雩(越)邦之命于天下

清華七・越公 07 勿玆(使)句𧾷戔(踐)𢇍(繼)䆁於雩(越)邦巳(矣)

清華七・越公 09 吴王𦖞(聞)雩(越)使(使)之柔以㢦(剛)也

清華七・越公 10 天不劢(仍)賜吴於雩(越)邦之利

清華七・越公 10 今雩(越)公亓(其)故(胡)又(有)𦅸(帶)甲𠦃(八千)以𦎫(敦)刃皆(偕)死

清華七・越公 13 虘(吾)紿(始)彶(踐)雩(越)墬(地)以𨑒=(至于)今

清華七・越公 15 君雩(越)公不命使(使)人而夫=(大夫)辠(親)辱

清華七・越公 16 交䜤(鬭)吴雩(越)

清華七・越公 18 人𢓉(還)雩(越)百里

清華七・越公 19 孤用忨(願)見雩(越)公

清華七・越公 22 孤或(又)忎(恐)亡(無)良儯(僕)馯(御)翏火於雩(越)邦

清華七·越公24 恣志於雩(越)公

清華七·越公25 使(使)者反(返)命雩(越)王

清華七·越公26 吳人既闌(襲)雩(越)邦

清華七·越公26 雩(越)王句戈(踐)㫃(將)忑(甚)返(復)吳

清華七·越公29 雩(越)王句戈(踐)女(焉)卂(始)复(作)絽(紀)五政之聿(律)

清華七·越公31 雩(越)庶民百眚(姓)乃禹(稱)嘉惷(悚)思(懼)

清華七·越公34 于雩(越)邦

清華七·越公35 塈(舉)雩(越)庶民

清華七·越公36 雩(越)邦乃大多飤(食)

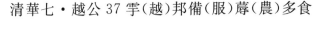清華七·越公37 雩(越)邦備(服)蓐(農)多食

清華七·越公42 凡雩(越)庶民交諓(接)

清華七·越公43 雩（越）則亡（無）訣（獄）

清華七·越公43 舉（舉）雩（越）邦乃皆好訐（信）

清華七·越公44 雩（越）邦備（服）訐（信）

清華七·越公48 舉（舉）雩（越）邦乃皆好塍（徵）人

清華七·越公49 皆誾（聞）雩（越）陞（地）之多飤（食）

清華七·越公49 雩（越）陞（地）乃大多人

清華七·越公50 雩（越）邦皆備（服）塍（徵）人

清華七·越公52 與（舉）雩（越）邦羍=（至于）鄢（邊）還（縣）成（城）市乃皆好兵甲

清華七·越公52 雩（越）邦乃大多兵

清華七·越公53 雩（越）邦多兵

清華七·越公58 雩（越）邦庶民則皆矗（震）僮（動）

清華七·越公 59 王監雩（越）邦之既苟（敬）

清華七·越公 61 乃命軛（范）羅（蠡）、太甬大禹（歷）雩（越）民

清華七·越公 62 雩（越）王句戋（踐）乃命鄹（邊）人聚（聚）息
（怨）

清華七·越公 63 雩（越）王起帀（師）

清華七·越公 63 雩（越）王乃中分亓（其）帀（師）以爲左軍、右軍

清華七·越公 66 雩（越）人分爲二帀（師）

清華七·越公 67 雩（越）王句戋（踐）乃以亓（其）厶（私）卒（卒）
卒＝（六千）敲（竊）涉

清華七·越公 68 雩（越）帀（師）乃因軍吳

清華七·越公 68 吳人昆奴乃内（入）雩＝帀＝（越師，越師）乃述
（遂）闌（襲）吳

清華七·越公 69 昔不穀（穀）先秉利於雩＝（越，越）公告孤請成

清華七·越公 70 許雩（越）公成

清華七·越公 70 旻（得）皋（罪）於雩（越）

清華七·越公 71 昔天以雩（越）邦賜吳

清華七·越公 72 天以吳土賜雩（越）

清華七·越公 75 雩（越）公是聿（盡）既有之

清華七·越公 75 雩（越）公亓（其）事

清華八·攝命 02 雩（越）少（小）大命

清華八·攝命 04 雩（越）四方少（小）大邦

清華八·攝命 04 雩（越）御事庶百又告有眚

清華八·攝命 24 雩（越）朕卲（邵）朕教

～，與 ✿（上博五·鮑 8）、✿（上博一·緇 20）同。《説文·雨部》："雩，夏祭，樂於赤帝，以祈甘雨也。从雨，亏聲。"

清華三·良臣 07"雩王句賤"，清華七·越公 26、29、62、67"雩王句戏"，讀爲"越王勾踐"。

清華五·封許 02"雩才天下"，讀爲"越在天下"。參《書·酒誥》"越在外服""越在內服"。

清華七·越公"雩邦"，讀爲"越邦"，即越國。

清華七・越公49"雩陛",讀爲"越地"。
清華七・越公63"雩王",讀爲"越王"。
清華七・越公25、66"雩人",讀爲"越人"。
清華七・越公68"雩帀",讀爲"越師"。
清華七・越公"雩公",讀爲"越公"。
清華八・攝命02"雩少大命",讀爲"越小大命"。《書・酒誥》:"聰聽祖考之彝訓,越小大德。"
清華八・攝命04"雩四方少大邦",讀爲"越四方小大邦"。《書・酒誥》:"越小大邦用喪,亦罔非酒惟辜。"
清華八・攝命04"雩御事庶百又告有眚"之"雩",讀爲"越",與,和。《書・大誥》:"猷!大誥爾多邦,越爾御事。"清王引之《經傳釋詞・粵越》:"《廣雅》曰:'越,與也。'《書・大誥》曰:'大誥猷!爾多邦,越爾御事。'又曰:'肆予告我友邦君,越尹氏、庶士、御事。'……《周書》'越'字與'與'字同義者甚多,《大誥》一篇而外,不能徧引。"
清華"雩",讀爲"越",古國名。建都會稽(今浙江紹興)。春秋時興起,戰國時滅於楚。《左傳・宣公八年》:"盟吳越而還。"杜預注:"越國,今會稽山陰縣也。"孔穎達疏:"越,姒姓。其先,夏后少康之庶子也。封於會稽,自號於越。於者,夷言發聲也。"

匣紐羽聲

羽

清華三・良臣10 子羽

清華六・子産21 子羽

～,與 (上博四・采4)同。《説文・羽部》:"羽,鳥長毛也。象形。"

清華三・良臣10、清華六・子産21"子羽",孔子弟子澹臺滅明,字子羽。《孔子家語・子路初見》:"澹臺子羽有君子之容,而行不勝其貌;宰我有文雅之辭,而智不充其辯。"《韓非子・顯學》:"故孔子曰:'以容取人乎,失之子羽;以言取人乎,失之宰予。'"

匣紐禹聲

禹

 清華三·良臣 01 舜又(有)禹

 清華五·厚父 01 咸(遹)酮(聞)禹

《説文·内部》:"禹,蟲也。从厹,象形。,古文禹。"

清華三·良臣 01、清華五·厚父 01"禹",姒姓,鯀之子。《史記·夏本紀》:"夏禹,名曰文命。禹之父曰鯀,鯀之父曰帝顓頊,顓頊之父曰昌意,昌意之父曰黄帝。禹者,黄帝之玄孫而帝顓頊之孫也……帝舜薦禹於天,爲嗣。十七年而帝舜崩。三年喪畢,禹辭辟舜之子商均於陽城。天下諸侯皆去商均而朝禹。禹於是遂即天子位,南面朝天下,國號曰夏后,姓姒氏。"《吕氏春秋·行論》:"禹不敢怨,而反事之,官爲司空,以通水潦……"《莊子·天下》:"墨子稱道曰:'昔禹之湮洪水,決江河而通四夷九州也,名山三百,支川三千,小者無數。禹親自操橐耜而九雜天下之川,腓無胈,脛無毛,沐甚雨,櫛疾風,置萬國。'"

匣紐雨聲

雨

 清華三·説命中 04 女(汝)复(作)惡(淫)雨

清華三·芮良夫 21 風雨寺(時)至

 清華四·筮法 12 凸(凡)雨,堂(當)日

清華四•筮法 14 才（在）下，彎（數）而内（入），雨

　清華四•筮法 49 雨帀（師）

　清華四•筮法 61 風雨

　清華四•筮法 62 曰雨

　清華七•子犯 11 若霧雨方奔之而麋雁（膺）女（焉）

　清華八•邦道 06 水覃（旱）雨雺（露）之不尾（度）

　清華八•邦道 06 水覃（旱）雨雺（露）既尾（度）

～，與🈂（上博一•緇 6）、🈂（上博八•蘭 2）同。《說文•雨部》："雨，水从雲下也。一象天，冂象雲，水霝其閒也。🈂，古文。"

清華三•說命中 04"女复惡雨"，讀爲"汝作淫雨"。《國語•楚語上》作"若天旱，用女作霖雨"。"淫雨"，《禮記•月令》："淫雨蚤降。"鄭玄注："淫，霖也。雨三日以上爲霖。"

清華三•芮良夫 21"風雨寺至"，讀爲"風雨時至"。《戰國策•趙一》："甘露降，風雨時至，農夫登，年穀豐盈，衆人喜之，而賢主惡之。"

清華四•筮法 49"雨帀"，讀爲"雨師"，古代傳説中司雨的神。《周禮•春官•大宗伯》："以槱燎祀司中、司命、飌師、雨師。"

清華四•筮法 61"風雨"，颳風下雨。《書•洪範》："月之從星，則以風雨。"

清華八•邦道 06"水覃雨雺"，讀爲"水旱雨露"。"雨露"，雨和露，亦偏指雨水。《管子•度地》："當秋三月，山川百泉踊，降雨下，山水出，海路距，雨露

屬。"《墨子·天志中》:"是以天之爲寒熱也節,四時調,陰陽雨露也時,五穀孰,六畜遂,疾菑戾疫凶饑則不至。"

清華"雨",從雲層中降下地面的水滴。《詩·豳風·東山》:"我來自東,零雨其濛。"《易·説卦》:"雨以潤之。"

匣紐下聲

下

 清華一·保訓 05 氒(厥)又(有)攺(施)于上下遠埶(邇)

 清華一·耆夜 08 臨下之光

 清華一·金縢 05 以奠(定)尔(爾)子孫于下墬(地)

 清華一·祭公 04 尻(宅)下郍(國)

 清華一·祭公 05 尃(敷)聞(聞)才(在)下

 清華一·祭公 12 我亦走(上)下卑于文武之受命

 清華二·繫年 002 尃(敷)政天下

 清華二·繫年 089 爾(弭)天下之戟(甲)兵

 清華二·繫年 097 爾(弭)天下之戟(甲)兵

清華二·繫年107 是下郿（蔡）

清華二·繫年135 與晉自（師）戬（戰）於武易（陽）之城下

清華三·說命下07 上下罔不我義（儀）

清華三·琴舞08 㬎（顯）于上下

清華三·琴舞09 汸=（滂滂）才（在）下

清華三·琴舞11 敬（警）㬎（顯）才（在）下

清華三·祝辭01 又（有）下坐=（湯湯）

清華三·赤鵠03 少（小）臣自堂下受（授）紝亢膗（羹）

清華三·赤鵠08 亓（其）下舍（舍）句（后）疾

清華三·赤鵠08 共尻（處）句（后）之牀下

清華三·赤鵠12 亓（其）下舍（舍）句（后）疾

清華三·赤鵠12 共尻（處）句（后）之牀下

清華四·筮法 13 才(在)下

 清華四·筮法 18 水火相見才(在)下

 清華四·筮法 20 下去弌(一)

 清華四·筮法 35 下軍

 清華四·筮法 53 下爲汏(汱)

 清華四·筮法 61 乍(作)於下

 清華四·筮法 61 上下皆乍(作)

 清華五·厚父 02 乎(呼)命咎(皋)繇(繇)下爲之卿事

 清華五·厚父 05 古天降下民

 清華五·厚父 05 隹(惟)曰其勴(助)上帝䛔(亂)下民

 清華五·厚父 07 隹(惟)寺(時)下民難帝之子

 清華五·封許 02 雩(越)才(在)天下

清華五·三壽 20 上下母（毋）倉（攘）

清華五·三壽 22 天下䵴（甄）禹（稱）

清華五·三壽 24 弋（代）傑（桀）尃（敷）又（佑）下方

清華六·管仲 16 臼（舊）天下之邦君

清華六·管仲 18 以正天下

清華六·管仲 25 天下又（有）亓（其）幾（機）

清華六·子儀 06 亓（其）下之湤=（湨湨）

清華六·子產 14 以成名於天下者

清華六·子產 18 下能弋（式）上

清華六·子產 26 上下䣊（和）咠（輯）

清華七·子犯 14 天下之君子

清華七·越公 05 母（毋）鑾（絕）雩（越）邦之命于天下

清華七·越公07 余亓(其)必戬(滅)盬(絕)雩(越)邦之命于天下

清華七·越公75 孤余絫(奚)面目以視于天下

清華八·邦政06 下贍(瞻)亓(其)上女(如)父母

清華八·邦政06 上下相敐(復)也

清華八·邦政10 下贍(瞻)亓(其)上女(如)寇(寇)戠(讎)矣

清華八·邦政11 上下=譖(絕)悳(德)

清華八·處位03 君乃無從敗(規)下之蟲□

清華八·處位06 下者亓(其)下

清華八·處位06 下者亓(其)下

清華八·邦道05 皮(彼)天下之籲(銳)士

清華八·邦道05 鋈(遠)才(在)下立(位)而不由者

清華八·邦道10 則下不敢悥上

清華八·邦道 15 上有悳（過）不加之於下

清華八·邦道 18 皮（彼）天下亡（無）又（有）阅（閒）民

清華八·天下 01 天下之道弍（二）而改（已）

清華八·天下 02 昔天下之猷（守）者

～，與 ▨（上博二·民 6）、▨（上博六·莊 6）、▨（上博二·容 1）同。《說文·上部》："下，底也。指事。▨，篆文丅。"

清華一·保訓 05"上下"，指鬼神；"遠邇"，指人。（《讀本一》第 94 頁）

清華一·耆夜 08"臨下之光"，《詩·大雅·皇矣》："皇矣上帝，臨下有赫。"

清華一·金縢 05"下墬"，即"下地"，猶下土，天下。《書·金縢》："用能定爾子孫于下地。四方之民，罔不祗畏。"孔傳："言武王用受命帝庭之故，能定先人子孫於天下，四方之民無不敬畏。"《國語·楚語下》："重寔上天，黎寔下地。"韋昭注："言重能舉上天，黎能抑下地。"

清華一·祭公 04"下邦"，即"下國"，天下。《詩·魯頌·閟宫》："奄有下國，俾民稼穡。"《史記·天官書》："五星皆從而聚于一舍，其下國可以禮致天下。"簡文"宅下國"，砢尊（《集成》06014）："余其宅兹中或（國）。"

清華一·祭公 05"尃誧才下"，讀爲"敷聞在下"。《書·文侯之命》："丕顯文、武，克慎明德，昭升于上，敷聞在下；惟時上帝，集厥命于文王。"

清華一·祭公 12"走下"，即"上下"，指君臣上下。

清華二·繫年 002"尃政天下"，讀爲"敷政天下"。《文子·上義》："下事上如父，必政天下。"

清華二·繫年 107"下郏"，讀爲"下蔡"。《文選·宋玉〈登徒子好色賦〉》："嫣然一笑，惑陽城，迷下蔡。"李善注："陽城、下蔡，二縣名，蓋楚之貴介公子所封。"《左傳·哀公元年》（楚昭王二十二年）："楚子圍蔡，報柏舉也……蔡於是乎請遷于吴。"《春秋·哀公二年》:"十有一月,蔡遷于州來。"同年《左傳》:"吴洩庸如蔡納聘。而稍納師。師畢入,衆知之。蔡侯告大夫,殺公子駟以說。哭而遷墓。冬,蔡遷于州來。"蔡本都上蔡,今河南上蔡縣;後遷都新蔡,今河南新蔡縣;最後遷州來。

清華三·説命下 07"上下",《書·堯典》:"曰若稽古帝堯,曰放勳,欽明文思安安,允恭克讓,光被四表,格於上下。"孔傳:"格,至也。既有四德,又信恭能讓,故其名聞充溢四外,至于天地。"

清華三·琴舞 08"㬎(顯)于上下"之"上下",指天神和人間。《國語·周語上》:"夫王人者,將導利而布之上下者也,使神人百物無不得其極。"韋昭注:"上謂天神,下謂人物也。"《詩·周頌·訪落》:"紹庭上下,陟降厥家。"

清華三·琴舞 11"敬(警)㬎(顯)才(在)下",默簋(《集成》04317):"昳在位,作虡在下。"秦公簋(《集成》04315):"昳虡在天"等,敬㬎,讀爲警顯,警告顯示。《詩·大雅·文王》:"明明在下,赫赫在上。"虢叔旅鐘(《集成》00238):"皇考嚴在上,異(翼)在下。"

清華三·祝辭 01"又(有)下",與"又(有)上"相對。

清華三·赤鵠 03"堂下",宮殿、廳堂階下。《公羊傳·宣公六年》:"忔然從乎趙盾而入,放乎堂下而立。"

清華三·赤鵠 08、12"亓(其)下舍(舍)句(后)疾"之"下",《爾雅·釋詁》:"落也。"

清華三·赤鵠 08、12"牀下",牀底下。

清華四·筮法 35"下軍",古代軍事編制稱謂。大國分上、中、下三軍。次國分上、下二軍。《左傳·宣公十二年》:"夏,六月。晉師救鄭……趙朔將下軍,欒書佐之。"《國語·晉語一》:"十六年,公作二軍。公將上軍,太子申生將下軍以伐霍。"

清華四·筮法 61"上下",指上下卦。

清華五·厚父 05、07"下民",百姓,人民。《詩·小雅·十月之交》:"下民之孽,匪降自天。"《史記·循吏列傳》:"使食禄者不得與下民爭利,受大者不得取小。"

清華五·三壽 24"下方",下邊,下面。《史記·龜策列傳》:"故之大卜官,問掌故文學長老習事者,寫取龜策卜事,編于下方。"

清華六·子產 18"下能弋上",讀爲"下能式上",即取法於上。

清華六·子產 26"上下䏦(和)㠯(輯)"之"上下",指君臣。

清華八・邦政 06、10，清華八・邦道 05、10、15"下"，臣下，百姓。《易・泰》："上下交而其志同也。"孔穎達疏："上，謂君也；下，謂臣也。"

清華八・邦政 06、11"上下"，指位分的高低，猶言君臣、尊卑、長幼。

清華八・處位 06"下者亓（其）下"，與"上者亓（其）上"相對，臣在下。

清華"天下"，全國。《書・大禹謨》："奄有四海，爲天下君。"

匣紐夏聲

頤（夏）

清華一・尹至 01 佳（惟）尹自頤（夏）蔓（徂）白（亳）

清華一・尹至 01 余兇（閔）亓（其）又（有）頤（夏）眔□吉好

清華一・尹至 03 頤（夏）又（有）恙（祥）

清華一・尹至 04 女（汝）告我頤（夏）瞳（隱）衒（率）若寺（茲）

清華一・尹至 05 冷（戢）亓（其）又（有）頤（夏）

清華一・尹誥 01 尹念天之敗（敗）西邑頤（夏）

清華一・尹誥 01 頤（夏）自蒽（遏）亓（其）又（有）民

清華一・尹誥 02 我戢（翦）泧（滅）頤（夏）

清華一·尹誥 03 亓（其）又（有）顕（夏）之［金］玉田邑

清華一·祭公 14 藍（監）于顕（夏）商之既斀（敗）

清華二·繫年 017 乃肖（追）念顕（夏）商之亡由

清華三·說命中 03 故（古）我先王泧（滅）顕（夏）

清華三·芮良夫 08 不藍（鑒）于顕（夏）商

清華三·赤鵠 05 乃逃于顕（夏）

清華三·赤鵠 06 顕（夏）句（后）又（有）疾

清華三·赤鵠 07 顕（夏）句（后）之疾女（如）可（何）

清華三·赤鵠 10 至于顕（夏）句（后）

清華三·赤鵠 10 顕（夏）句（后）乃係（訊）少（小）臣曰

清華三·赤鵠 11 顕（夏）句（后）曰

清華三·赤鵠 14 顕（夏）句（后）乃從少（小）臣之言

清華五·三壽 23 䟱（診）顕（夏）之遉（歸）商

 清華七·趙簡子 09 顕（夏）不張籔（箠）

 清華八·邦道 06 皮（彼）萅（春）顕（夏）眯（秋）冬之相受既巡
（順）

 清華八·虞夏 01 顕（夏）后受之

 清華四·筮法 18 顕（夏）見五

 清華四·筮法 30 亡萅（春）顕（夏）眯（秋）冬

 清華四·筮法 31 萅（春）顕（夏）眯（秋）冬

 清華四·筮法 37 顕（夏）：袭（勞）大吉

 清華五·厚父 02 建顕（夏）邦

 清華五·厚父 03 隹（惟）天乃永保顕（夏）邑

 清華五·厚父 03 隹（惟）天乃永保顕（夏）邑

清華五·厚父 04 永保頾(夏)邦

 清華五·湯丘 12 又(有)頾(夏)之惪(德)可(何)若才(哉)

 清華五·湯丘 12 又(有)頾(夏)之惪(德)

 清華五·筲門 20 芚(春)頾(夏)秌(秋)冬

 清華五·湯丘 13 虽(夏)王不曼(得)亓(其)煮(圖)

 清華五·湯丘 13 虐(吾)戒(戡)虽(夏)女(如)刉(台)

 清華五·湯丘 14 句(后)牁(將)君又(有)虽(夏)才(哉)

"夏"字的形體演變如下：像"虫"形的那部分是由"夏"字中像人手臂形的部分訛變而成。或从"它"作""(上博二·民 5)形，是""(上博一·緇 18)形進一步訛變形成的變體。(魏宜輝)《說文·夊部》："夏，中國之人也。从夊从頁从臼。臼，兩手；夊，兩足也。，古文夏。"

清華一·尹至 01"自頾蔓白"，讀爲"自夏徂亳"。參《呂氏春秋·慎大》："湯乃惕懼，憂天下之不寧，欲令伊尹往視曠夏，恐其不信，湯由親自射伊尹。伊尹奔夏三年，反報于亳。"

清華一·尹至 01、05，清華一·尹誥 03"亓又頾"，讀爲"其有夏"，即夏。"其有"是詞頭。

清華一·尹至 04"女告我頾踵衒若寺"，讀爲"汝告我夏隱率若兹"。《呂氏春秋·慎大》："湯謂伊尹曰：'若告我曠夏盡如詩'。"

清華一·尹誥01"尹念天之敗西邑頾"，讀爲"尹念天之敗西邑夏"。《禮記·緇衣》："《尹吉》曰：'惟尹躬天見于西邑夏，自周有終，相亦惟終。'"鄭玄注："《尹吉》，亦《尹誥》也……見，或爲敗；邑，或爲予。"

清華一·尹誥02、清華三·説命中03"我𢦏洍頾""故我先王洍頾"，讀爲"我翦滅夏""古我先王滅夏"。《吕氏春秋·慎大》："湯與伊尹盟，以示必滅夏。"

清華一·祭公14"藍(監)于頾(夏)商之既斀(敗)"，今本《逸周書·祭公》："監于夏商之既敗。"

清華三·赤鵠"頾句"，讀爲"夏后"，指夏國君桀。

清華七·趙簡子09"頾不張蕝"，讀爲"夏不張箑"。《六韜·龍韜》："太公曰：'將冬不服裘，夏不操扇，雨不張蓋，名曰禮將。'"《淮南子·精神》："知冬日之箑、夏日之裘，無用於己，則萬物之變爲塵埃矣。"高誘注："楚人謂扇爲箑。"

清華四·筮法30、31，清華五·帝門20，清華八·邦道06"旾頾䣱冬""萅頾䣱冬""萅頾䣱冬"，即"春夏秋冬"。《管子·四時》："然則春夏秋冬將何行？"

清華八·虞夏01"頾后"，即"夏后"，禹受舜禪而建立的夏王朝。稱夏后氏。亦稱"夏氏""夏后"。《論語·八佾》："夏后氏以松，殷人以柏，周人以栗，曰，使民戰栗。"《左傳·定公四年》："分魯公以大路、大旂，夏后氏之璜，封父之繁弱。"《書·湯誓》："夏氏有罪，予畏上帝，不敢不正。"《史記·夏本紀》："禹於是遂即天子位，南面朝天下，國號曰夏后，姓姒氏。"《爾雅·釋詁》："后，君也。"

清華四·筮法18、37"頾"，即"夏"，夏季。陰曆四月至六月。《書·洪範》："日月之行，則有冬有夏。"

清華五·厚父02、04"頾邦"，即"夏邦"，夏朝。

清華五·厚父03"隹天乃永保頾邑"，讀爲"惟天乃永保夏邑"。《書·湯誓》："夏王率遏衆力，率割夏邑。"

清華五·湯丘13"虽王不旻亓㝬"，讀爲"夏王不得其圖"。《書·湯誥》："夏王滅德作威，以敷虐于爾萬方百姓。"

清華五·湯丘13"虐或虽女刽"，讀爲"吾戡夏如台"。《書·湯誓》："夏罪其如台？"

清華五·湯丘12"又頾"，讀爲"有夏"，夏朝。《書·多方》："亦惟有夏之民叨懫日欽，劓割夏邑。"《書·湯誓》："有夏多罪，天命殛之。"

清華一·尹誥01、清華二·繫年017、清華三·赤鵠05、清華五·三壽23"頾"，即"夏"，朝代名，即夏后氏。參上。

鄏

 清華五·湯丘03 乃與少（小）臣惎（惎）愗（謀）鄏（夏）邦

～，從"邑"，"虽（夏）"聲，"夏"朝之專字。
清華五·湯丘03"鄏邦"，即"夏邦"，夏朝。參上。

匣紐户聲

户

 清華四·筮法49 乃户

 清華八·八氣05 句余亡（芒）衒（率）木以飤（食）於户

～，與 （上博三·周5）同。《説文·户部》："户，護也。半門曰户。象形。，古文户從木。"

清華四·筮法49、清華八·八氣05"户"，五祀中的一種。《論衡·祭意》："五祀報門、户、井、竈、室中霤之功。門、户，人所出入；井、竈，人所飲食；中霤，人所託處。五者功鈞，故俱祀之。"

所

 清華三·良臣02 又（有）伊陟、又（有）臣扈（扈）

～，所從"户""瓜"均爲聲符。
清華三·良臣02"又伊陟、又臣扈"，讀爲"有伊陟、有臣扈"。《書·君奭》："在太戊，時則有若伊陟、臣扈，格于上帝。"《漢書·古今人表》顔師古注伊陟云："伊尹子也。"注臣扈云："亦湯臣。"《書·湯誓》："湯既勝夏，欲遷其社，不可。作《夏社》《疑至》《臣扈》。"

· 1345 ·

扈

 清華二·繫年 062 晉成公芻（卒）于扈

《說文·邑部》："扈，夏后同姓所封，戰於甘者。在鄠，有扈谷、甘亭。從邑，戶聲。 ,古文扈从山丂。"

清華二·繫年 062"扈"，鄭地，今河南原陽西。《春秋·宣公九年》："九月，晉侯、宋公、衛侯、鄭伯、曹伯會于扈"，《左傳·宣公九年》："會于扈，討不睦也。陳侯不會，晉荀林父以諸侯之師伐陳。晉侯卒于扈，乃還。"

所

 清華一·保訓 10 命未又所次（延）

清華一·保訓 10 亓（其）又（有）所由（由）矣

 清華一·金縢 06 周公乃內（納）亓（其）所爲玒（貢）自以弋（代）

王之敓（説）于金𢇛（縢）之匱

 清華一·金縢 14（背）周公所自以弋（代）王之志

 清華一·皇門 03 膳（羞）于王所

 清華一·皇門 04 獻言才（在）王所

清華一·皇門 11 善夫莫達才(在)王所

清華二·繫年 068 所不返(復)頔(仇)於齊

清華三·芮良夫 05 所而弗敬

清華三·芮良夫 08 埜(靡)所告罘(懷)

清華三·芮良夫 18 天之所驢(壞)

清華三·芮良夫 19 天之所杚(支)

清華三·芮良夫 19 民所訧訛(僻)

清華三·芮良夫 21 此隹(惟)天所建

清華三·芮良夫 22 隹(惟)四方所甹(祇)畏

清華三·芮良夫 23 埜(靡)所并(屏)衮(依)

清華三·芮良夫 24 虐(吾)埜(靡)所爰(援)□詣

清華五·厚父 10 隹(惟)所役之司民

清華五·厚父 10 隹(惟)司民之所取

清華五·湯丘 16 不又(有)所蠰

清華五·湯丘 18 遠又(有)所呕

清華五·湯丘 18 裳(勞)又(有)所思

清華五·三壽 26 神民並螽(尤)而九(仇)悁(怨)所聚

清華六·管仲 14 㫃(前)又(有)道之君所以䘵(保)邦

清華六·子產 03 子產所旨(嗜)欲不可智(知)

清華六·子產 06 秝(秩)所以夝(從)即(節)行豊(禮)

清華六·子產 28 以能智(知)亓(其)所生

清華四·筮法 39 乃蠵(惟)兌之所集於四立(位)是視

清華四·筮法 40 軋(乾)、臾(坤)乃各仮(返)亓(其)所

清華五·命訓 10 正(政)之所刟(殆)

清華五·湯丘 15 古先=(之先)聖人所以自惡(愛)

清華五·湯丘 18 䬫(饑)又(有)所飤(食)

清華六·孺子 02 恩(圖)所臤(賢)者女(焉)繡(申)之以龜筶(筮)

清華六·太伯甲 03 所天不豫(舍)白父

清華六·太伯乙 02 所天不豫(舍)白父

清華六·子儀 01 民所安

清華六·子儀 05 徒伃所遊又步里護讙也

清華六·子產 02 又(有)戒所以緔(申)命固立(位)

清華六·子產 04 所以自堯(勝)立审(中)

清華六·子產 06 所以智(知)自又(有)自喪也

清華六·子產 10 臣人非所能不進

清華六·子產 13 先聖君所以徣(達)成邦或(國)也

清華七·子犯 13 用凡君所䎽(問)莫可䎽(聞)

清華七·趙簡子 06 臣不旻(得)䎽(聞)亓(其)所繇(由)

清華七·趙簡子 06 臣亦不旻(得)䎽(聞)亓(其)所繇(由)

清華七·趙簡子 07 亓(其)所繇(由)豊(禮)可䎽(聞)也

清華七·越公 11 昔虐(吾)先王盍膚(盧)所以克內(入)郢邦

清華七·越公 16 孤所旻(得)辠(罪)

清華七·越公 74 唯王所安

清華八·攝命 27 所弗克戠(職)甬(用)朕命朕教

清華八·攝命 28 亦則隹(唯)肈(肇)不諆(咨)逆所(許)朕命

清華八·邦道 02 隹(唯)道之所才(在)

清華八·邦道 15 遊(失)之所才(在)

清華八·邦道 18 君以亓(其)所能衣飤

清華八·邦道 19 民非亓(其)所能

清華八·邦道 23 皮(彼)上有所可感

清華八·邦道 23 有所可惪(喜)

清華八·邦道 24 皮(彼)上之所感

清華八·心中 01 心所爲娪(美)亞(惡)

清華八·心中 01 心所出少(小)大

清華八·心中 02 情母(毋)又(有)所至

清華八·天下 03 所胃(謂)攻者

清華八·天下 05 昔三王者之所以取之₌(之之)器

清華八·天下 06 昔三王之所胃(謂)戟(陳)者

～，與 (上博四·曹 22)、 (上博四·内 6)、 (上博五·鮑 1)同。
《説文·斤部》："所，伐木聲也。从斤，户聲。《詩》曰：'伐木所所。'"

清華一·保訓 10"命未又所次"，讀爲"命未又所延"。《莊子·至樂》："夫若是者，以爲命有所成而形有所適也，夫不可損益。"

清華一·保訓 10"亓又所卣矣"，讀爲"其有所由矣"。《列子·仲尼》："無所由而常生者，道也。由生而生，故雖終而不亡，常也。由生而亡，不幸也。有所由而常死者，亦道也。"

清華一·金縢14（背）"周公所自以弋（代）王之志"，《書·金縢》："乃得周公所自以爲功代武王之説。"

清華一·皇門03、04、11"王所"，《周禮·天官·九嬪》："九嬪掌婦學之灋……而以時御敘于王所。"鄭玄注："王所息之燕寢。"指燕寢，古代帝王休息安寢的處所。簡文03、04指國君，11指朝廷。

清華三·芮良夫05"所而弗敬"之"所"，職也。《經義述聞·詩》"爰得我直"條："哀十六年《左傳》'……固其所也'，《史記·伍子胥傳》作'固其職也'，是職與所同義。"職，此云居君子之職。

清華三·芮良夫08、23、24"楚所"，讀爲"靡所"，無所。

清華三·芮良夫18、19"天之所顰，天之所枳"，讀爲"天之所壞，天之所支"。《左傳·定公元年》："天之所壞，不可支也。"《國語·周語下》記衛彪傒見單穆公時云："《周詩》有之曰：'天之所支，不可壞也。其所壞，亦不可支也。'昔武王克殷而作此詩也，以爲飫歌，名之曰'支'。"

清華三·芮良夫19"民所訴訨"，讀爲"民所訴僻"。《孟子·離婁上》："國之所存者幸也。"焦循《正義》引王引之《經傳釋詞》："所，猶若也，或也。"

清華三·芮良夫21"此隹天所建"，讀爲"此惟天所建"。《左傳·成公二年》："齊、晉亦唯天所授，豈必晉？"

清華五·三壽26"神民並蠱而九悁所聚"，讀爲"神民並尤而仇怨所聚"。《左傳·文公五年》："且華而不實，怨之所聚也，犯而聚怨，不可以定身。"

清華六·子產03"子產所旨欲不可智"，讀爲"子產所嗜欲不可知"。《呂氏春秋·誣徒》："然則王者有嗜乎理義也，亡者亦有嗜乎暴慢也。所嗜不同，故其禍福亦不同。"

清華四·筮法40"所"，處所，地方。《詩·魏風·碩鼠》："樂土樂土，爰得我所。"《莊子·庚桑楚》："老子曰：'子自楚之所來乎？'"

清華五·命訓10"正（政）之所紉（殆）"，今本《逸周書·命訓》作"凡此六者，政之殆也"。

清華六·太伯甲03、太伯乙02"所天不豫（舍）白父"之"所"，表假設，用法同《左傳·僖公二十四年》"所不與舅氏同心者，有如白水"。句謂假若天與不穀爭伯父而不舍。

清華六·子儀01"民所安"，《孟子·滕文公下》："壞宮室以爲汙池，民無所安息。"

清華七·趙簡子 06、07"亓所繇",讀爲"其所由"。《吕氏春秋·召類》:"禍福之所自來,衆人以爲命焉,不知其所由。"

清華七·越公 74"唯王所安",《國語·吴語》:"唯王所安,以没王年。"

清華八·攝命 28"亦則隹(唯)肈(肇)不諅(咨)逆所(許)朕命"之"所",讀爲"許"。

清華八·邦道 02"隹道之所才",讀爲"唯道之所在"。《莊子·漁夫》:"故道之所在,聖人尊之。"

清華八·邦道 18"君以亓所能衣飤",讀爲"君以其所能衣食"。《吕氏春秋·不廣》:"以其所能託其所不能,若舟之與車。"

清華八·心中 01"心所爲娪(美)亞(惡)"之"所爲",讀爲"所謂"。《墨子·公輸》:"荆有雲夢,犀兕麋鹿滿之,江漢之魚鼈黿鼉,爲天下富;宋所爲無雉兔狐狸者也;此猶粱肉之與糠糟也。"《戰國策·宋衛》作"所謂"。

清華八·天下 03、06"所謂",所説的,用於複説、引證等。《詩·秦風·蒹葭》:"所謂伊人,在水一方。"《禮記·大學》:"欲脩其身者,先正其心。欲正其心者,先誠其意……所謂誠其意者,毋自欺也。"

清華六·管仲 14,子産 02、04、06、13,清華五·湯丘 15,清華七·越公 11 "所以",可與形容詞或動詞組成名詞性詞組,仍表示原因、情由。《莊子·天運》:"彼知矉美,而不知矉之所以美。"《史記·衛康叔世家》:"必求殷之賢人君子長者,問其先殷所以興,所以亡,而務愛民。"

清華八·天下 05"之所以",連詞,表原因。

其餘"所",助詞,用于句中補湊音節。《左傳·成公二年》:"能進不能退,君無所辱命。"《戰國策·趙四》:"竊自恕,而恐太后玉體之有所郄也。"

見紐古聲

古

清華二·繫年 024 曰:以同生(姓)之古(故)

清華二·繫年 055 秦公以戲(戰)于麗嵒(陰)之古(故)

（畏）

清華二·繫年 059 宋人是古（故）殺孫（申）白（伯）亡（無）恨

清華三·琴舞 04 叚（假）才（哉）古之人

清華三·芮良夫 13 古□□□□□□□□元君

清華四·筮法 43 系（奚）古（故）胃（謂）之䠈（震）

清華四·筮法 43 系（奚）古（故）胃（謂）之兌

清華四·筮法 47 是古（故）胃（謂）之䠈（震）

清華四·筮法 47 是古（故）胃（謂）之兌

清華四·筮法 54 系（奚）古（故）胃（謂）之袋（勞）

清華四·筮法 54 系（奚）古（故）胃（謂）之羅（離）

清華四·筮法 58 是古（故）胃（謂）之袋（勞）

清華四·筮法 58 是古（故）胃（謂）之羅（離）

清華五·封許02 古(故)天蓳(勸)之乍〈亡〉臭(斁)

清華五·命訓10 天古(故)卲(昭)命以命力〈之〉曰

清華五·命訓11 是古(故)明王奉此六者

清華五·湯丘13 句(后)古(固)共(恭)天畏(威)

清華五·湯丘14 古先=(之先)聖人

清華五·湯丘15 古先=(之先)聖人所以自㤅(愛)

清華五·厚父01 古之先帝亦有良言青(情)至於今虎(乎)

清華五·厚父15 疠(病)民亡(無)古(故)

清華五·厚父21 唯古先=(之先)帝之良言

清華五·三壽12 古民人迷躝(亂)

清華五·三壽24 敢䁥(問)疋(胥)民古(胡)曰昜(揚)

清華五·三壽24 古(胡)曰瞽(晦)

(得)䛩(惡)

清華六·孺子02 古(故)君與夫=(大夫)龏(晏)女(焉)不相旻

清華六·管仲13 是古(故)它(施)正(政)命(令)

清華六·管仲13 是古(故)六䐓(擾)不脒(瘠)

清華六·管仲17 必智(知)亓(其)古(故)

清華六·子儀01 古(故)䂿(職)欲

清華六·子儀13 亦唯咎(舅)之古(故)

清華六·子產02 不良君古(怙)立(位)劼(固)䘵(福)

清華六·子產19 古之惺(狂)君

清華六·子產28 大或(國)古(故)肎(肯)复(作)亓(其)惎(謀)

清華五·厚父05 古天降下民

清華七·子犯02 古(故)走去之

清華七·子犯 03 誠我宝(主)古弗秉

清華七·晉文公 03 古(故)命洲(淪)舊沟(溝)

清華七·越公 49 東尸(夷)、西尸(夷)、古蔑、句虞(吳)四方之民乃皆酮(聞)雩(越)堕(地)之多飤(食)

清華八·處位 08 贛(貢)乃古(固)爲頮(美)

清華八·邦道 01 古(固)躰爲弱

清華八·邦道 02 古(故)褙(禍)福不遠

清華八·邦道 02 古(故)昔之盟(明)者

清華八·邦道 04 古(故)昔之明者旻(得)之

清華八·邦道 04 古(故)宊(宅)寓不棽(理)

清華八·邦道 04 古(故)罌(興)不可以幸

清華八·邦道 07 古(故)卑(譬)之人芔(草)木

清華八·邦道 07 古（故）求善人

清華八·邦道 13 古（故）母（毋）窋（慎）甚勤（勤）

清華八·邦道 13 古（故）資裕以易足

清華八·邦道 13 古（故）四垹（封）之审（中）亡（無）堇（勤）袋（勞）

清華八·邦道 15 古（故）莫敢刡（怠）

清華八·邦道 17 古（故）興（起）善人

清華八·邦道 20 古（故）民宜壟（地）墾（舉）賵（貨）

清華八·邦道 23 古（故）墜（墜）遼（失）社禝（稷）

清華八·邦道 24 古（故）常（常）正（政）亡（無）弋（忒）

清華八·邦道 25 以禺（遇）亓（其）古（故）

清華八·邦道 26 古（故）萬民溓（慊）疠（病）

清華八·邦道 27 古(故)方(防)敓(奪)君目

清華八·心中 02 目古(故)視之

清華八·心中 02 耳古(故)聖(聽)之

清華八·心中 02 口古(故)言之

清華八·心中 02 纏(肢)古(故)與(舉)之

～，與 古(上博五·鬼 4)同，或在"口"中加一小横飾筆，作 古(上博一·緇 5)。《説文·古部》："古，故也。从十、口。識前言者也。 古文古。"

　　清華二·繫年 024、055"以……之古"，讀爲"以……之故"，因爲……的緣故。

　　清華三·琴舞 04"叚才古之人"，讀爲"假哉古之人"。《禮記·仲尼燕居》："夫夔，達於樂而不達於禮，是以傳於此名也，古之人也。"

　　清華四·筮法 43、54"糸古"，讀爲"奚故"，何故。《吕氏春秋·不屈》："螝螟，農夫得而殺之，奚故？爲其害稼也。"

　　清華五·湯丘 13"句(后)古(固)共(恭)天畏(威)"之"古"，讀爲"固"，《吕氏春秋·任數》注："必也。"

　　清華五·厚門 01"古之先帝亦有良言青至於今虎"，讀爲"古之先帝亦有良言情至於今乎"。《史記·秦始皇本紀》："古之帝者，地不過千里，諸侯各守其封域，或朝或否，相侵暴亂，殘伐不止，猶刻金石，以自爲紀。"

　　清華五·厚門 15"疠民亡古"，讀爲"病民無故"。"無故"，没有原因或理由。《禮記·王制》："諸侯無故不殺牛，大夫無故不殺羊，士無故不殺犬豕，庶人無故不食珍。"

　　清華五·三壽 24"古"，讀爲"胡"，疑問代詞，相當於"何""爲什麽"。

　　清華六·管仲 17、清華六·子儀 13、清華八·邦道 25"古"，讀爲"故"，緣故，原因。《左傳·莊公三十二年》："惠王問諸內史過曰：'是何故也？'"《史記·孔子世家》："季平子與郈昭伯以鬭雞故，得罪魯昭公，昭公率師擊平子。"

清華六·子產 02"古"，讀爲"怙"。《說文·心部》："怙，恃也。"簡文"怙位固福"意云仗恃權位，安於福享。

清華六·子產 19"古之惺君"，讀爲"古之狂君"。《論語·陽貨》："古之狂也肆，今之狂也蕩；古之矜也廉，今之矜也忿戾；古之愚也直，今之愚也詐而已矣。"

清華七·子犯 03"誠我宔（主）古弗秉"之"古"，或讀爲"故"，或讀爲"固"。

清華七·越公 49"古蔑"，在浙江龍游縣北。《國語》作"姑蔑"，《國語·越語上》："句踐之地，南至於句無，北至於禦兒，東至於鄞，西至於姑蔑，廣運百里。"《左傳·哀公十三年》："（吳王孫）彌庸見姑蔑之旗。"杜預注："姑蔑，越地，今東陽大末縣。"

清華八·處位 08"贛（貢）乃古（固）爲頮（美）"之"古"，讀爲"固"。《公羊傳·襄公二十七年》："我即死，女能固納公乎？"何休注："固，猶必也。"

清華八·邦道 01"古"，讀爲"固"。《荀子·修身》："體倨固而心執詐。"楊倞注："固，鄙固。"

清華八·心中 02"古"，讀爲"故"，連詞。因而，因以。《淮南子·泰族》："乃澄列金木水火土之性，故立父子之親而成家；別清濁五音六律相生之數，以立君臣之義而成國。"《史記·五帝本紀》："太史公曰……余并論次，擇其言尤雅者，故著爲本紀書首。"

清華"是古"，即"是故"，連詞。因此，所以。《論語·先進》："其言不讓，是故哂之。"其餘"古"，讀爲"故"，多用爲連詞。所以，因此。《論語·先進》："求也退，故進之；由也兼人，故退之。"或作名詞，緣故，原因。

怙

 清華八·攝命 07 女（汝）母（毋）敢怙偈（遏）余曰乃婋（毓）

《說文·心部》："怙，恃也。从心，古聲。"

清華八·攝命 07"怙"，依賴，憑恃。《詩·小雅·蓼莪》："無父何怙，無母何恃？"陸德明《釋文》："《韓詩》云：'怙，賴也。'"《漢書·匈奴傳下》："莽新即位，怙府庫之富欲立威。"

居

 清華一・楚居04 至酓(熊)怔(狂)亦居京宗

 清華一・楚居05 妻(盡)居聑屯

 清華一・楚居05 酓(熊)迡(渠)遟(徙)居發(發)漸

 清華一・楚居06 至酓(熊)朔、酓(熊)埶(摯)居發(發)漸

 清華一・楚居06 酓(熊)埶(摯)遟(徙)居旁屽

 清華一・楚居06 至酓(熊)繎(延)自旁屽遟(徙)居喬多

 清華一・楚居06 皆居喬多

 清華一・楚居07 若嚻(敖)酓(熊)義(儀)遟(徙)居箬(鄀)

 清華一・楚居07 至焚冒酓(熊)帥(率)自箬(鄀)遟(徙)居焚

 清華一・楚居07 至宵嚻(敖)酓(熊)鹿自焚遟(徙)居宵

 清華一・楚居07 至武王酓(熊)髭自宵遟(徙)居免

清華一·楚居 08 至文王自疆涅遲(徙)居湫(沈)郢

 清華一·楚居 08 遲(徙)居䈝(樊)郢

 清華一·楚居 08 遲(徙)居爲郢

 清華一·楚居 09 返(復)遲(徙)居免郢

 清華一·楚居 10 居䍃(睽)郢

 清華一·楚居 10 遲(徙)居同宮之北

 清華一·楚居 10 女(焉)遲(徙)居承(烝)之埜(野)

 清華一·楚居 11 至龏(共)王、康王、乳=(孺子)王皆居爲郢

 清華一·楚居 11 至霝(靈)王自爲郢遲(徙)居秦(乾)溪之上

 清華一·楚居 12 猷居秦(乾)溪之上

 清華一·楚居 12 至卲(昭)王自秦(乾)溪之上遲(徙)居娩(微)郢

 清華一·楚居 12 遲(徙)居鄾(鄂)郢

清華一·楚居 13 女(焉)遉(復)遷(徙)居秦(乾)溪之上

清華一·楚居 14 遷(徙)居郊(鄢)郢

清華一·楚居 14 遷(徙)居邠㠯

清華一·楚居 15 王大(太)子自淮郢遷(徙)居疆郢

清華一·楚居 15 柬大王自疆郢遷(徙)居藍郢

清華一·楚居 15 遷(徙)居𨛜郢

清華一·楚居 15 王大(太)子以邦居𨛜(鄩)郢

清華一·楚居 16 至惡(悼)折(哲)王猷居𨛜(鄩)郢

清華一·楚居 16 女(焉)遷(徙)居鄩郢

清華二·繫年 016 秦中(仲)女(焉)東居周地

清華二·繫年 019 翟述(遂)居壅(衛)

清華二·繫年 036 文公十又二年居翟(狄)

清華二·繫年 041 居鄗（緡）

清華二·繫年 042 居方城

清華二·繫年 100 居䛐（許）公佗於頌（容）城

清華二·繫年 107 居于州朹（來）

清華五·命訓 02 人能居

清華五·命訓 02 女（如）不居而丂（守）義

清華五·三壽 20 昔勤不居

清華七·子犯 07 夫公子之不能居晉邦

清華七·越公 50 居者（諸）左右

清華八·邦道 04 以居不懁（還）

～，與 㐭（上博二·容 28）、㐭（上博五·季 10）、㐭（上博五·君 1）同。

《說文·尸部》："居，蹲也。从尸古者，居从古。踞，俗居从足"

清華一·楚居、清華二·繫年"居"，居住。《易·繫辭上》："君子居其室。"

清華一·楚居"遷居"，即"徙居"。

· 1364 ·

清華二·繫年 041、042"居",或讀爲"據"。(白於藍)

清華二·繫年 016"秦中女東居周地",讀爲"秦仲焉東居周地"。《漢書·地理志》:"至幽王淫褒姒,以滅宗周,子平王東居雒邑。"

清華五·命訓 02"居",猶安定,安居。《詩·大雅·生民》:"上帝居歆,胡臭亶時?"鄭箋:"上帝則安而歆饗之。"《呂氏春秋·上農》:"輕遷徙,則國家有患,皆有遠志,無有居心。"高誘注:"居,安也。"

清華五·三壽 20"昔勤不居",謂不居舊功。

清華七·越公 50"居",安置。

清華八·邦道 04"以居不懁(還)"之"居",處在,處於。《易·乾》:"是故居上位而不驕,在下位而不憂。"

姑

清華六·子產 25 以臭(釋)亡爻(教)不姑(辜)

~,與同。《說文·女部》:"姑,夫母也。从女,古聲。"

清華六·子產 25"以臭(釋)亡爻(教)不姑"之"姑",讀爲"辜",罪,罪過。《書·大禹謨》:"與其殺不辜,寧失不經。"孔傳:"辜,罪。"《公羊傳·宣公六年》:"趙盾曰:'天乎,無辜,吾不弒君,誰謂吾弒君者乎?'"何休注:"辜,罪也。"

者

清華一·皇門 01 公翌(格)才(在)者(庫)門

清華六·孺子 15 者(姑)盜(寧)君

清華五·啻門 05 者(胡)猷(猶)是人

清華六·子產 14 此胃(謂)因耆(前)彖(遂)者(故)

清華七·子犯 01 者晉邦又(有)褐(禍)

清華七·越公 55 采之侃(愆)于者(故)棠(常)

清華八·邦政 12 者(故)則榑(傳)

～，从"老"省，"古"聲。與 、同。

清華一·皇門 01"公畧(格)才(在)者(庫)門"，今本《逸周書·皇門》作"周公格左閎門會群門"。孔晁注："路寢左門曰皇門。閎，音皇也。""者門"，讀爲"庫門"。周制天子五門，自南數爲皋、庫、應、雉、路門。庫門爲第二門，庫門外皋門內爲天子外朝。或讀爲"皇門"。(王志平)

清華六·孺子 15"者"，讀爲姑，姑且。簡文"姑寧君"，姑且安慰一下邦君。

清華五·啻門 05"者(胡)猷(猶)是人"之"者"，讀爲"胡"。(陳劍)

清華七·子犯 01"者"，讀爲"故"，副詞，表從前。《史記·刺客列傳》："燕太子丹者，故嘗質於趙。"或讀爲"胡""夫"。(滕勝霖)

清華六·子產 14"此胃(謂)因莆(前)豫(遂)者(故)"之"者"，讀爲"故"，先，祖先。《穀梁傳·襄公九年》："春，宋災。外災不志，此其志，何也？故宋也。"范寧注："故猶先也，孔子之先宋人。"

清華七·越公 55"者棠"，讀爲"故常"，舊規常例。《莊子·天運》："變化齊一，不主故常。"

清華八·邦政 12"者"，讀爲"故"，與"新"相對，指舊的事物。《易·雜卦》："革，去故也；鼎，取新也。"《論語·爲政》："溫故而知新，可以爲師矣。"朱熹《集注》："故者，舊所聞。"

故

清華三·説命中 02 故(古)我先王减(滅)顕(夏)

清華三·赤鵠 01 曰故(古)又(有)赤鵠(鵠)

 清華六·太伯甲 04 故(古)之人又(有)言曰

 清華六·太伯甲 05 故(鼓)亓(其)腹心

 清華六·太伯乙 04 故(鼓)亓(其)腹心

 清華七·越公 11 今雩(越)公亓(其)故(胡)又(有)繻(帶)甲仐(八千)以臺(敦)刃皆(偕)死

～，與 ᇗ (上博二·容 48)同。《說文·攴部》："故，使爲之也。从攴，古聲。"

清華三·說命中 02"故我先王"，讀爲"古我先王"。《書·盤庚上》："古我先王，亦惟圖任舊人共政。"

清華三·赤鵠 01"曰故"，讀爲"曰古"。

清華六·太伯甲 04"故之人又言曰"，讀爲"古之人有言曰"。《禮記·祭統》："是故，古之人有言曰：'善終者如始。'"

清華六·太伯甲 05、太伯乙 04"故亓腹心"，讀爲"鼓其腹心"。《周禮·地官·鼓人》："凡軍旅，夜鼓鼜，軍動則鼓其衆。"

清華七·越公 11"故"，讀爲"胡"，疑問代詞。或釋爲"敁"讀作"猶"。(魏宜輝)或讀爲"孰"，疑問代詞作狀語，意思爲"怎麽會"。(滕勝霖)

劼

 清華六·子產 02 不良君古(怙)立(位)劼(固)寡(福)

～，从"力"，"古"聲。

清華六·子產 02"劼"，讀爲"固"，安也。《國語·周語下》："久固則純。"

韋昭注:"固,安也。"簡文"怙位固福",仗恃權位,安於福享。

肪

清華五·畣門 07 四月乃肪(固)

清華六·太伯乙 04 畚(奮)亓(其)肪(股)抜(肱)

～,與 (上博六·競 10)同,从"肉","古"聲。

清華五·畣門 07"肪",疑讀爲"固",指胎兒穩固。

清華六·太伯乙 04"肪抜",讀爲"股肱",輔佐,捍衛。《左傳·僖公二十六年》:"昔周公、大公股肱周室,夾輔成王。"《漢書·路温舒傳》:"故大將軍受命武帝,股肱漢國。"

故

清華八·八氣 04 故(苦)爲固

～,與 (上博四·曹 54)、 (上博四·曹 55)同,从"欠","古"聲。"甘苦"之"苦"的專造字。

清華八·八氣 04"故",讀爲"苦",五味之一。與"甘"相對。《書·洪範》:"潤下作鹹,炎上作苦。"孔傳:"焦氣之味。"

固

清華二·繫年 028 王固命見之

清華二·繫年 066 旻(且)卲(召)高之固曰

清華二·繫年069 高之固至莆池

 清華二·繫年118 楚以與晉固爲肙（怨）

 清華六·子產02 又（有）戒所以繥（申）命固立（位）

 清華六·子產02 立（位）固邦安

 清華六·子產04 固身堇=訫=（謹信，謹信）又（有）事

 清華六·子產05 固政又（有）事

 清華六·子產09 旻（得）立（位）命固

 清華六·子產18 句（苟）我固善

 清華六·子產26 是胃（謂）虞（獻）固

 清華六·子產27 固以自守

 清華六·子產29 固用不悖

 清華八·邦道05 會（愈）自固以悲愈（怨）之

清華八·邦道 14 閲固以不廱于上

 清華八·八氣 04 故(苦)爲固

《説文·囗部》:"固,四塞也。从囗,古聲。"

清華二·繫年 028"王固命見之"之"固",副詞。一再,執意、堅決地。《史記·齊太公世家》:"管仲固諫。不聽。"《後漢書·張奮傳》:"光武詔奮嗣爵,奮稱純遺勅,固不肯受。"

清華二·繫年 066、069"高之固",即齊卿高固,高宣子。

清華二·繫年 118"楚以與晉固爲肙(怨)"之"固",副詞,的確,確實。《孟子·梁惠王上》:"然則小固不可以敵大。"

清華六·子產 02"緟命固立",讀爲"申命固位"。西周毛公鼎(《集成》02841)、番生簋蓋(《集成》04326)均有"申圖(固)大命"。(李學勤)

清華六·子產 02"立(位)固邦安"之"固",穩固,安定。《書·五子之歌》:"民惟邦本,本固邦寧。"《國語·晉語二》:"諸侯義而撫之,百姓欣而奉之,國可以固。"

清華六·子產 04"固",安也。《國語·周語下》:"久固則純。"韋昭注:"固,安也。"

清華八·邦道 14"閲固以不廱于上"之"固",讀爲"痼",固疾也。

清華八·八氣 04"故爲固",讀爲"苦爲固",與《黃帝內經·素問》"苦堅"義同。"固",指物體的牢固、堅硬。《鶡冠子·能天》:"不若金石固,而能燒其勁。"《黃帝內經·素問》:"辛散,酸收,甘緩,苦堅,鹹耎,毒藥攻邪。五穀爲養,五果爲助,五畜爲益,五菜爲充,氣味合而服之,以補精益氣。此五者,有辛酸甘苦鹹,各有所利,或散或收,或緩或急,或堅或耎,四時五藏,病隨五味所宜也。"

沽

 清華七·越公 23 余亓(其)與吳科(播)弃(棄)悁(怨)晉(惡)于

澅(海)澦(濟)江沽(湖)

～，與(上博二·容 26)、䛧(上博六·用 6)同。《説文·水部》："沽，水。出漁陽塞外，東入海。从水，古聲。"

清華七·越公 23"江沽"，讀爲"江湖"，江河湖海。《莊子·大宗師》："泉涸，魚相與處於陸，相呴以濕，相濡以沫，不如相忘於江湖。"《漢書·貨殖傳·范蠡》："(范蠡)乃乘扁舟，浮江湖，變姓名，適齊爲鴟夷子皮，之陶爲朱公。"《吕氏春秋·貴因》："禹通三江、五湖，決伊闕，溝迴陸，注之東海，因水之力也。"

匩

　清華八·虞夏 02 祭器六匩(簠)

～，與匩(上博二·从甲 5)、匩(上博五·季 22)同，从"匚"，"古"聲，"簠"之異體。《説文·竹部》："簠，黍稷圜器也。从竹、从皿，甫聲。匩，古文簠从匚、从夫。"

清華八·虞夏 02"祭器六匩"之"匩"，即"簠"，古代祭祀宴饗時，用來盛稻粱、黍稷的器具。《周禮·地官·舍人》："凡祭祀，共簠簋實之陳之。"

辜

　清華二·繫年 052 生人可(何)辜(辜)

～，从"辠"，"古"聲。"辜"字異體。《説文·辛部》："辜，辠也。从辛，古聲。䇂，古文辜从死。"

清華二·繫年 052"辜"，即"辜"，罪，罪過。《書·大禹謨》："與其殺不辜，寧失不經。"孔傳："辜，罪。"

䇀

　　清華四·別卦 02 䇀(蠱)

～，所从"古""夜"均是聲符。

清華四·別卦 02"䩻",讀爲"蠱",《易》卦名。六十四卦之一。巽下艮上。《易·蠱》:"象曰:山下有風,蠱,君子以振民育德。"王家臺秦簡《歸藏》作"夜"或"亦",馬王堆帛書《周易》作"箇"或"故",上博簡《周易》作"盅",今本作"蠱"。

殰

 清華四·筮法 47 乃殰(辜)者

 清華四·筮法 48 二五夾四,殰(辜)者

 清華七·子犯 12 殺三無殰(辜)

～,從"歺","古"聲,"辜"字異體。《説文》"辜"字古文從"死"。也可直接釋爲"殰"。《説文·歺部》:"殰,枯也。從歺,古聲。"

清華四·筮法 47、48"殰",即"辜",磔,分裂肢體。《周禮·秋官·掌戮》:"殺王之親者,辜之。"鄭玄注:"辜之言枯也,謂磔之。"孫詒讓《正義》引惠棟云:"辜,即枯也……辜、枯,字古通。"《周禮·夏官·小子》:"凡沈辜侯禳,飾其牲。"鄭玄注引鄭司農云:"辜,謂磔牲以祭也。"劉向《説苑·善説》:"朽者揚其灰,未朽者辜其屍。"

清華七·子犯 12"殺三無殰",即"殺三無辜",即"醢九侯""脯鄂侯""剖比干"。參《史記·殷本紀》:"九侯有好女,入之紂。九侯女不憙淫,紂怒,殺之,而醢九侯。鄂侯爭之彊,辨之疾,並脯鄂侯……剖比干,觀其心。""無辜",無罪的人。《史記·禮書》:"紂剖比干,囚箕子,爲炮格,刑殺無辜。"

蠱

 清華一·祭公 15 女(汝)母(毋)以戾蒡(兹)皋蠱(辜)芒(亡)寺(時)寁大邦

～,從"䖵","古"聲,或疑"蠱"之異體。

清華一·祭公 15"蠱",讀爲"辜",罪,罪過。《書·大禹謨》:"與其殺不

辜,寧失不經。"孔傳:"辜,罪。"《公羊傳·宣公六年》:"趙盾曰:'天乎!無辜。吾不弒君,誰謂吾弒君者乎?'"何休注:"辜,罪也。"

見紐壴聲

壴

 清華四·筮法 58 爲壴(鼓)

~,象鼓形。《説文·壴部》:"壴,陳樂立而上見也。从屮从豆。"

清華四·筮法 58 "壴",即"鼓",古代一種打擊樂器。《荀子·富國》:"撞大鐘,擊鳴鼓。"

鼓

 清華七·越公 65 鳴鼓

 清華七·越公 60 鼓而退之

 清華七·越公 08 王辟(親)鼓之

 清華七·越公 59 鼓命邦人救火

 清華七·越公 67 不鼓不喿(噪)以涻(侵)攻之

~,从手持槌以擊鼓,"壴"象鼓形,實即"鼓"之初文,古文字加不加"口"往往無別。鼓,與(上博七·凡乙 13)同,所從的"壴"上部訛爲單"竹";鼓,與(上博七·君甲 3)同,右部所從"攴"旁上部類化爲單"竹"。或作,左

· 1373 ·

部下部所從受上部所從"中"影響而類化。《説文·壴部》:"鼓,郭也。春分之音,萬物郭皮甲而出,故謂之鼓。从壴,支象其手擊之也。《周禮》六鼓:靁鼓八面,靈鼓六面,路鼓四面,鼖鼓、皋鼓、晉鼓皆兩面。𪔐,籀文鼓。从古聲。"

清華七·越公 65"鳴鼓",《楚辭·九歌·國殤》:"霾兩輪兮縶四馬,援玉枹兮擊鳴鼓。"《國語·吳語》:"王乃秉枹,親就鳴鐘鼓、丁寧、錞于,振鐸。"

清華七·越公 60"鼓而退之",參《墨子·兼愛下》:"焚舟失火,鼓而進之。其士偃前列,伏水火而死,有不可勝數也。當此之時,不鼓而退也,越國之士可謂顫矣。"

清華七·越公 08"王辟鼓之",讀爲"王親鼓之"。《左傳·襄公二十三年》:"莒子親鼓之,從而伐之,獲杞梁。"

清華七·越公 59"鼓命",擊鼓而命。

清華七·越公 67"不鼓不喿以浧攻之",讀爲"不鼓不噪以侵攻之"。《國語·吳語》:"越王乃令其中軍銜枚潛涉,不鼓不譟以襲攻之,吳師大北。"

見紐乃聲

𦛗(股)

 清華三·良臣 07 秦穆公又(有)𦛗(殺)大夫

 清華六·太伯甲 05 畬(奮)亓(其)胁(股)抾(肱)

～,从"肉","乃"聲,"股"字異體。(趙平安)

清華三·良臣 07"𦛗大夫",讀爲"殺大夫",即百里奚,或作百里傒。《史記·秦本紀》:"繆公聞百里傒賢,欲重贖之,恐楚人不與,乃使人謂楚曰:'吾媵臣百里傒在焉,請以五羖羊皮贖之。'楚人遂許與之。當是時,百里傒年已七十餘。繆公釋其囚,與語國事……語三日,繆公大説,授之國政,號曰五羖大夫。"

清華六·太伯甲 05"胁抾",讀爲"股肱",大腿和胳膊。《書·説命下》:"股肱惟人,良臣惟聖。"孔傳:"手足具乃成人,有良臣乃成聖。"《書·益稷》:"臣作朕股肱耳目。"

見紐瓜聲

孤

 清華五·湯丘 11 唯(雖)余孤之與卡=(上下)交

 清華六·孺子 10 㱽虔(吾)先君而孤乳=(孺子)

 清華六·孺子 17 今二三夫=(大夫)畜孤而乍(作)女(焉)

 清華六·孺子 17 幾(豈)孤亓(其)趴(足)爲免(勉)

 清華七·子犯 10 寍(寧)孤是勿能用

 清華七·晉文公 01 以孤之舊(久)不旻(得)

 清華七·晉文公 02 以孤之舊不旻(得)

 清華七·越公 03 丁(當)孤之殜(世)

 清華七·越公 06 孤亓(其)銜(率)雩(越)庶眚(姓)

 清華七·越公 09 孤亓(其)許之成

清華七·越公 15 孤敢兑(脱)辠(罪)於夫=(大夫)

清華七·越公 16 孤所旻(得)辠(罪)

清華七·越公 17 孤疾痌(痛)之

清華七·越公 19 孤用忞(願)見雩(越)公

清華七·越公 19 孤用銜(率)我壹弍子弟

清華七·越公 21 孤用叵(委)命疃(重)唇(臣)

清華七·越公 21 印(抑)犺(荒)弃(棄)孤

清華七·越公 22 孤或(又)忎(恐)亡(無)良僟(僕)馭(御)獉火於雩(越)邦

清華七·越公 22 孤用内(入)守於宗宙(廟)

清華七·越公 23 賜孤以好曰

清華七·越公 24 孤之忞(願)也

清華七·越公 24 孤敢不許諾

清華七·越公 69 公告孤請成

清華七·越公 71 孤請成

清華七·越公 74 丁(當)役(役)孤身

清華七·越公 75 孤余縈(奚)面目以視于天下

～,與 (上博七·吳 4)同。《説文·子部》:"孤,無父也。从子,瓜聲。"
　　清華五·湯丘 11"孤",《漢書·田儋傳》注:"王者自謙曰孤,蓋爲謙也。"
　　清華六·孺子 17"畜孤而乍",讀爲"畜孤而作",順服君命行事。
　　清華七·越公 74"丁役孤身",讀爲"當役孤身"。《國語·吳語》作"當孤之身"。
　　其餘"孤",古代君王諸侯的自稱。春秋時諸侯自稱"寡人",有凶事則稱"孤",後漸無區別。《左傳·莊公十一年》"孤實不敬,天降之災""且列國有兇,稱孤,禮也。"杜預注:"列國諸侯無凶則稱寡人。"《國語·吳語》:"吳王親對之曰:'……孤之事君在今日,不得事君亦在今日。'"《老子》:"故貴以賤爲本,高以下爲基。是以侯王自謂孤、寡、不穀。"

見紐寡聲

寡

清華一·皇門 01 朕寡(寡)邑少(小)邦

清華三·芮良夫 05 募（顧）皮（彼）迏（後）返（復）

清華三·芮良夫 15 裛（懷）忎（慈）睭（幼）弱、嬴（嬴）募（寡）脛

（矜）蜀（獨）

清華四·筮法 51 眾戠（勝）募（寡）

清華五·湯丘 19 退不募（顧）死生

清華五·三壽 26 返（急）利嚻（傲）神慕（莫）龏（恭）而不募（顧）

于迏（後）

清華五·三壽 27 募（顧）返（復）孚（勉）骨（祇）

清華五·三壽 28 天募（顧）返（復）之甬（用）休

清華七·子犯 06 募（顧）監於訛（禍）

清華七·越公 01 募（寡）……不天

清華七·越公 04 辟（親）辱於募（寡）人之㡭=（敝邑）

清華七·越公 04 募（寡）人不忍君之武礪（勵）兵甲之鬼（威）

清華七·越公04 募（寡）人又（有）繡（帶）甲尐（八千）

 清華七·越公20 或航（抗）御（禦）募（寡）人之詞（辭）

 清華七·越公21 募（寡）人

 清華七·越公21 君不尚（嘗）新（親）有（右）募（寡）人

 清華八·攝命09 通（恫）瘝（瘝）募（寡）瘝（鰥）

 清華八·邦政04 邦募（寡）稟（廩）

 清華八·邦政05 亓（其）鬾（鬼）神募（寡）

 清華八·邦道14 亡（無）募（寡）於者（諸）侯

 清華八·天下07 乃募（顧）僸（察）之

～，與 、、同，"寡"之初文。《説文·宀部》："寡，少也。从宀从頒。頒，分賦也，故爲少。"

清華一·皇門01 "募邑少邦"，讀爲"寡邑小邦"，周之謙稱，相對於"大邦殷"（《書·召誥》）而言，參看《書·大誥》"興我小邦周"，《多士》"非我小國敢弋殷命"。今本《逸周書·皇門》作"下邑小國"，莊述祖《尚書記》："下邑小國，謂周。"

清華三·芮良夫05 "募皮後遆"，讀爲"顧彼後復"。"顧"，回首，回視。

《詩·檜風·匪風》:"顧瞻周道,中心怛兮。"毛傳:"迴首曰顧。"

清華三·芮良夫15"褱忎學弱贏募睍蜀",讀爲"懷慈幼弱贏寡矜獨",安撫愛護幼弱、衰病、老而無夫、老而無妻、老而無子的人。《禮記·禮運》:"選賢與能,講信脩睦,故人不獨親其親,不獨子其子,使老有所終,壯有所用,幼有所長,矜寡孤獨廢疾者,皆有所養。"《禮記·王制》:"少而無父者謂之孤,老而無子者謂之獨,老而無妻者謂之矜,老而無夫者謂之寡。"《詩·小雅·鴻雁》:"之子于征,劬勞于野。爰及矜人,哀此鰥寡。"毛傳:"老無妻曰鰥,偏喪曰寡。"《左傳·襄公二十七年》:"齊崔杼生成及彊而寡,娶東郭姜,生明。"杜預注:"偏喪曰寡。"《小爾雅·廣義》:"凡無夫無妻通謂之寡。"

清華四·筮法51"衆戩募",讀爲"衆勝寡"。《管子·樞言》:"衆勝寡,疾勝徐,勇勝怯,智勝愚,善勝惡,有義勝無義,有天道勝無天道。凡此七勝者貴衆,用之終身者衆矣。"

清華五·湯丘19、清華五·三壽26"不募",讀爲"不顧",不顧念,不考慮,不顧忌。司馬相如《上林賦》:"務在獨樂,不顧衆庶。"《韓非子·十過》:"耽於女樂,不顧國政,則亡國之禍也。"

清華五·三壽27、28"募返",讀爲"顧復",反復。《詩·小雅·蓼莪》:"父兮生我,母兮鞠我。拊我畜我,長我育我,顧我復我,出入腹我。"鄭箋:"顧,旋視也;復,反覆也。"孔穎達疏:"覆育我,顧視我,反覆我,其出入門户之時常愛厚我,是生我劬勞也。"

清華七·子犯06"募(顧)監於訛(禍)"之"募",讀爲"顧",表轉折。裴學海《古書虛字集釋》:"顧,猶'但'也。"

清華七·越公04、20、21"募人",即"寡人"。《禮記·曲禮下》:"其與民言,自稱曰寡人。"鄭玄注:"寡,謙也。"

清華八·攝命09"眔募",讀爲"鰥寡",老而無妻或無夫的人,引申指老弱孤苦者。《詩·小雅·鴻雁》:"爰及矜人,哀此鰥寡。"毛傳:"老無妻曰鰥,偏喪曰寡。"毛公鼎(《集成》02840)有"廼敄(侮)鰥寡"。

清華八·邦政04"邦募(寡)彔(祿)"之"募",少。《易·繫辭下》:"吉人之辭寡,躁人之辭多。"

清華八·天下07"乃募(顧)僕(察)之"之"募",讀爲"顧",訓反省。《書·康誥》:"用康乃心,顧乃德。"孔傳:"顧省汝德,無令有非。"

慁

　　清華四·筮法 55 爲慁（憂）、慁（懼）

～，从"心"，"臮"聲。

清華四·筮法 55"慁"，讀爲"懼"，恐懼，害怕。《詩·小雅·谷風》："將恐將懼，維予與女。"

賏（顧）

　　清華一·祭公 21 瑴（祭）公之賏（顧）命

～，與（上博五·弟 8）同，从"視"，"臮（寡）"聲，"顧"字異體。《說文·頁部》："顧，還視也。从頁，雇聲。"

清華一·祭公 21"瑴公之賏命"，即"祭公之顧命"，此五字爲篇題。《書·顧命》："成王將崩，命召公、畢公率諸侯相康王，作《顧命》。"孔傳："臨終之命曰顧命。"孔穎達疏："顧是將去之意，此言臨終之命曰顧命，言臨將死去迴顧而爲語也。"

見紐叚聲歸石聲

見紐𠂆聲歸處聲

見紐䀠聲

䀠

　　清華一·耆夜 13 是隹（惟）良士之䀠=（懼懼）

　　清華一·耆夜 14 則終以䀠（懼）

清華一·耆夜 14 是隹（惟）良士之愳=（懼懼）

 清華一·楚居 05 愳（懼）亓（其）宔（主）

 清華三·赤鵠 05 少（小）臣愳（懼）

 清華五·三壽 11 高宗恭（恐）愳（懼）

 清華六·孺子 12 人膚（皆）愳（懼）

 清華六·子產 02 不愳（懼）迲（失）民

 清華六·子產 02 愳（懼）迲（失）又（有）戒

 清華六·子產 08 羣=（君子）智（知）愳（懼）乃惡（憂）

 清華七·子犯 13 愳（懼）不死型（刑）以及于氒（厥）身

 清華七·越公 09 乃愳（懼）

 清華七·越公 15 繡（申）疋（胥）乃愳（懼）

 清華七·越公 31 雩（越）庶民百眚（姓）乃禹（稱）譶譶（悚）愳

(懼)

清華七·越公 60 王思(懼)

清華七·越公 69 吴王乃思(懼)

～,與🌱(上博二·從乙 3)、🌱(上博五·姑 8)同,从"心","眀"聲,爲《説文》"懼"字古文所本。《説文·心部》:"懼,恐也。从心,瞿聲。🌱,古文。"

清華一·耆夜 13、14"是隹良士之思=",讀爲"是惟良士之懼懼"。《詩·唐風·蟋蟀》:"良士瞿瞿。"毛傳:"瞿瞿然顧禮義也。"

清華一·耆夜 14"思",即"懼",讀爲"豫"。《爾雅·釋詁》:"豫、寧、綏、康、柔,安也。"(米雁)或讀爲"衢"。

清華五·三壽 11"恭思",讀爲"恐懼",畏懼,害怕。《易·震》:"君子以恐懼脩省。"《禮記·大學》:"有所恐懼,則不得其正。"

清華七·越公 31"蕙思",讀爲"悚懼"。《韓非子·内儲説上》:"吏以昭侯爲明察,皆悚懼其所而不敢爲非。"

其餘"思",即"懼",恐懼,害怕。《詩·小雅·谷風》:"將恐將懼,維予與女。"《孟子·滕文公下》:"公孫衍、張儀豈不誠大丈夫哉!一怒而諸侯懼,安居而天下熄。"

懼

清華二·繫年 106 郘(蔡)邵(昭)侯繡(申)懼

～,从"心","瞿"聲,即"懼"。

清華二·繫年 106"懼",恐懼,害怕。《詩·小雅·谷風》:"將恐將懼,維予與女。"

見紐叚聲

叚(家)

清華一・金縢 11 昔公堇(勤)勞王叚(家)

清華一・金縢 12 我邦叚(家)豊(禮)亦宜之

清華一・皇門 03 堇(勤)卹王邦王叚(家)

清華一・皇門 05 堇(勤)勞王邦王叚(家)

清華一・皇門 06 卑(俾)備(服)才(在)氒(厥)叚(家)

清華一・皇門 06 能叚(稼)嗇(穡)

清華一・皇門 07 以叚(家)相氒(厥)室

清華一・皇門 08 弗卹王邦王叚(家)

清華一・皇門 10 以自雩(落)氒(厥)叚(家)

清華一・祭公 07 保胥(乂)王叚(家)

清華一・祭公 17 女(汝)母(毋)各豪(家)相而室

清華三・琴舞 07 文₌(文文)亓(其)又(有)豪(家)

清華五・封許 05 虔(虡)血(恤)王豪(家)

清華五・命訓 09 遙(淫)祭皮(罷)豪(家)

清華六・孺子 04 邦豪(家)䌛(亂)巳(已)

清華六・子產 14 歬(前)者之能设(役)相亓(其)邦豪(家)

清華七・晉文公 03 爲豪(稼)嗇(穡)

清華八・邦政 07 邦豪(家)牆(將)毀

清華八・邦政 11 邦豪(家)之政

清華八・邦政 11 邦豪(家)旻(得)長

清華八・處位 01 邦豪(家)尻(處)立(位)

清華八・邦道 01 以至于邦豪(家)惽(昏)䌛(亂)

清華八•邦道 16 戎（農）戠（守）豪（稼）朸（稭）

 清華八•邦道 17 以差（佐）身相豪（家）

 清華八•邦道 20 邦豪（家）女（安）

 清華八•心中 06 亓（其）母（毋）蜀（獨）忻（祈）保豪（家）叟（没）身於畏（鬼）與天

 清華八•天下 07 邦豪（家）亓（其）䦮（亂）

～，从"爪"，"家"聲，"家"之繁體。楚簡中有些字往往贅加"爫"，如"卒"字，作"㚵"，或作"㚶"。楚文字"家"，或作㣱（上博四•柬 12）、㣿（上博二•從乙 1）、㣽（上博五•姑 7）、㣾（上博五•姑 10）、㣲（上博三•周 8）、㣳（上博三•周 52）、㣸（上博三•周 22）、㣵（上博七•凡甲 16）、㣶（上博七•凡甲 22）。《説文•宀部》："家，居也。从宀，豭省聲。㝩，古文家。"

清華一•金縢 11，皇門 03、05、08，祭公 07，清華五•封許 05"王豪"，即"王家"，猶王室，王朝，朝廷。《書•武成》："至于大王，肇基王跡，王季其勤王家。"孔穎達疏："王季修古公之道，諸侯順之，是能纘統大王之業，勤立王家之基本也。"

清華一•金縢 12，清華六•孺子 04，子產 14，清華八•邦政 07、11，處位 01，邦道 01、20，天下 07"邦豪"，即"邦家"，國家。《詩•小雅•南山有臺》："樂只君子，邦家之基。"鄭箋："人君既得賢者，置之於位，又尊敬以禮樂樂之，則能爲國家之本。"《後漢書•皇甫規傳論》："故能功成於戎狄，身全於邦家也。"

清華一•皇門 06"卑（俾）備（服）才（在）氒（厥）豪（家）"，今本《逸周書•皇門》作"俾嗣在厥家"，陳逢衡注："嗣在厥家，子孫繩繩萬年靡不承也。"

清華一•皇門 06"豪嗇"、清華七•晉文公 03"豪嗇"、清華八•邦道 16

"豪旁",讀爲"稼穡",耕種和收穫,泛指農業勞動。《書·無逸》:"厥父母勤勞稼穡,厥子乃不知稼穡之艱難。"《孟子·滕文公上》:"后稷教民稼穡。"

清華一·皇門 07"以豪(家)相毕(厥)室",今本《逸周書·皇門》作"以家相厥室"。孔晁注:"言勢人以大夫私家不憂王家之用德。"

清華一·皇門 10"以自雺(落)毕(厥)豪(家)",今本《逸周書·皇門》作"以自露厥家"。

清華三·琴舞 07"文=(文文)亓(其)又(有)豪(家)",《論語·季氏》:"丘也聞有國有家者,不患寡,而患不均;不患貧,而患不安。"

清華五·命訓 09"遙祭皮(罷)豪(家)",今本《逸周書·命訓》作"淫祭則罷家"。唐大沛云:"禍以懲惡,若降禍過多,則民思免禍,求媚於鬼神。巫祝祈禱之事盛行曰淫祭。弊其財以冀無禍,其家必至罷憊。"

清華八·邦道 17"相豪",即"相家",管理家務。《孔子家語·正論》:"叔孫穆子避難奔齊,宿于庚宗之邑,庚宗寡婦通焉而生牛。穆子返魯,以牛爲內豎,相家。"

清華八·心中 06"保豪",即"保家",保住家族或家業。《左傳·襄公二十七年》:"印段賦《蟋蟀》。趙孟曰:'善哉,保家之主也!吾有望矣。'"

稼

　　清華七·越公 34 陸(陵)陜(陸)陸(陵)穯(稼)

《説文·禾部》:"稼,禾之秀實爲稼,莖節爲禾。从禾,家聲。一曰稼,家事也。一曰在野曰稼。"

清華七·越公 34"陸陜陸穯",讀爲"陵陸陵稼"。"稼"與"稻"對文,指旱地種植的植物。《説文》:"禾之秀實爲稼,莖節爲禾。""陵稼"之"陵",疑爲"則"或"爲"之誤書,當爲"陵陸則稼,水則爲稻",或"陵陸爲稼,水則爲稻"。

溪紐去聲

去

　　清華四·筮法 19 呂(凡)男,上去式(二)

清華四·筮法 20 下去弌(一)

 清華四·筮法 30 墊(邦)去政已

 清華七·子犯 02 而走去之

 清華七·子犯 02 古(故)走去之

 清華七·子犯 04 而走去之

 清華七·子犯 06 而走去之

 清華七·子犯 13 方走去之

 清華七·越公 10 以罰(潰)去亓(其)邦

 清華七·越公 14 今皮(彼)新(新)去亓(其)邦而忞(篤)

～，與 、同。《説文·去部》:"去，人相違也。从大，凵聲。"

清華四·筮法 19、20"去"，去掉，除去。

清華四·筮法 30"墊去政已"，即"邦去政已"，國失政。《戰國策·燕一》:"曩者使燕毋去周室之上。"鮑彪注:"去，猶失也。"

清華七·子犯 02、04、06、13"走去之"，《新書·大政上》:"夫民之於其上也，接而懼，必走去，戰由此敗也。"

清華七·越公 10"以剭去亓邦"、越公 14"去亓邦而笃"，讀爲"以潰去其邦""去其邦而篤"。《禮記·曲禮下》："國君去其國，止之曰：'奈何去社稷也！'""去"，離開。《書·胤征》："伊尹去亳適夏。"

溪紐巨聲

巨

清華二·繫年 011 亓（其）大=（大夫）高之巨（渠）爾（彌）殺卲（昭）公而立亓（其）弟子覺（眉）壽

清華二·繫年 012 車斁（輾）高之巨（渠）爾（彌）

清華五·封許 05 易（錫）女（汝）倉（蒼）珪、巨（秬）鬯一卣

清華八·邦道 18 上女（如）以此巨（矩）▣、藿（觀）女（焉）

～，與 ▣（上博六·天甲 6）、▣（上博六·天乙 6）同。《説文·工部》："巨，規巨也。从工，象手持之。▣，巨或从木、矢。矢者，其中正也。▣，古文巨。"

清華二·繫年 011、012"高之巨爾"，讀爲"高之渠彌"，即高渠彌。《左傳·桓公十八年》："秋，齊侯師于首止，子亹會之，高渠彌相。七月戊戌，齊人殺子亹而轘高渠彌。"

清華五·封許 05"巨鬯一卣"，讀爲"秬鬯一卣"。《詩·大雅·江漢》："釐爾圭瓚，秬鬯一卣。"毛公鼎（《集成》02840）："錫汝秬鬯一卣，祼圭瓚寶。""秬鬯"，古代以黑黍和鬱金香草釀造的酒，用於祭祀降神及賞賜有功的諸侯。《書·洛誥》："伻來毖殷，乃命寧予以秬鬯二卣。"

清華八·邦道 18"巨"，讀爲"矩"。《周禮·考工記·輪人》："必矩其陰陽。"鄭注引鄭司農云："矩，謂規矩也。"

伛

 清華六・太伯甲 11 帀（師）之伛鹿

 清華六・太伯乙 10 帀（師）之伛鹿

～，與🈚（上博四・曹 17）、🈚（上博五・三 17）同，从"人"，"巨"聲。

清華六・太伯"帀之伛鹿"，即"師之伛鹿"，人名。《左傳・僖公七年》管仲稱"鄭有叔詹、堵叔、師叔三良爲政"。

迲

 清華一・楚居 05 至酓（熊）乂、酓（熊）䢈、酓（熊）𪐐（樊）及酓（熊）賜、酓（熊）迲（渠）

 清華一・楚居 05 酓（熊）迲（渠）遟（徙）居夌（發）漸

～，从"辵"，"巨"聲。

清華一・楚居 05"酓迲"，讀爲"熊渠"，熊賜之子。《史記・楚世家》："熊勝以弟熊楊爲後。熊楊生熊渠。"

邔

 清華二・繫年 120 以建昜（陽）、邔陵之田

～，从"邑"，"巨"聲。

清華二・繫年 120"邔陵"，地名，當與"建（開）昜（陽）"相近。簡文"開陽"當在山東臨沂北。

溪紐业聲

业

清華四·筮法 45 九乃祟(虞)

清華四·筮法 47 戊(牡)祟(虞)

～，从"示"，"业"聲。"业"字異體。晉文字"虞"字或 ❖（邵鐘《集成》00225）、❖（壬午劍，《金文編》334 頁）。

清華四·筮法"祟"，讀爲"虞"，獸名。《爾雅·釋獸》："虞，迅頭。"郭璞注："今建平山中有虞，大如狗，似獼猴。黄黑色，多髯鬣，好奮迅其頭，能舉石摘人。玃類也。"《説文·豸部》："虞，鬭相丮不解也。从豸、虎。豸虎之鬭，不解也。讀若蘮蕠草之蘮。司馬相如説：虞，封豕之屬。一曰虎兩足舉。"

疑紐吳聲

吳

清華二·繫年 074 吳人服于楚

清華二·繫年 079 自晉迡(適)吳

清華二·繫年 079 女(焉)訋(始)迵(通)吳晉之𨓚(路)

清華二·繫年 079 教吳人反(叛)楚

清華二・繫年080 霝王伐吳

清華二・繫年080 執吳王子鱖(蹶)繇(由)

清華二・繫年080 吳人女(焉)或(又)服於楚

清華二・繫年081 亓(其)子五(伍)員與五(伍)之雞逃歸(歸)吳

清華二・繫年082 五(伍)雞䢍(將)吳人以回(圍)州逨(來)

清華二・繫年083 五(伍)員爲吳大宐(宰)

清華二・繫年083 是教吳人反楚邦之者(諸)侯

清華二・繫年084 與吳人戰(戰)于析

清華二・繫年084 吳王子脣(晨)

清華二・繫年084 吳王子脣(晨)牆(將)记(起)褐(禍)於吳

清華二・繫年098 伐吳

清華二・繫年101 晉與吳會爲一

清華二·繫年 105 與吳人伐楚

 清華二·繫年 106 自歸（歸）於吳

 清華二·繫年 108 繡（申）公屈晉（巫）自晉迮（適）吳

 清華二·繫年 108 女（焉）訇（始）迵（通）吳晉之洛（路）

 清華二·繫年 109 以與吳王諹（壽）夢相見于鄹（虢）

 清華二·繫年 109 與吳王盍（闔）虜（盧）伐楚

 清華二·繫年 111 戉（越）公句戔（踐）克吳

 清華二·繫年 111 戉（越）人因衺（襲）吳之與晉爲好

 清華三·良臣 07 吳王光又（有）五（伍）之疋（胥）

 清華五·命訓 11 吳（娛）之以樂

 清華七·越公 01 乃史（使）夫=（大夫）住（種）行成於吳帀（師）

 清華七·越公 06 以臣事吳

清華七·越公 06 三(四)方者(諸)侯亓(其)或敢不賓于吳邦

 清華七·越公 07 君乃陣(陳)吳甲□

 清華七·越公 09 吳王舘(聞)雩(越)徥(使)之柔以㺇(剛)也

 清華七·越公 10 天不朸(仍)賜吳於雩(越)邦之利

 清華七·越公 11 吳王曰

 清華七·越公 12 天賜中(衷)于吳

 清華七·越公 13 凡吳之善士

 清華七·越公 15 吳王乃出

 清華七·越公 16 交豔(鬭)吳雩(越)

 清華七·越公 23 余亓(其)與吳科(播)弃(棄)悁(怨)晉(惡)于
潜(海)瀘(濟)江沽(湖)

 清華七·越公 26 吳人既闌(襲)雩(越)邦

清華七·越公 26 雩(越)王句戏(踐)㡀(將)忢(期)䢟(復)吳

清華七·越公 56 尸(夷)訏(於)繺(蠻)吳

清華七·越公 60 女(焉)忖(始)㔻(絕)吳之行李(李)

清華七·越公 62 吳帀(師)未迟(起)

清華七·越公 63 吳帀(師)乃迟(起)

清華七·越公 63 吳王起帀(師)

清華七·越公 66 吳帀(師)乃大攰(駭)

清華七·越公 67 大雩(亂)吳帀(師)

清華七·越公 68 吳帀(師)乃大北

清華七·越公 68 乃至於吳

清華七·越公 68 雩(越)帀(師)乃因軍吳

清華七·越公 68 乃述(遂)閟(襲)吳

清華七·越公 69 闔(襲)吳邦

 清華七·越公 69 吳王乃惎(懼)

 清華七·越公 70 今吳邦不天

 清華七·越公 71 昔天以雩(越)邦賜吳

 清華七·越公 71 今天以吳邦賜郙(越)

 清華七·越公 72 句戔(踐)不許吳成

 清華七·越公 72 乃徟(使)人告於吳王

 清華七·越公 72 天以吳土賜雩(越)

 清華七·越公 74 吳王乃詞(辭)

 清華七·越公 74 天加禞(禍)于吳邦

 清華七·越公 75 凡吳土墬(地)民人

 清華八·虞夏 01 曰昔又(有)吳(虞)是(氏)用索(素)

～，與 ❏(上博六·競 8)、❏(上博七·吴 3【背】)同。《説文·矢部》："吴，姓也。亦郡也。一曰吴，大言也。从矢口。❏，古文如此。"

清華二·繫年"吴人"，吴國人。

清華二·繫年 080"吴王子鱥鯀"，讀爲"吴王子蹶由"，壽夢之子，夷末之弟。《左傳·昭公五年》："吴子使其弟蹶由犒師，楚人執之。"《左傳》作"蹶由"，《韓非子·説林下》作"蹶融"，《漢書·古今人表》作"厥由"。

清華二·繫年 083"五員爲吴大宰"，讀爲"伍員爲吴大宰"，伍員任吴國太宰。

清華二·繫年 084"吴王子脣（晨）"，《左傳·定公四年》："闔廬之弟夫槩王晨請於闔廬。"

清華二·繫年 109"吴王昋夢"，即吴王壽夢。《春秋·襄公十二年》稱吴子乘，乘當是壽夢的合音。

清華二·繫年 109"吴王盍虜"，即吴王闔廬。《史記·吴太伯世家》："三年，吴王闔廬與子胥、伯嚭將兵伐楚，拔舒，殺吴亡將二公子。光謀欲入郢，將軍孫武曰：'民勞，未可，待之。'四年，伐楚，取六與灊。"

清華三·良臣 07"吴王光"，《史記·吴太伯世家》："公子光竟代立爲王，是爲吴王闔廬。"

清華五·命訓 11"吴（娱）之以樂"，今本《逸周書·命訓》作"娱之以樂"。"吴"，讀爲"娱"，歡樂，戲樂。《詩·鄭風·出其東門》："縞衣茹藘，聊可與娱。"毛傳："娱，樂也。""娱之以樂"，即"娱樂"，歡娱快樂，使歡樂。《史記·廉頗藺相如列傳》："趙王竊聞秦王善爲秦聲，請奏盆缻秦王，以相娱樂。"

清華七·越公"吴帀"，即吴師，吴國軍隊。

清華七·越公 06、69、70、71、74"吴邦"，吴國。

清華七·越公 09、11、15、63、69、72、74"吴王"，指吴王夫差。

清華七·越公 56"尼訏繻吴"，讀爲"夷譁蠻吴"。"訏"，讀爲"譁"，喧嘩義。《書·費誓》："公曰：嗟！人無譁，聽命！"孔傳："使無喧嘩，欲其静聽誓命。"《詩·周頌·絲衣》："不吴不敖，胡考之休。"毛傳："吴，譁也。"（陳偉）或認爲"訏""吴"是樂器名。或説指欺詐不實。

清華八·虞夏 01"又吴是"，讀爲"有虞氏"，古部落名。傳説其首領舜受堯禪，都蒲阪。故址在今山西省永濟縣東南。"有"，詞頭。《周禮·考工記序》："有虞氏上陶，夏后氏上匠，殷人上梓。"《國語·魯語上》："故有虞氏禘黄帝而祖顓頊,郊堯而宗舜。"

其餘"吴",國名。《史記·吴太伯世家》:"吴太伯,太伯弟仲雍,皆周太王之子,而王季歷之兄也。季歷賢,而有聖子昌,太王欲立季歷以及昌,於是太伯、仲雍二人乃犇荆蠻,文身斷髮,示不可用,以避季歷。季歷果立,是爲王季,而昌爲文王。太伯之犇荆蠻,自號句吴。荆蠻義之,從而歸之千餘家,立爲吴太伯。"

悞

　清華一·尹至 02 弗悞(虞)亓(其)又(有)衆

　清華三·説命下 04 廼弗悞(虞)民

～,从"心","吴"聲。

清華一·尹至 02、清華三·説命下 04"悞",讀爲"虞",憂慮,憂患。《大戴禮記·文王官人》:"營之以物而不虞。"王聘珍《解詁》:"虞,憂也"。《國語·晉語四》:"衛文公有邢、狄之虞,不能禮焉。"

疑紐魚聲

魚

　清華四·筮法 53 爲魚

　清華六·太伯甲 06 戜(戰)於魚羅(麗)

　清華六·太伯乙 05 戜(戰)於魚羅(麗)

～,與(上博二·魯 5)同。《説文·魚部》:"魚,水蟲也。象形。魚尾與燕尾相似。"

清華四·筮法 53"魚",《漢書·武五子傳》:"池水變赤,魚死。"

清華六·太伯甲 06、太伯乙 05"魚羅",讀爲"魚麗",地名,待考。尉侯凱讀爲"魚陵"。《左傳·襄公十八年》:"楚師伐鄭,次於魚陵。"杜預注:"魚陵,魚齒山也,在南陽犫縣北,鄭地。"在今河南襄城縣。吳良寶認爲"這個'魚陵'比較偏南,恐非簡文'魚羅'"。或認爲是陣名。《左傳·桓公五年》:"曼伯爲右拒,祭仲足爲左拒,原繁、高渠彌以中軍奉公,爲魚麗之陳。"

魝

清華七·越公 64 乃命左軍監(銜)梡(枚)魝(溯)江五里以須

～,與(上博八·王 1)同。

清華七·越公 64"乃命左軍監(銜)梡(枚)魝(溯)江五里以須",《國語·吳語》:"乃令左軍銜枚泝江五里以須,亦令右軍銜枚踰江五里以須。"《左傳·文公十年》:"止子西,子西縊而縣絕,王使適至,遂止之,使爲商公。沿漢泝江,將入郢。""魝",讀爲"溯",逆水而上。

魯

清華一·皇門 04 王用能承天之魯命

清華二·繫年 070 齊囘(頃)公回(圍)魯

清華二·繫年 071 邾(駒)之克衒(率)自(師)敓(救)魯

清華二·繫年 120 戉(越)公與齊侯貣(貸)、魯侯侃(衍)明(盟)于魯稷門之外

清華二·繫年 121 魯稷門之外

清華二·繫年121 戉(越)公内(入)言(饗)於魯

　　清華二·繫年124 魯侯羴(顯)

　　清華三·良臣08 魯哀公又(有)季孫

　　清華五·厚父05 者魯,天子

　　清華六·叔伯甲07 魯、壟(衛)、鄝(蓼)、郗(蔡)埜(來)見

　　清華六·叔伯乙06 魯、衛、鄝(蓼)、郯〈郗〉(蔡)埜(來)見

　　清華八·攝命09 隹(雖)民卣(攸)盥(協)弗龏(恭)其魯(旅)

～，與 、同。《説文·白部》：“魯，鈍詞也。从白，鮺省聲。《論語》曰：'參也魯。'”

　　清華一·皇門04“王用能承天之魯命”，今本《逸周書·皇門》作“用能承天叚命”。“魯”，訓嘉，《史記·周本紀》作“魯天子之命”，《史記·魯世家》作“嘉天子命”。

　　清華二·繫年070、071、121，清華六·叔伯甲07、叔伯乙06“魯”，魯國。周代諸侯國名。故地在今山東兗州東南至江蘇省沛縣、安徽省泗縣一帶。《史記·周本紀》：“(周武王)封弟周公旦於曲阜，曰魯。”

　　清華二·繫年120“魯侯侃”，或作魯侯顯。《史記·魯世家》：“元公二十一年卒，子顯立，是爲穆公。”《索隱》：“《系本》'顯'作'不衍'。”“侃”“顯”“衍”音近。

　　清華二·繫年124“魯侯羴”，即魯穆公顯。

　　清華三·良臣08“魯哀公”，《史記·魯周公世家》：“十五年，定公卒，子將

立,是爲哀公。"

清華五·厚父 05"者魯",李學勤先生認爲相當於《尚書》中的歎詞"都"。《書·皋陶謨》:"皋陶曰:'都!在知人,在安民。'"陳亮《勉强行道大有功論》:"堯、舜之都、俞,堯、舜之喜也,一喜而天下之賢智悉用也。"

清華八·攝命 09"魯",讀爲"旅",衆。《書·多方》:"不克靈承于旅。"孔傳:"言桀不能善奉於人衆。"

疑紐五聲

五

 清華二·繫年 042 乃及秦自(師)回(圍)曹及五麋(鹿)

 清華二·繫年 074 臧(莊)王立十又五年

 清華二·繫年 081 五(伍)員

 清華二·繫年 081 五(伍)之雞

 清華二·繫年 081 五(伍)雞遱(將)吳人以回(圍)州棶(來)

 清華二·繫年 083 五(伍)員爲吳大宰(宰)

 清華二·繫年 093 坪(平)公立五年

 清華二·繫年 108 晉竟(景)公立十又五年

清華二·繫年 109 晉柬（簡）公立五年

清華三·說命下 08 克湔（漸）五祀

清華三·琴舞 08 五攺（啓）曰

清華三·芮良夫 20 繩（繩）剌（剌）既政而五（互）枏（相）柔訨（比）

清華三·芮良夫 22 五（互）枏（相）不疆（彊）

清華三·良臣 07 吳王光又（有）五（伍）之疋（胥）

清華三·祝辭 02 旨（詣）五尸（夷）

清華四·筮法 03 五麞（虛）同弌（一）麞（虛）

清華四·筮法 18 顗（夏）見五

清華四·筮法 29 五日爲棶（來）

清華四·筮法 40 内（入）月五日豫（舍）巽

清華四·筮法 43 屯（純）、五

清華四·筮法 45 五乃椯臭

清華四·筮法 47 五，伏鐱（劍）者

清華四·筮法 47 弌（一）四弌（一）五

清華四·筮法 48 一四一五

清華四·筮法 48 二五夾四

清華四·筮法 49 五，乃瘧（狂）者

清華四·筮法 50 五、八乃晉（巫）

清華四·算表 01 五

清華四·算表 11 五

清華四·算表 16 五

清華四·算表 20 五

清華四·算表 21 五

清華四·算表 09 百五十

清華四・算表 07 千五百

清華四・算表 09 千五百

清華四・算表 07 廿=(二十)五

清華四・算表 16 廿=(二十)五

清華四・算表 21 廿=(二十)五

清華四・算表 07 二千五百

清華四・算表 05 卅=(三十)五

清華四・算表 16 卅=(三十)五

清華四・算表 21 卅=(三十)五

清華四・算表 14 三十五

清華四・算表 14 三百五十

清華四・算表 16 三百五十

清華四·算表 05 三千五百

清華四·算表 07 三千五百

清華四·算表 03 卅=（四十）五

清華四·算表 12 四十五

清華四·算表 16 四十五

清華四·算表 21 四十五

清華四·算表 03 四百五十

清華四·算表 12 四百五十

清華四·算表 03 四千五百

清華四·算表 07 四千五百

清華四·算表 13 五十六

清華四·算表 14 五十六

清華四·算表07 五百

清華四·算表11 五百

清華四·算表03 五百四十

清華四·算表06 五百四十

清華四·算表12 五百四十

清華四·算表15 五百四十

清華四·算表04 五百六十

清華四·算表13 五百六十

清華四·算表05 五百卒=（六十）

清華四·算表14 五百卒=（六十）

清華四·算表03 五千四百

清華四·算表06 五千四百

清華四·算表 04 五千六百

清華四·算表 05 五千六百

清華四·算表 09 十五

清華四·算表 16 十五

清華四·算表 18 十五

清華四·算表 21 十五

清華五·湯丘 15 五味皆哉（齍）

清華五·畬門 04 五以成人

清華五·畬門 04 五以㛮（相）之

清華五·畬門 04 五以塑（將）之

清華五·畬門 06 唯皮（彼）五味之燹（氣）

清華五·畬門 07 五月或收（褱）

清華五·厚父10 五以叟(相)之

清華五·厚父11 五以相之

清華五·厚父18 五以䞣(將)之

清華五·厚父18 五以䞣(將)之

清華五·厚父19 以成五凸(曲)

清華五·厚父19 以穩(植)五榖(穀)

清華五·三壽11 五寶兌(變)色

清華六·管仲08 專(博)之以五

清華六·管仲08 亓(其)昜(陽)則五

清華六·管仲10 正(政)五紀

清華六·管仲10 執五厇(度)

清華六·管仲11 厇(度)之以五

清華六·管仲 13 五種時管(熟)

清華六·管仲 15 而侣(己)五女(焉)

清華四·筮法 54 五象爲天

清華四·筮法 56 五

清華七·晉文公 07 五年啓東道

清華七·晉文公 07 五麇(鹿)

清華七·越公 29 雩(越)王句戋(踐)女(焉)旨(始)复(作)絽(紀)五政之聿(律)

清華七·越公 30 乃乍(作)五政

清華七·越公 50 凡五兵之利

清華七·越公 51 以餌(問)五兵之利

清華七·越公 64 乃命左軍監(銜)梡(枚)鮴(溯)江五里以須

清華七·越公 65 亦命右軍監(銜)梡(枚)渝江五里以須

清華八·邦道 25 五穜（種）貴

清華八·天下 06 五曰戟（鬭）之

清華八·天下 06 五道既成

清華八·八氣 01 二旬又五日

清華八·八氣 01 進退五日

清華八·八氣 01 三旬又五日

清華八·八氣 02 二旬又五日

清華八·八氣 02 進退五日

清華八·八氣 02 二旬又五日

清華八·八氣 05 帝爲五祀

清華一·尹至 05（背）五

清華一·耆夜 05（背）五

清華一·金縢 05（背）五

清華一·皇門 05（背）五

清華一・祭公 05(背)五

 清華二・繫年 005(背)五

 清華二・繫年 105(背)百五

 清華二・繫年 115(背)百十五

 清華二・繫年 125(背)百廿(二十)五

 清華二・繫年 135(背)百卅(三十)五

 清華三・説命上 05(背)五

 清華三・説命中 05(背)五

 清華三・説命下 05(背)五

 清華三・琴舞 05(背)五

 清華三・芮良夫 05(背)五

 清華三・赤鵠 05(背)五

 清華五・厚父 05(背)五

清華五·封許 05(背)五

　清華五·命訓 05(背)五

　清華五·三壽 05(背)五

　清華八·攝命 05(背)五

　清華八·邦政 05(背)五

　清華八·處位 05(背)五

～，與🅇(上博一·緇 14)、🅇(上博二·從甲 5)、🅇(上博六·用 4)同。《説文·五部》："五，五行也。从二，陰陽在天地閒交午也。🅇，古文五省。"

　　清華二·繫年 042、清華七·晉文公 07"五麇"，讀爲"五鹿"。《左傳·僖公二十三年》杜預注："五鹿，衛地。今衛縣西北有地名五鹿，陽平元城縣東亦有五鹿。"《史記·晉世家》："五年春……侵曹，伐衛。正月，取五鹿。"

　　清華二·繫年 081、083"五員"，讀爲"伍員"。《史記·伍子胥列傳》："伍子胥者，楚人也，名員。員父曰伍奢。員兄曰伍尚。其先曰伍舉，以直諫事楚莊王，有顯，故其後世有名於楚。"

　　清華二·繫年 081"五之雞"，讀爲"伍之雞"，又稱"伍雞"，伍奢二子是伍尚、伍子胥，伍子雞應屬伍氏另一支。

　　清華三·説命下 08"五祀"，謂禘、郊、宗、祖、報五種祭禮。《國語·魯語上》："凡禘、郊、祖、宗、報，此五者，國之典祀也。"或指古代祭祀的五種神衹。《周禮·春官·大宗伯》："以血祭祭社稷、五祀、五嶽。"鄭玄注："此五祀者，五官之神。"

　　清華三·琴舞 08"五攺(啓)"，五章之啓。

清華三·芮良夫 20、22"五訨",讀爲"互相",表示彼此對待的關係。李陵《與蘇武》詩之一:"仰視浮雲馳,奄忽互相踰。"

清華三·良臣 07"五之疋",讀爲"伍之胥",即伍子胥,參上。

清華三·祝辭 02"五㠯",讀爲"五夷",或疑即"武夷",見九店簡、馬王堆帛書(參看《九店楚簡》第 50 頁)。"五""武"古通(參看高亨《古字通假會典》第 855 頁)。

清華四·筮法 03"五虗",即"五虛",後一卦例,則其兩上卦的中間一爻没有陽爻,故云"五虛"。

清華四·筮法 43、47"五",乾卦中有五爻出現。

清華五·湯丘 15、清華五·啻門 06"五味",酸、苦、辛、鹹、甘五種味道。《禮記·禮運》:"五味、六和、十二食,還相爲質也。"鄭玄注:"五味,酸、苦、辛、鹹、甘也。"

清華五·啻門 04"五以成人"之"五",即五味之氣。

清華五·啻門 04、10、11"五以櫋之"之"五",指德、事、役、政、刑。

清華五·啻門 04、18"五以壥(將)之"之"五",指水、火、金、木、土。

清華五·啻門 19"五曲",猶五方,東、西、南、北、中。

清華五·啻門 19"五穀",讀爲"五穀",五穀與五方相配。見《太平御覽·百穀部》引《周書》:"凡禾,麥居東方,黍居南方,稻居中央,粟居西方,菽居北方。"

清華五·三壽 11"五寶",疑指五星。《開元占經》卷十八:"《荆州占》曰:五星者,五行之精也,五帝之子,天之使者……君無德,信姦佞,退忠良,遠君子,近小人,則五星逆行變色,出入不時。"

清華六·管仲 10"五紀",見於《書·洪範》:"協用五紀……五紀:一曰歲,二曰月,三曰日,四曰星辰,五曰厤數。"亦見於《管子·幼官》:"五紀不解,庶人之守也。"

清華六·管仲 10"五宅",參《書·舜典》:"五流有宅,五宅三居。"或讀爲"五度"。《鶡冠子·天權》"五度既正",陸佃解:"左木、右金、前火、後水、中土是也。"

清華六·管仲 13"五種"、清華八·邦道 25"五穜(種)",五種穀物。《周禮·夏官·職方氏》:"河南曰豫州……其穀宜五種。"鄭玄注:"五種,黍、稷、菽、麥、稻。"《荀子·儒效》:"相高下,視墝肥,序五種,君子不如農人。"楊倞注:"五種,黍、稷、豆、麥、麻。"《史記·五帝本紀》:"軒轅乃修德振兵,治五氣,蓺五種。"

清華四·筮法 54"五象爲天",五代表天。

清華七・越公 29、30"雩王句戋女刟复縎五政之聿",讀爲"越王句踐焉始作紀五政之律"。

清華七・越公 50、51"五兵",《周禮・夏官・司兵》:"掌五兵、五盾。"鄭玄注引鄭司農云:"五兵者,戈、殳、戟、酋矛、夷矛。"此指車之五兵。步卒之五兵,則無夷矛而有弓矢。

清華八・天下 06"五道",指礪之、勸之、驚之、壯之、鬬之五種凝聚民心之教。

清華八・八氣 01、02"五日",五天。

清華八・八氣 05"五祀",祭祀住宅内外的五種神。《禮記・月令》:"(孟冬之月)天子乃祈來年于天宗,大割祠于公社及門閭,臘先祖五祀。"鄭玄注:"五祀,門、户、中霤、竈、行也。"王充《論衡・祭意》:"五祀報門、户、井、竈、室中霤之功。門、户,人所出入,井、竈,人所欲食,中霤,人所託處,五者功鈞,故俱祀之。"

其餘"五",數詞,表示計數。《禮記・禮器》:"天子七廟,諸侯五,大夫三,士一。"

萼(寤)

 清華三・芮良夫 02 萼(寤)敗(敗)改繇(繇)

 清華三・芮良夫 04 康戲而不智萼(寤)告

~,從"芛","五"聲,"寤"字異體,乃《説文》"寤"字籀文所本。《説文・㝱部》:"寤,寐覺而有信曰寤。从省,吾聲。一曰見晝而夜㝱也。,籀文寤。"

清華三・芮良夫 02"萼",即"寤"。《周禮・春官・占夢》:"四曰寤夢。"陸德明《釋文》:"本又作癮。"《詩・周南・關雎》:"寤寐求之"毛傳:"寤,覺。"簡文"寤敗改繇",指從失敗中覺悟,改弦更張。

悟

清華一・程寤 02 悥(寤)敬(驚)

~,從"心","吾"聲,"悟"字異體。《説文・心部》:"悟,覺也。从心,吾聲。

,古文悟。"

清華一·程寤02"恳",讀爲"寤",夢。《逸周書·寤儆》:"嗚呼,謀泄哉!今朕寤有商驚予。"孔晁注:"夢爲紂所伐,故驚。"

伍

 清華八·虞夏01 乍(作)政用倍(御)

~,與(上博四·曹24)同。《說文·人部》:"伍,相參伍也。从人,从五。"

清華八·虞夏01"倍",讀爲"御",治也。一說讀爲"五"。

語

 清華三·芮良夫12 身與之語

 清華五·三壽11 乃尃(復)語彭且(祖)曰

 清華六·孺子08 盧(掩)於亓(其)考(巧)語

 清華六·太伯甲13 庚(湯)爲語

 清華六·太伯甲14 而受亦爲語

 清華六·太伯乙12 康(湯)爲語

清華六·太伯乙12 而受亦爲語

　清華六·子產 22 乃弢（竁）辛道、敔語

　　　　清華七·子犯 10 必尚（當）語我才（哉）

　清華七·越公 42 言語

　～，與▨（上博四·内 8）、▨（上博五·君 1）、▨（上博六·天乙 9）同。《説文·言部》："語，論也。从言，吾聲。"

　　清華三·芮良夫 12"身與之語"，《左傳·襄公二十六年》："及宋向戌將平晉、楚，聲子通使於晉。還如楚，令尹子木與之語，問晉故焉。"

　　清華五·三壽 11"乃専（復）語彭且（祖）曰"，《左傳·昭公元年》："劉子歸，以語王曰。"

　　清華六·孺子 08"考語"，讀爲"巧語"，巧言，表面上好聽而實際上虚僞的話。《詩·小雅·雨無正》："哿矣能言，巧言如流，俾躬處休。"《漢書·東方朔傳》："二人皆詐僞，巧言利口以進其身。"

　　清華六·太伯甲 13、14，太伯乙 12"庚爲語，而受亦爲語"，讀爲"湯爲語，而受亦爲語"，殷邦湯聞之，受亦聞之。

　　清華六·子産 22"敔語"，人名。

　　清華七·子犯 10"必尚（當）語我才（哉）"之"語"，動詞，告訴。《左傳·隱公元年》："公語之故，且告之悔。"

　　清華七·越公 42"言語"，言辭、話。《禮記·少儀》："毋身質言語。"《禮記·少儀》："言語之美，穆穆皇皇。"《易·頤》："《象》曰：'山下有雷，頤。君子以慎言語，節飲食。'"

　　戩

　清華六·孺子 09 史（使）戩（禦）宼（寇）也

　～，與▨（上博二·從甲 17）、▨（上博六·莊 4）同，从"戈"，"吾"聲，"敔"字

異體。《説文·攴部》:"敔,禁也。一曰樂器,椌楬也,形如木虎。从攴,吾聲。"

清華六·孺子09"哉寇",讀爲"禦寇",謂防禦賊寇。《易·蒙》:"上九,擊蒙,不利爲寇,利禦寇。"《左傳·襄公十年》:"征者喪雄,禦寇之利也。"

疑紐午聲

午

 清華一·皇門01 隹(惟)正[月]庚午

 清華四·筮法52 子午

 清華四·筮法52 子午

《説文·午部》:"午,啎也。五月,陰气午逆陽。冒地而出。此予矢同意。"

清華一·皇門01"隹(惟)正[月]庚午",《春秋·莊公三十年》:"九月庚午朔,日有食之,鼓,用牲于社。"

清華四·筮法52"子午",配九。天水放馬灘秦簡《日書》乙種180"子九水"、186"午九火"。

許

 清華二·繫年087 旻(且)許成

 清華七·越公09 孤亓(其)許之成

 清華七·越公09 王亓(其)勿許

清華七·越公 15 許諾

 清華七·越公 24 孤敢不許諾

 清華七·越公 70 許雩（越）公成

 清華七·越公 71 句戋（踐）弗許

 清華七·越公 72 句戋（踐）不許吳成

～，與 （上博四·柬 15）、（上博六·競 13）同。《說文·言部》："許，聽也。从言，午聲。"

清華二·繫年 087"許成"，應允，許可和解。《左傳·成公九年》："晉侯（景公）觀于軍府，見鍾儀……（景公）重爲之禮，使歸求成……十二月，楚子使公子辰如晉，報鍾儀之使，請脩好、結成。"

清華七·越公 09、70、72"許……成"，《國語·吳語》："吳王懼，使人行成……乃不許成。"

清華七·越公 09"許"，應允，許可。

清華七·越公 15、24"許諾"，同意，應允。《儀禮·鄉射禮》："司正禮辭，許諾，主人再拜，司正答拜。"《史記·魏公子列傳》："公子誠一開口請如姬，如姬必許諾，則得虎符奪晉鄙軍，北救趙而西卻秦，此五霸之伐也。"

御

 清華二·繫年 015 以御（禦）奴虞之戎

 清華二·繫年 048 襄公新（親）銜（率）自（師）御（禦）秦自（師）

于嘑（嶭）

清華六·孺子07 乳=（孺子）亦母（毋）以執（摯）豊（豎）卑（嬖）御

清華六·子產25 以咸斂（禁）御（禦）

清華六·子產13 又（有）以御（禦）割（害）戕（傷）

清華七·越公20 或航（抗）御（禦）募（寡）人之詞（辭）

清華七·越公20 臺（敦）齊兵刃以攻（捍）御（禦）募（寡）人

清華七·越公24 以御（禦）戮（仇）戠（讎）

清華七·越公55 及群戲（近）御

清華七·越公58 戮（禁）御莫徹（躐）

清華七·越公66 牃（將）以御（禦）之

清華八·攝命04 雩（越）御事庶百又告有訡

清華八·攝命08 亦斯欽我御事

清華八·處位 02 御必审(中)亓(其)備(服)

 清華八·處位 02 唯澈(浚)良人能敄(造)御柔

 清華八·邦道 07 侯〈医〉(殹)䜌(亂)正(政)是御之

～，與 、同，从"辵""卩"，"午"聲。《說文·彳部》："御，使馬也。从彳、从卸。![]，古文御从又、从馬。"

清華二·繫年 015、048"御"，讀爲"禦"，抵禦，抵抗。《左傳·隱公九年》："北戎侵鄭，鄭伯禦之。"

清華六·孺子 07"卑御"，讀爲"嬖御"，受寵倖的姬妾、侍臣。《逸周書·祭公》："汝無以嬖御固莊后。"孔晁注："嬖御，寵妾也。"

清華六·子產 25"歠御"，讀爲"禁禦"，禁止，制止。《左傳·昭公六年》："昔先王議事以制，不爲刑辟，懼民之有爭心也，猶不可禁禦，是故閑之以義，糾之以政，行之以禮，守之以信，奉之以仁。"桓寬《鹽鐵論·錯幣》："故有鑄錢之禁，禁禦之法立而奸僞息。"《後漢書·朱暉傳》："子弟親戚並荷榮任，故放濫驕溢，莫能禁禦。"簡文"以咸禁禦"，指奸盜等犯罪活動都被禁止。

清華七·越公 20"航御"，讀爲"抗禦"，抵抗，防禦。《晉書·郭默傳》："招集義勇，抗禦仇讎。"

清華七·越公 20"攺御"，讀爲"捍禦"，防衛，抵禦。《後漢書·逸民傳》："行至勞山，人果相率以兵弩捍禦。"

清華七·越公 55、58"殼御"，讀爲"近御"，身邊親近的侍從。

清華六·子產 13，清華七·越公 24、66"御"，抵禦。《史記·五帝本紀》："乃流四凶族，遷于四裔，以御螭魅。"

清華八·攝命 04、08"御事"，爲畿内王官。《書·大誥》："猷大誥爾多邦越爾御事。"

清華八·處位 02"御"，《楚辭·涉江》："腥臊并御。"王逸注："御，用也。"

清華八·處位 02"御"，《國語·周語上》："百官御事。"韋昭注："御，治也。"

清華八·邦道 07 "御",《廣雅·釋詁》:"使也。"

訢

清華一·金縢 05 尔(爾)之訢(許)我

清華一·金縢 05 尔(爾)不我訢(許)

清華一·祭公 16 女(汝)母(毋)以俾(嬖)訢(御)息(疾)尔(爾)
臧(莊)句(后)

～,從"言","午"聲。

清華一·金縢 05"訢",即"許",應允,許可。《書·金縢》:"爾之許我,我其以璧與珪歸,俟爾命;爾不許我,我乃屏璧與珪。"

清華一·祭公 16"俾訢",讀爲"嬖御",受寵倖的姬妾、侍臣。《逸周書·祭公》:"汝無以嬖御固莊后。"孔晁注:"嬖御,寵妾也。"

卸

清華八·攝命 17 余辟相佳(唯)卸(御)事

～,從"止""卪","午"聲。"御"字異體。《説文·卪部》:"卸,舍車解馬也。从卪止午。讀若汝南人寫書之寫。"

清華八·攝命 17"御事",畿内王官,《書·大誥》:"猷大誥爾多邦越爾御事。"

戗

清華三·芮良夫 01 戗(御)事各縈(營)亓(其)身

清華三·赤鵠 15 以戗(御)白兔

～,从"戈","牛"聲。"御"之異體。

清華三·芮良夫 01"钺事",即"御事",見於《書·顧命》:"師氏、虎臣、百尹、御事。"孔傳:"師氏,大夫官。虎臣,虎賁氏。百尹,百官之長。及諸御治事者。"孔穎達疏:"'諸御治事'謂諸掌事者,蓋大夫、士皆被召也。"

清華三·赤鵠 15"以钺(御)白兔"之"御",制止,阻止。《左傳·襄公四年》:"匠慶用蒲圃之檟,季孫不御。"杜預注:"御,止也。"

馭

清華二·繫年 058 用挽(扶)宋公之馭(御)

清華二·繫年 121 魯侯馭(御)

清華八·邦道 03 可以馭(御)眾

～,與 、同,手拿鞭子御馬,"午"亦聲。"御"字異體。

清華二·繫年 058"馭",即"御",駕馭車馬的人。《莊子·盜跖》:"孔子不聽,顏回爲馭,子貢爲右,往見盜跖。"

清華二·繫年 121"魯侯馭(御)",魯侯爲越公駕車。《書·五子之歌》:"懍乎若朽索之馭六馬。"

清華八·邦道 03"馭眾",即"馭眾",統治,治理民眾。《周禮·天官·大宰》:"以八柄詔王馭群臣……以八統詔王馭萬民。"鄭玄注:"凡言馭者,所以歐之,内之於善。"

馯

清華五·三壽 22 牧民而馯(御)王

清華六·孺子 07 勤力弆(价)馯(馭)

　清華七·越公 22 孤或（又）志（恐）亡（無）良僕馭（御）鐮火於雩

（越）邦

　　～，从“馬”，“午”聲。“御”字異體。

　　清華五·三壽 22“牧民而馭（御）王”之“御”，訓進。

　　清華六·孺子 07“馭（馭）”，駕馭車馬。周時爲六藝之一。《詩·鄭風·大叔于田》：“叔善射忌，又良御忌。”《周禮·地官·大司徒》：“三曰六藝：‘禮、樂、射、御、書、數。’”

　　清華七·越公 22“馭”，讀爲“御”。“僕御”，駕車馬者。《史記·管晏列傳》：“今子長八尺，乃爲人僕御。”一說“御”訓爲制止、阻止。《左傳·襄公四年》：“匠慶用蒲圃之櫃，季孫不御。”杜預注：“御，止也。”

疑紐牙聲

舀（牙）

　　清華三·良臣 04 又（有）君舀（牙）

　　～，與 （上博五·競 10）同，从“臼”，“牙”聲，爲《説文》古文所本。《説文·牙部》：“牙，壯齒也，象上下相錯之形。 ，古文牙。”

　　清華三·良臣 04“君舀”，《書·君牙序》：“穆王命君牙，爲周大司徒，作《君牙》。”

端紐者聲

者

　　清華二·繫年 002 卿李（士）、者（諸）正、萬民弗刃（忍）于氒

（厥）心

（虢）

清華二·繫年007 邦君者（諸）正乃立幽王之弟舍（余）臣于虢

清華二·繫年008 邦君者（諸）侯女（焉）訂（始）不朝于周

清華二·繫年010 奠（鄭）武公亦政（正－征）東方之者（諸）侯

清華二·繫年011 齊襄公會者（諸）侯于首壯（止）

清華二·繫年020 齊赶（桓）公會者（諸）侯以成（城）楚丘

清華二·繫年041 楚成王衛（率）者（諸）侯以回（圍）宋伐齊

清華二·繫年044 槑（盟）者（諸）侯於墹（踐）土

清華二·繫年056 王會者（諸）侯于犮（厥）貉（貉）

清華二·繫年061 王會者（諸）侯于醻（厲）

清華二·繫年062 晉成公會者（諸）侯以救（救）奠（鄭）

清華二·繫年066 會者（諸）侯于幽（斷）道

清華二·繫年 067 今䒳(春)亓(其)會者(諸)侯

清華二·繫年 069 遊(須)者(諸)侯于𡿪(斷)蓳(道)

清華二·繫年 070 既會者(諸)侯

清華二·繫年 085 晉競(景)公會者(諸)侯以救(救)鄭

清華二·繫年 089 楚王子波(罷)會晉文子燮(燮)及者(諸)侯之夫=(大夫)

清華二·繫年 091 公會者(諸)侯於瞑(溴)梁

清華二·繫年 092 坪(平)公衒(率)𠂤(師)會者(諸)侯

清華二·繫年 094 坪(平)公衒(率)𠂤(師)會者(諸)侯

清華二·繫年 096 命(令)尹子木會邞(趙)文子武及者(諸)侯之夫=(大夫)

清華二·繫年 097 令尹會邞(趙)文子及者(諸)侯之夫=(大夫)

清華二·繫年 098 會者(諸)侯于繻(申)

· 1425 ·

清華二·繫年101 述(遂)明(盟)者(諸)侯於聖(召)陵

清華二·繫年103 者(諸)侯同禜(盟)于鹹泉以反晉

清華二·繫年109 公會者(諸)侯

清華二·繫年110 晉柬(簡)公會者(諸)侯

清華二·繫年119 晉公止會者(諸)侯於邘(任)

清華二·繫年057 穆王思(使)殹(驅)禜(盟)者(諸)之麇

清華二·繫年083 是教吳人反楚邦之者(諸)侯

清華二·繫年086 獻者(諸)競(景)公

清華二·繫年089 衍(率)自(師)會者(諸)侯以伐秦

清華三·琴舞09 者(諸)尔多子

清華三·芮良夫25 則慦(逸)者不愍(美)

清華三·赤鵠15 是訂(始)爲坤(陣)丁(當)者(諸)屖(屋)

清華四·筮法 16 筶（筮）死妻者

清華四·筮法 18 筶（筮）疾者

清華四·筮法 22 筶（筮）死夫者

清華四·筮法 44 四乃蒜（繠）者

清華四·筮法 47 伏鐱（劍）者

清華四·筮法 47 蒜（繠）者

清華四·筮法 47 乃殇（辜）者

清華四·筮法 48 寅（熱）、㲋（溺）者

清華四·筮法 48 繡（繠）者

清華四·筮法 48 二五夾四，殇（辜）者

清華四·筮法 49 乃瘂（狂）者

清華四·筮法 50 非瘂（狂）乃繡（繠）者

(箈)

清華五·厚父 05 者魯,天子

清華五·命訓 10 凡氒(厥)六者

清華五·命訓 11 是古(故)明王奉此六者

清華六·孺子 02 恩(圖)所臤(賢)者女(焉)繡(申)之以龜箈

清華六·管仲 01 見善者譚(墨)女(焉)

清華六·管仲 02 見不善者戒女(焉)

清華六·管仲 15 天子之明者

清華六·管仲 15 者(諸)侯

清華六·管仲 15 之明者

清華六·管仲 15 夫=(大夫)之明者

清華六·管仲 18 若夫湯者

清華六·管仲 19 老者忑（願）死

清華六·管仲 19 勮（壯）者忑（願）行

清華六·管仲 20 若句（后）辛者

清華六·管仲 22 若武王者

清華六·管仲 23 若學（幽）王者

清華六·管仲 24 今夫年（佞）者之利歎（氣）亦可旻（得）而䪒

（聞）虎（乎）

清華六·管仲 25 夫年（佞）者之事君

清華六·太伯甲 12 是四人者

清華六·太伯乙 10 是四人者

清華六·子儀 04 君及不敦（穀）剚（專）心穆（戮）力以左右者

（諸）侯

清華六·子儀 12 救兄弟以見東方之者（諸）侯

清華六·子儀 12 咎（舅）者不（丕）元

清華六·子儀 15 陰者思易（陽）

清華六·子儀 15 易（陽）者思陰

清華六·子儀 16 公及三方者（諸）邟（任）君

清華六·子儀 19 臣見遺者弗返（復）

清華六·子產 14 耑（前）者之能设（役）相亓（其）邦豪（家）

清華六·子產 14 以成名於天下者

清華六·子產 23 以㝱（遠）胼（屏）者

清華六·子產 29 者（諸）侯

清華七·子犯 11 昔者成湯以神事山川

清華七·晉文公 06 爲蒦莗（採）之羿（旗）戜（侵）糧者出

清華七·晉文公 08 九年大昗（得）河東之者（諸）侯

清華七·趙簡子 08 亦智(知)者(諸)侯之㥯(謀)

清華七·趙簡子 10 兼敀(霸)者(諸)侯

清華七·趙簡子 11 肰(然)則達(失)敀(霸)者(諸)侯

清華七·越公 06 三(四)方者(諸)侯亓(其)或敢不賓于吳邦

清華七·越公 08 以觀句戔(踐)之以此芊(八千)人者死也

清華七·越公 15 新(親)見事(使)者曰

清華七·越公 24 徂(使)者反(返)命雩(越)王

清華七·越公 32 亓(其)見蓐(農)夫老溺(弱)菫(勤)歷(厤)者

清華七·越公 33 朸(耕)者

清華七·越公 33 而牉(將)朸(耕)者

清華七·越公 45 亓(其)餕(勾)者

清華七·越公 46 亓(其)荅(落)者

清華七·越公50 居者(諸)左右

清華七·越公51 亡(無)兵者

清華七·越公52 亡(無)兵者是戠(察)

清華七·越公60 進者莫退

清華七·越公60 死者言=(三百)人

清華八·邦政07 女(如)是者亙(恆)興

清華八·邦政12 悳(直)者膚(皆)曲

清華八·邦政12 曲者膚(皆)悳(直)

清華八·處位04 夫不啟(度)政者

清華八·處位05 攸(修)之者散(微)丝(兹)母(毋)智(知)、母(毋)迬(效)二惎(忧)

清華八·處位06 亞(惡)設(沒)者(諸)

清華八·處位 06 疋(上)者亓(其)疋(上)

清華八·處位 06 下者亓(其)下

清華八·處位 10 少(小)民而不智(知)利政

清華八·邦道 02 古(故)昔之盟(明)者

清華八·邦道 04 古(故)昔之明者旻(得)之

清華八·邦道 04 愚(愚)者送(失)之

清華八·邦道 04 是以訨(仁)者不甬(用)

清華八·邦道 05 遙(遠)才(在)下立(位)而不由者

清華八·邦道 10 設(察)亓(其)訐(信)者以自改(改)

清華八·邦道 12 唯皮(彼)瀘(廢)民之不胜(循)教者

清華八·邦道 12 貴戔(賤)之立者(諸)同雀(爵)者

清華八·邦道 12 貴戔(賤)之立者(諸)同雀(爵)者

惡(愛)者

清華八·邦道13 是以尃(敷)均於百眚(姓)之溓(兼)厲(利)而

清華八·邦道14 亡(無)臬(寡)於者(諸)侯

清華八·邦道22 智者智(知)之

清華八·邦道22 愚者曰

清華八·心中01 目、耳、口、繨(肢)四者爲叟(相)

清華八·心中03 爲君者亓(其)監(鑒)於此

清華八·心中06 亓(其)亦忻(祈)者(諸)□與身

清華八·天下01 弌(一)者

清華八·天下01 弌(一)者

清華八·天下01 今之獸(守)者

清華八·天下02 昔天下之獸(守)者

清華八·天下 03 今之攻者

清華八·天下 03 所胃（謂）攻者

清華八·天下 05 昔三王者之所以取之之器

清華八·天下 06 昔三王之所胃（謂）戡（陳）者

清華八·虞夏 01 晷（海）外又（有）不至者

清華八·虞夏 02 晷（海）內又（有）不至者

清華八·虞夏 03 晷（海）外之者（諸）侯逴（歸）而不坓（來）

～，上博簡或作 、、、、、、、、、、、、、、、、、。《說文·白部》："者，別事詞也。從白，𣝑聲。![]，古文旅字。"

清華二·繫年 002、007"者正"，讀爲"諸正"，古代官名。《逸周書·嘗麥》："欽之哉！諸正敬功。"朱右曾《校釋》："諸正，司寇之屬官。"

清華二·繫年057"𥃬者",讀爲"孟諸",宋藪澤名,文獻或作孟豬、明都、盟諸、望諸等,在今河南省商丘縣東北,虞城縣西北。簡文"孟諸之麋",孟諸里的麋鹿。《左傳·僖公二十八年》:"畀余,余賜女孟諸之麋。"

清華二·繫年086"者",讀爲"諸",之于。

清華三·琴舞09"者",讀爲"諸"。吳昌瑩《經詞衍釋》:"猶凡也。"

清華三·赤鵠15"垟丁者屋",讀爲"陴當諸屋",意爲築小牆當屋,用以防阻。《禮記·祭統》:"夫義者所以濟志也,諸德之發也。"孔穎達疏:"諸,衆也。"

清華五·厚父05"者魯",李學勤認爲相當於《尚書》中的歎詞"都"。《書·皋陶謨》:"皋陶曰:'都!在知人,在安民。'"陳亮《勉強行道大有功》:"堯、舜之'都''俞',堯、舜之喜也,一喜而天下之賢智悉用也。"

清華五·命訓10、11"六者",指極命、極福、極禍、極恥、極賞、極罰。

清華六·孺子02"臤者",讀爲"賢者",賢能的人。《禮記·月令》:"天子布德行惠,命有司,發倉廩,賜貧窮,振乏絕,開府庫,出幣帛,周天下。勉諸侯,聘名士,禮賢者。"

清華六·管仲01、02"善者",《論語·述而》:"三人行,必有我師焉:擇其善者而從之,其不善者而改之。"

清華六·管仲18、20、22、23"若夫湯者",助詞。用於名詞之後,標明語音上的停頓。

清華六·管仲19"老者",年老的人。

清華六·管仲19"勸者",讀爲"壯者",強壯的人。

清華六·管仲24、25"夫年者",讀爲"夫佞者"。慧琳《一切經音義》卷五十七:"佞者,諂媚於上,曲順人情,乍僞似仁。"

清華七·子犯11"昔者",助詞。用在表時間的名詞後面,表示停頓。《禮記·檀弓下》:"昔者,吾舅死於虎,吾夫又死焉,今吾子又死焉。"

清華七·越公15、24"徥者",即"使者",奉命出使的人。《戰國策·趙一》:"使使者致萬家之邑一於知伯。"《史記·鄭世家》:"簡公欲與晉平,楚又囚鄭使者。"

清華七·越公33"朸者",即"耕者"。《荀子·富國》:"其耕者樂田,其戰士安難,其百吏好法。"

清華七·越公60"死者",《禮記·禮運》:"故死者北首,生者南鄉,皆從其初。"

清華八·處位06"亞殳者",讀爲"惡沒諸",意即何沒之呼?

清華八·邦道04"詁者",即"仁者"。《論語·子罕》:"子曰:'知者不惑,仁者不憂,勇者不懼。'"

清華七·越公50、清華八·心中06、清華八·邦道12"者",讀爲"諸",代詞"之"和介詞"於"的合音。《禮記·檀弓上》:"兄弟,吾哭諸廟。"

清華八·邦道04"偎(愚)者"、清華八·邦道22"智者""愚者",《列子·仲尼》:"智者之言固非愚者之所曉。"

清華八·心中01"四者",指目、耳、口、繵(肢)。

清華八·虞夏03"者侯",讀爲"諸侯",國君。《莊子·胠篋》:"彼竊鉤者誅,竊國者爲諸侯。諸侯之門,而仁義存焉。"《左傳·隱公七年》:"凡諸侯同盟,於是稱名。"孔穎達疏:"諸侯者,公侯伯子男五等之總號,雖爵小異而具是國君。故總稱諸侯也。"

其餘"者",代詞。用在形容詞、動詞、動詞片語或主謂詞組之後,組成"者"字結構,表示"……的人""……的事"。《老子》:"知人者智,自知者明。"

煮

清華一·祭公03 芒(亡)煮(圖)不智(知)命

清華三·芮良夫07 不煮(圖)慭(難)

清華三·芮良夫18 各煮(圖)氒(厥)羕(永)

清華五·湯丘11 朕隹(惟)逆訓(順)是煮(圖)

清華五·湯丘13 虽(夏)王不旻(得)亓(其)煮(圖)

清華六·管仲04 心亡(無)煮(圖)則目、耳豫(野)

清華六·管仲 05 心煮(圖)亡(無)獸(守)則言不道

清華七·越公 11 夫=(大夫)亓(其)良煮(圖)此

清華八·邦道 05 既亓(其)不兩於煮(圖)

清華八·邦道 10 煮(圖)終之以玒(功)

～與 䕞(上博一·緇 12)、䕞(上博五·姑 7)、䕞(上博五·姑 7)同，從"心""者"聲，"圖"之異體。《説文·口部》："圖，畫計難也。從囗、從啚。啚，難意也。"

清華一·祭公 03"煮"，即"圖"。《爾雅·釋詁》："圖，謀也。"

清華三·芮良夫 07"不煮戁"，讀爲"不圖難"。《管子·法法》："爵不尊、祿不重者，不與圖難犯危，以其道爲未可以求之也。"

清華五·湯丘 11"朕佳逆訓是煮"，讀爲"朕惟逆順是圖"。《書·金縢》："予小子新命於三王，惟永終是圖；兹攸俟，能念予一人。"

清華六·管仲 04"煮"，即"圖"，謀劃。《詩·小雅·常棣》傳："謀也。"

清華七·越公 11"良煮"，即"良圖"，妥善謀劃。《左傳·昭公二十三年》："士彌牟謂韓宣子曰：'子弗良圖，而以叔孫與其讎，叔孫必死之。'"

清華"煮"，即"圖"，圖謀、謀劃、謀取。《詩·小雅·常棣》："是究是圖，亶其然乎？"毛傳："圖，謀。"《爾雅·釋詁》："圖，謀也。"

恩

清華六·孺子 02 北(必)再三進夫=(大夫)而與之虘(偕)恩(圖)

清華六·孺子 02 既旻(得)恩(圖)乃爲之毁

清華六·孺子02 㤅（圖）所臤（賢）者女（焉）繡（申）之以龜箁（筮）

 清華六·孺子09 尃（布）㤅（圖）於君

～，從"心"，"囪"聲，"圖"字異體。

清華六·孺子02、09"㤅"，即"圖"，謀劃。《爾雅·釋詁》："圖，謀也。"

清華六·孺子02"既旻（得）㤅（圖）乃爲之毀"，謀劃實施卻失敗。

額

 清華二·繫年081 少帀（師）亡（無）期（極）譖（讒）連尹額（奢）而殺之

～，從"頁"，"者"聲。

清華二·繫年081"額"，讀爲"奢"，伍奢。《左傳·昭公十九年》："及即位，使伍奢爲之師，費無極爲少師。"《史記·伍子胥列傳》："楚平王有太子名曰建，使伍奢爲太傅，費無忌爲少傅。"

都

 清華六·管仲09 千韕（乘）之都

～，與 、同。《說文·邑部》："都，有先君之舊宗廟曰都。從邑，者聲。《周禮》：距國五百里爲都。"

清華六·管仲09"千韕之都"，即"千乘之都"。《管子·國蓄》："人君知其然，故守之以准平，使萬室之都必有萬鐘之藏，藏繦千萬；使千室之都必有千鍾之藏，藏繦百萬。"

豬

 清華八•邦道 01 以孚（免）亓（其）豬（屠）

～，从"歺"，"者"聲，"屠"字異體。

清華八•邦道 01"豬"，即"屠"，屠殺，殺戮，毁滅，毁壞。《荀子•議兵》："不屠城，不潛軍，不留衆，師不越時。"《史記•高祖本紀》："天下苦秦久矣。今父老雖爲沛令守，諸侯並起，今屠沛。"司馬貞《索隱》引范曄云："剋城多所誅殺，故云屠也。"

緒

 清華一•保訓 07 甬（用）受（授）氒（厥）緒

《説文•糸部》："緒，絲耑也。从糸，者聲。"

清華一•保訓 07"緒"，業也。《詩•魯頌•閟宮》："纘禹之緒。"毛傳："緒，業也。"《書•五子之歌》："明明我祖，萬邦之君。有典有則，貽厥子孫。關石和鈞，王府則有。荒墜厥緒，覆宗絶祀！"

堵

 清華七•越公 28 王狀亡（無）好攸（修）于民厽（三）工之堵

～，从"工"，"者"聲。

清華七•越公 28"堵"，讀爲"攻"或"圖"，此句指消耗大量民力的工程或規劃。或讀爲"署"，義爲安排。（滕勝霖）

箸

 清華一•保訓 03 女（汝）以箸（書）受之

清華一·金縢 11 王捕(把)箸(書)以溼(泣)

清華五·三壽 09 孨₌(君子)而不諀(讀)箸(書)占

～,與 𥫗(上博一·性 8)、𥱤(上博五·鮑 3)、𥫃(上博七·武 2)、𥫃(上博七·武 13)、𥫃(上博八·志 1)同,從"竹","者"聲,從"竹"者,表示簡册的屬性或筆的屬性,"書"的專字。"箸"與《説文》"箸,飯攲也"可能無關。

清華一·保訓 03"女以箸受之",讀爲"汝以書受之",以簡册書寫記録。

清華一·金縢 11、清華五·三壽 09"箸",即"書",典籍。許慎《説文解字·叙》:"著于竹帛謂之書。"《論語·先進》:"何必讀書,然後爲學?"

透紐兔聲

兔

清華三·琴舞 03 訖(迄)我佣(夙)夜不兔(逸)

清華三·赤鵠 07 二白兔

清華三·赤鵠 11 二白兔

清華三·赤鵠 13 殺黄它(蛇)與白兔

清華三·赤鵠 14 殺二黄它(蛇)與一白兔

清華三·赤鵠 14 亓(其)一白兔不曼(得)

清華三·赤鵠15 以钺（御）白兔

清華六·子儀14 臺（臺）上又（有）兔

清華七·晉文公07 成之以兔于蒿（郊）三

～，與 ▨（上博一·孔25）同。"兔"和"象"字一樣，从甲骨文時，是象形字，由軀體足尾可辨。在楚文字中，兩字除首部外，下作"肉"形，以致難於分辨。《說文·兔部》："兔，獸名。象踞，後其尾形。兔頭與龜頭同。"

清華三·琴舞03"訖我佣麥不兔"，讀爲"邇我夙夜不逸"。"夙夜不逸"，義同"夙夜不解"。或釋爲"象"。或釋爲"毚"，讀爲"僭"。（白於藍）

清華三·赤鵠07、11、13、14、15"白兔"，白色的兔子。

清華六·子儀14"兔"，兔子。

清華七·晉文公07"成之以兔于蒿（郊）三"之"兔"，或讀爲"抶"，笞擊，鞭打。《左傳·文公十八年》："夏，五月，公游于申池。二人浴于池，歜以樸抶職。"杜預注："抶，擊也。"《漢書·揚雄傳上》："屬堪輿以壁壘兮，梢夔魖而抶獝狂。"顏師古注："抶，笞也。"簡文"以抶于郊三"，於城外鞭笞了三人。（程浩）或釋爲"象"。

透紐鼠聲

鼩（鼠）

清華六·太伯甲09 爲是牢鼩（鼠）不能同穴

清華六·太伯乙08 亓（其）爲是牢鼩（鼠）不能同穴

～，與 ▨（包山85）、▨（包山162）、▨（安大一081）、▨（安大一

080)同,所從"鼠""予"均是聲符,"鼠"字繁體。《說文·鼠部》:"鼠,穴蟲之總名也。象形。"(李鵬輝)

清華六·太伯甲 09、太伯乙 08"牢㝅",即"牢鼠",牢閑中的老鼠。《詩·召南·行露》:"誰謂鼠無牙,何以穿我墉?"

透紐土聲

土

 清華一·皇門 06 遠土不(丕)承

 清華二·繫年 044 禜(盟)者(諸)侯於墥(踐)土

 清華三·說命上 06 是佳(惟)員(圜)土

 清華三·良臣 09 土(杜)白(伯)

 清華三·良臣 10 土(杜)䓿(逝)

 清華三·祝辭 02 乃左敦(執)土以祝曰

 清華三·祝辭 02 乃𡉈(投)以土

 清華三·赤鵠 08 帝命句(后)土爲二苂(陵)屯

 清華三·赤鵠 12 帝命句(后)土爲二苂(陵)屯

 清華五·畬門 19 水、火、金、木、土

 清華五·三壽 21 土(妒)悁(怨)母(毋)复(作)

 清華六·子儀 01 非(靡)土不飤(飭)

 清華七·越公 72 天以吳土賜雩(越)

 清華七·越公 75 凡吳土墬(地)民人

 清華八·八氣 06 句(后)土衛(率)土以飤(食)於室中

 清華八·八氣 06 句(后)土衛(率)土以飤(食)於室中

土 清華八·八氣 07 土曰隹(唯)定母(毋)困

～,與 ⊥(上博二·從甲 2)、⊥(上博五·弟 8)、土(上博四·曹 2)、土(上博七·君乙 4)同。《説文·土部》:"土,地之吐生物者也。二象地之下、地之中,丨,物出形也。"

清華一·皇門 06"遠土不(丕)承",今本《逸周書·皇門》作"王用奄有四鄰,遠土丕承",陳逢衡注:"奄有四鄰遠土,謂有天下。"

清華二·繫年 044"塝土",讀爲"踐土",鄭地。楊伯峻以爲在今河南省原陽縣西南,武陟縣東南。《左傳·僖公二十八年》:"夏四月戊辰,晉侯、宋公、齊國歸父、崔夭、秦小子慭次于城濮……楚師敗績……晉師三日館穀,及癸酉而還。甲午,至于衡雍,作王宮于踐土。"

清華三·説命上 06"員土",讀爲"圜土",牢獄。《釋名·釋宮室》:"獄……又謂之圜土,言築土表牆,其形圜也。"《周禮·地官·比長》:"若無授無

節,則唯圜土内之。"鄭玄注:"圜土者,獄城也。獄必圜者,規主仁,以仁心求其情,古之治獄,閔於出之。"《墨子·尚賢下》:"昔者傅說居北海之洲,圜土之上。"

清華三·良臣09"土白",讀爲"杜伯",周宣王時臣。《國語·周語上》:"杜伯射王于鄗。"韋昭注:"杜國,伯爵,陶唐氏之後也。《周春秋》曰:'宣王殺杜伯而不辜,後三年,宣王會諸侯,田於圃,日中,杜伯起于道左,衣朱衣,冠朱冠,操朱弓朱矢,射宣王,中心折脊而死也。'"

清華三·良臣10"土𧥣",讀爲"杜逝",人名。

清華三·祝辭02"土",土壤,泥土。《書·禹貢》:"厥貢惟土五色。"孔傳:"王者封五色土爲社。建諸侯,則各割其方色土與之,使立社。"

清華三·赤鵠08、12"句土",讀爲"后土",指土神或地神。亦指祀土地神的社壇。《周禮·春官·大宗伯》:"王大封,則先告后土。"鄭玄注:"后土,土神也。"《禮記·檀弓上》:"君舉而哭於后土。"鄭玄注:"后土,社也。"《漢書·武帝紀》:"朕躬祭后土地祇,見光集於靈壇,一夜三燭。"

清華五·啻門19"水、火、金、木、土",五行。

清華五·三壽21"土悁母复",讀爲"妒怨毋作"。"土",魚部透母字,讀魚部端母之"妒",嫉妒。

清華六·子儀01"非土不飲",讀爲"靡土不飲"。《吕氏春秋·孟春》:"田事既飭。"高誘注:"飭,讀曰敕。"

清華七·越公72"吳土",吳國土地。

清華八·八氣06"句土",讀爲"后土"。《左傳·昭公二十九年》:"五行之官,是謂五官……水正曰玄冥,土正曰后土。"杜預注:"土爲群物主,故稱后也。"

清華八·八氣07"土""后土",土神。室中,五祀之一,文獻中作"中霤""中流""中霤""室中霤"等。《白虎通·五祀》:"六月祭中霤。中霤者,象土在中央也。"

徒

清華一·程寤06 欲隹(惟)栢夢,徒庶言迹

清華二·繫年057 㝅(徒)之徒薔(林)

清華六·太伯甲 05 以車七䩦（乘），徒卅＝（三十）人

清華六·太伯乙 04 以車七䩦（乘），徒卅＝（三十）人

清華六·子儀 03 車𣳚（逸）於舊𦉢（數）三百，徒𣳚（逸）于舊典六百

清華六·子儀 05 徒伲所遊又步里謢讙也

清華六·子產 16 與善爲徒

清華七·越公 17 用事（使）徒遽逇（趣）聖（聽）命於……

清華八·天下 06 非戰（陳）亓（其）車徒

～，與 徒（上博四·曹 32）、徒（上博八·王 1）同。《説文·辵部》：徒，步行也。从辵，土聲。"

清華二·繫年 057"徒菑"，讀爲"徒林"，田獵地名，但與《國語·晉語八》唐叔射兕的"徒林"非一地。

清華六·太伯甲 05、太伯乙 04"徒"，步兵。《詩·魯頌·閟宮》："公徒三萬，貝胄朱綅。"朱熹《集傳》："徒，步卒也。"《孫子·行軍》："塵高而鋭者，車來也；卑而廣者，徒來也。"

清華六·子儀 03"車𣳚（逸）於舊𦉢（數）三百，徒𣳚（逸）于舊典六百"之"車"，指兵車；"徒"，指士卒。《左傳·襄公二十七年》："使鳥餘具車徒以受封。"

清華六·子產 16"與善爲徒"，《莊子·大宗師》："其一與天爲徒，其不一與人爲徒。天與人不相勝也，是之謂真人。"

清華七·越公17"徒遽",徒步、坐車的使者。《國語·吳語》:"無姬姓之振也,徒遽來告。孤日夜相繼,匍匐就君。"韋昭注:"徒,步也。遽,傳車也。"《吳越春秋·夫差内傳》:"無姬姓之所振,懼,遣使來告。冠蓋不絶於道。""徒遽"相當於"使"。簡文"用事(使)徒遽趣聖(聽)命於……"一句意謂"因此派遣徒步的使者、坐車的使者趕緊聽命於……"。(胡敕瑞)

清華八·天下06"車徒",兵車和步卒。《周禮·夏官·大司馬》:"中夏,教茇舍,如振旅之陳,群吏撰車徒。"《漢書·刑法志》:"連帥比年簡車,卒正三年簡徒,群牧五載大簡車徒。"

坨

 清華六·子産21 坨(杜)繁(逝)

~,從"邑","土"聲。

清華六·子産21"坨繁",讀爲"杜逝",人名。

埜

 清華一·楚居10 女(焉)遲(徙)居承(蒸)之埜(野)

 清華六·子産24 埜(野)命(令)

 清華六·子産25 埜(野)型(刑)

清華六·子産26 埜(野)參(三)分

~,與埜(上博二·容28)同,從"林",從"土",會意。《説文·里部》"野,郊外也。從里,予聲。埜,古文野從里省,從林。"《集韻》:"野,古作壄、埜。"

清華一·楚居10"承之埜",讀爲"蒸之野",即"烝野",地名,楊伯峻《春秋左傳注》引顧棟高說在今湖北江陵,又沈欽韓說即今河南新野。《左傳·宣公四年》:"子越又惡之,乃以若敖氏之族圄伯嬴於轑陽而殺之,遂處烝野,將攻王。"

清華六·子產 24、25、26"埜",即"野",郊野。當時諸侯國有國、野之分,此處鄭即指鄭之國中,與野對稱。《周禮·天官·司會》:"掌國之官府、郊野、縣都之百物財用。"鄭玄注:"野,甸稍也。甸,去國二百里。稍,三百里。"《爾雅·釋地》:"郊外謂之牧,牧外謂之野,野外謂之林。"

埜

　清華六·管仲 09 埜(野)里霝(零)荅(落)

　清華七·越公 47 埜(野)會厽(三)品

　清華八·邦道 27 返(及)丌(其)埜(野)陣(里)、四隒(邊)

"野",戰國文字或作;或作、、、,從"土","予"聲。"予"的右側與"土"旁的豎筆連寫在一起,形成借筆關係,再受"土"旁豎筆出頭的影響,將兩個圓圈疊加在一起的"予"旁的左側筆畫也寫出頭,就成了"埜"字的形體。(吳良寶)或釋爲"冶",讀爲"野"。(趙平安)

清華六·管仲 09"埜里"、清華八·邦道 27"埜陣",讀爲"野里"。"野",鄙野,《説文》:"野,郊外也。"《詩·魯頌·駉》:"駉駉牡馬,在坰之野。"毛傳:"邑外曰郊,郊外曰野。"《爾雅·釋地》:"郊外謂之牧,牧外謂之野,野外謂之林。""里",指閭里,與"野"相對。《爾雅·釋言》:"里,邑也。"《漢書·刑法志》:"在野曰廬,在邑曰里。"或説"埜陣",讀爲"野鄙",古代指離城較遠的地方。亦指村野。《周禮·地官·遺人》:"野鄙之委積,以待羈旅。"《晏子春秋·雜下十二》:"君之内隸,臣之父兄,若有離散,在於野鄙,此臣之罪也。"《吕氏春秋·行論》:"華元言於宋昭公曰:'往不假道,來不假道,是以宋爲野鄙也。'"

清華七·越公 47"埜會厽品",讀爲"野會三品",邊鄙的考校分爲三個等級。“𡍮”，讀爲“野”，與都、縣相對應的行政區域。《周禮·天官·司會》：“掌國之官府、郊野、縣都之百物財用。”鄭玄注：“野，甸稍也。甸，去國二百里，稍，三百里。”或説“野會”，野外會見。

社

清華三·芮良夫 14 𢧢（衛）梩（相）社禝（稷）

清華五·湯丘 08 以長奉社禝（稷）

清華六·孺子 11 以定奠（鄭）邦之社禝（稷）

清華八·邦道 23 古（故）墜（墜）遊（失）社禝（稷）

～，與（上博二·子 6）、（上博四·柬 18）、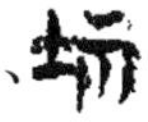（上博五·姑 3）同。《説文·示部》“社，地主也。从示、土。《春秋傳》曰：共工之子句龍爲社神，《周禮》：二十五家爲社，各樹其所宜之木。，古文社。”

清華“社禝”，即“社稷”，古代帝王、諸侯所祭的土神和穀神。《書·太甲上》：“社稷宗廟罔不祗肅。”《吕氏春秋·季冬紀·季冬》：“以供皇天上帝社稷之享。”亦用爲國家的代稱。《左傳·成公二年》：“吾子惠徼福齊國之福，不泯其社稷，使繼舊好。”《左傳·隱公十一年》：“無寧玆許公復奉其社稷，唯我鄭國之有請謁焉。”《國語·晉語八》：“豹也受命於君，以從諸侯之盟，爲社稷也。”《禮記·檀公下》：“能執干戈以衛社稷。”簡文之“社稷”即指國家。

䄢（㘴）

清華一·程寤 03 幣告宗方（祊）㘴（社）禝（稷）

清華六·太伯甲 06 女（如）容袿（社）之尻（處）

　清華六·太伯乙 05 女（如）容袿（社）之尻（處）

　清華七·越公 26 攸（修）奈（社）厇（位）

，與（上博七·吳 5）同，爲《說文》"社"字古文所本。，則爲之省。作""形當析爲从"示"、从"木"、从"土"，"土"之長横與"示"共用。

清華一·程寤 03 "杢稷"，讀爲"社稷"，參上。

清華六·太伯甲 06、太伯乙 05 "女（如）容袿（社）之尻（處）"之"社"，社壇。古代封土爲社，各栽種其土所宜之樹，以爲祀社神之所在。《左傳·昭公十七年》："伐鼓於社。"《公羊傳·哀公四年》："社者，封也。"何休注："封土爲社。"

透紐車聲

清華一·耆夜 10 设（役）車亓（其）行

清華二·繫年 012 車敞（轄）高之巨（渠）爾（彌）

清華二·繫年 058 宋公之車夢（暮）篁（駕）

清華二·繫年 060 以女子與兵車百䚻（乘）

清華二·繫年 092 殹（驅）車㠯（至于）東畱（畝）

清華二·繫年 136 楚人聿(盡)厺(棄)亓(其)幠(旟)、幕、車、兵

清華二·繫年 137 陳疾目衒(率)車千簠(乘)

清華四·筮法 54 爲兵，爲血，爲車

清華五·封許 06 敓(路)車

清華六·鄭武夫人規孺子 02 車七簠(乘)

清華六·鄭武夫人規孺子 06 輹(覆)車闇(襲)燚

清華六·鄭武夫人規孺子 04 以車七簠(乘)

清華六·鄭武夫人規孺子 05 輹(覆)車闇(襲)燚

清華六·子儀 02 車媵(逸)於舊書(數)三百

清華六·子產 07 不勅(飾)兑(美)車馬衣裘

清華七·晉文公 04 命鷰(蒐)攸(修)先君之簠(乘)貪(式)車虢

(甲)

車　　　清華七·趙簡子07 車麞（甲）外

車車　清華八·天下03 多亓（其）車兵

車車　清華八·天下06 非戟（陳）亓（其）車徒

車　　清華八·虞夏03 車大洛（輅）

《說文·車部》："車，輿輪之總名。夏后時奚仲所造。象形。凡車之屬皆从車。，籀文車。"

清華一·耆夜10"设車亓行"，讀為"役車其行"，見《詩·唐風·蟋蟀》。"役車"，服役出行的車子。

清華二·繫年012"車斁"，讀為"車轘"，謂車裂。一種用車撕裂人體的酷刑。《周禮·秋官·條狼氏》："凡誓，執鞭以趨於前，且命之，誓僕右曰殺，誓馭曰車轘。"鄭玄注："車轘，謂車裂也。"《左傳·桓公十八年》："秋，齊侯師于首止，子亹會之，高渠彌相。七月戊戌，齊人殺子亹而轘高渠彌。"

清華二·繫年058、清華四·筮法54"車"，車子，陸地上有輪子的交通運輸工具。《詩·秦風·車鄰》："有車鄰鄰，有馬白顛。"

清華二·繫年060"兵車"，戰車。《左傳·襄公十年》："子產聞盜，為門者，庀群司，閉府庫，慎閉藏，完守備，成列而後出，兵車十七乘。"《漢書·衡山王劉賜傳》："爽聞，即使所善白嬴之長安上書，言衡山王與子謀逆，言孝作兵車鍛矢。"

清華二·繫年092"殴車至東畝"，讀為"驅車至于東畝"。《韓非子·外儲說右上》："楚國之法，車不得至於茆門，非法也。天雨，廷中有潦，太子遂驅車至於茆門。"

清華二·繫年136"車"，特指兵車。

清華二·繫年137"陳疾目衒車千䇓"，讀為"陳疾目率車千乘"。《戰國策·韓一》："秦帶甲百餘萬，車千乘，騎萬匹，虎摯之士跿跔科頭貫頤奮戟者，至不可勝計也。"

清華六·太伯甲05、太伯乙04"以車七䇓（乘）"，參《書·蔡仲之命》："乃致辟管叔於商;囚蔡叔於郭鄰,以車七乘;降霍叔於庶人,三年不齒。"

清華五·封許06"敀車",讀爲"路車",輅車。古代天子或諸侯貴族所乘的車。《詩·大雅·韓奕》:"其贈維何?乘馬路車。"鄭箋:"人君之車曰'路車'。"高亨注:"貴族所乘的一種車。"《公羊傳·僖公二十五年》"乘大路",何休注:"禮,天子大路,諸侯路車,大夫大車,士飾車。"

清華六·太伯甲06、太伯乙05"輹車",讀爲"覆車",翻車。《周禮·考工記·輈人》:"既克其登,其覆車也必易。"《史記·樗里子甘茂列傳》:"禽困覆車。"裴駰《集解》:"譬禽獸得困急,猶能抵觸傾覆人車。"《戰國策·韓一》:"禽困覆車。公破韓,辱公仲,公仲收國復事秦,自以爲必可以封。"

清華六·子儀02"車",與"徒"相對,指兵車和士卒。

清華六·子產07"不勑(飾)岂(美)車馬衣裘",《管子·小匡》:"又游士八千人,奉之以車馬衣裘,多其資糧,財幣足之,使出周游於四方,以號召收求天下之賢士。"

清華七·晉文公04"車虢"、清華七·趙簡子07"車麿",讀爲"車甲",兵車和鎧甲。《禮記·王制》:"有發則命大司徒教士以車甲。"鄭玄注:"乘兵車衣甲之儀。"《史記·魯仲連鄒陽列傳》:"車甲全而歸燕,燕王必喜。"

清華八·天下03"車兵",車上披甲持械的士兵。《左傳·襄公二十五年》:"賦車兵、徒兵、甲楯之數。"杜預注:"車兵,甲士。"一説指車上戰士所執之兵器。參閱楊伯峻《春秋左傳注》。

清華八·天下06"車徒",兵車和步卒。《周禮·夏官·大司馬》:"中夏,教茇舍,如振旅之陳,群吏撰車徒。"

清華八·虞夏03"大迲",讀爲"大輅",古時天子所乘之車。《禮記·樂記》:"所謂大輅者,天子之車也。"《禮記·明堂位》:"鸞車,有虞氏之路也。鉤車,夏后氏之路也。大路,殷路也。乘路,周路也。"

透紐余聲

余

 清華一·尹至01 余岂(閔)丌(其)又(有)顋(夏)衆□吉好

清華一·尹至 02 余返（及）女（汝）皆芒（亡）

 清華一·耆夜 05 人備余不睪（胄）

 清華一·金縢 11 隹（惟）余沖（沖）人亦弗返（及）智（知）

 清華一·金縢 12 隹（惟）余沖（沖）人亓（其）辟（親）逆公

 清華一·皇門 02 隹（惟）莫贙（開）余嘉惪（德）之兌（說）

 清華一·皇門 10 曰余蜀（獨）備（服）才（在）寑

 清華一·皇門 12 以勷（助）余一人惌（憂）

 清華一·皇門 13 叚（假）余憲（憲）

 清華一·皇門 13 輔余于險

 清華一·皇門 13 醫（閱）余于淒（濟）

 清華一·祭公 01 衺（哀）余少（小）子

清華一·祭公 01 余多寺叚（假）嵒（懲）

清華一·祭公 02 我酭(聞)且(祖)不余(豫)又(有)㠱(遲)

清華一·祭公 02 余隹(惟)寺(時)逨(來)視

清華一·祭公 02 余畏天之复(作)畏(威)

清華一·祭公 08 以余少(小)子颺(揚)文武之剌(烈)

清華一·祭公 09 聿(盡)㝅(付)畀余一人

清華一·祭公 20 余隹(惟)弗记(起)紊(朕)疾

清華三·說命上 03 帝殹(抑)尔以畀舍(余)

清華三·說命中 07 余告女(汝)若寺(時)

清華三·說命下 02 余罔又(有)罜(斁)言

清華三·說命下 02 余隹(惟)命女(汝)敓(說)韗(融)朕命

清華三·說命下 02 余臑(柔)遠能逐(邇)

清華三·說命下 03 复(作)余一人

清華三·說命下 04 余克䚄（享）于朕辟

 清華三·說命下 07 余既訊（諟）故（劼）諡（毖）女（汝）

 清華三·說命下 08 余不克辟萬民

 清華三·說命下 09 余罔紑（墜）天休

 清華三·說命下 09 余隹（惟）弗迸（雍）天之叚（嘏）命

 清華三·琴舞 05 厰（嚴）余不解（懈）

 清華三·芮良夫 09 曰余（予）未均

 清華三·赤鵠 04 少（小）臣受亓（其）余（餘）而嘗之

 清華二·繫年 075 陳公子諀（徵）余（舒）殺亓（其）君需（靈）公

 清華二·繫年 076 殺呈（徵）余（舒）

 清華二·繫年 129 晉賹余銜（率）晉自（師）與奠（鄭）自（師）以內（入）王子定

清華二·繫年 078 氏（是）余受妻也

清華三·良臣 05 又（有）子余（餘）

 清華六·子儀 02 乃关（券）册秦邦之䎆（賢）余（餘）

清華六·子儀 08 余可（何）矰以還（就）之

清華六·子儀 08 余隹（誰）思（使）于告之

清華六·子儀 09 余愚（畏）亓（其）或（式）而不訫（信）

清華六·子儀 09 余隹（誰）思（使）于脋之

清華六·子儀 09 昔之襰（臘）可（兮）余不與

清華六·子儀 10 今丝（兹）之襰（臘）余或不與

 清華六·子產 19 以自余（餘）智

 清華四·筮法 11 亓（其）余（餘），禓（易）向

 清華四·筮法 41 亓（其）余（餘）佋（昭）穆，果

清華五·湯丘11 唯(雖)余孤之與卡₌(上下)交

清華五·湯丘11 女(如)幸余閈(間)於天畏(威)

清華六·管仲30 余日三陞之

清華五·厚父07 佳(惟)寺(時)余經念乃高且(祖)克憲(憲)皇天之政工(功)

清華五·厚父11 今民莫不曰余娛(保)孷(教)明(德)

清華五·封許05 以堇(勤)余天(一人)

清華五·封許07 余既監于殷之不若

清華五·三壽14 余(餘)盲(享)獻祍(攻)，适(括)還蚕(妖)蠱(祥)

清華七·子犯03 省(少)公乃訋(召)子余(餘)而䰞(問)女(焉)

清華七·子犯04 子余(餘)倉(答)曰

清華七·子犯06 公乃訋(召)子軛(犯)、子余(餘)曰

清華七·子犯 09 不穀(穀)余敢繇(問)亓(其)道䌛(奚)女(如)

 清華七·子犯 01(背)子靶(犯)子余(餘)

 清華七·越公 07 余亓(其)必歔(滅)鹽(絕)雩(越)邦之命于天下

 清華七·越公 19 余弃(棄)啻(惡)周好

 清華七·越公 21 余聖(聽)命於門

 清華七·越公 23 余亓(其)與吳科(播)弃(棄)悁(怨)啻(惡)于
潪(海)濾(濟)江沽(湖)

 清華七·越公 46 弗余(予)酓(飲)飤(食)

 清華七·越公 70 余不敢鹽(絕)祀

 清華七·越公 75 孤余䌛(奚)面目以視于天下

 清華八·攝命 01 余弗造民庚(康)

 清華八·攝命 01 余亦叓窮亡可事(使)

清華八·攝命 01 余一人無晝夕難(勤)卹

 清華八·攝命 02 余亦闈(橫)于四方

 清華八·攝命 02 甚余我邦之若否

 清華八·攝命 02 鈢(肆)余畫猷卜乃身休

 清華八·攝命 03 今余既明命女(汝)曰

 清華八·攝命 07 女(汝)母(毋)敢怙偈(遏)余曰乃妡(毓)

 清華八·攝命 12 女(汝)有告于余事

 清華八·攝命 15 余既執(設)乃服

 清華八·攝命 17 余辟相佳(唯)卸(御)事

 清華八·攝命 17 余厭既異氒(厥)心氒(厥)悳(德)

 清華八·攝命 18 不迡(之)則卑(俾)于余

 清華八·攝命 18 今乃辟余

清華八·攝命 19 乃眔余言

 清華八·攝命 19 甬(用)辟余才(在)立(位)

 清華八·攝命 21 余既明命女(汝)

 清華八·攝命 23 余肈(肇)事(使)女

 清華八·攝命 24 隹(唯)余其卹

 清華八·攝命 26 余一人害(曷)叚(假)

 清華八·攝命 26 余害(曷)叚(假)

 清華八·攝命 27 亦余一人永膚(安)才(在)立(位)

 清華八·攝命 29 余隹(唯)亦羿(功)乍(作)女(汝)

 清華八·攝命 29 余亦隹(唯)䛆毀兌(說)女(汝)

 清華八·攝命 29 余亦隹(唯)肈(肇)敾(耆)女(汝)悳(德)行

 清華八·攝命 30 余既明竅(啓)劼毖(毖)女(汝)

清華八·處位 06 余無辠（罪）而涖（屏）

　　清華八·邦道 13 甬（用）是以有余（餘）

　　清華八·八氣 05 句余亡（芒）銜（率）木以飤（食）於户

～，上博簡或作 、、、、、、。楚文字常常在下部加一斜撇，或左或右，形與"少"形近；中間一豎或嚮上穿透；左右"八"字形的筆畫，或上移。《説文·八部》："余，語之舒也。从八，舍省聲。"

清華一·尹至 02"余迖女皆芒"，讀爲"余及汝皆亡"。《書·湯誓》："時日曷喪，予及汝皆亡。"

清華一·耆夜 05"人備余不諻（喤）"，軍士們也都聽從命令無擾動。（《讀本一》第 124 頁）

清華一·金縢 11"佳（惟）余沖（沖）人亦弗迖（及）智（知）"，今本《書·金縢》作"惟予沖人弗及知"。

清華一·金縢 12"佳（惟）余沖（沖）人亓（其）辟（親）逆公"，今本《書·金縢》作"惟朕小子其新逆"。

清華一·皇門 02"佳（惟）莫覓（開）余嘉恚（德）之兑（説）"，今本《逸周書·皇門》作"維其開告于予嘉德之説"。

清華一·皇門 10"曰余蜀（獨）備（服）才（在）寑"，今本《逸周書·皇門》作"曰予獨服在寢"，丁宗洛《逸周書管箋》："獨服在寢，言專妬也。"

清華一·皇門 12"以鬻（助）余一人悥（憂）"，今本《逸周書·皇門》作"夫明爾德以助予一人憂"。

清華一·祭公 09，清華三·説命下 03，清華五·封許 05，清華八·攝命 01、26、27"余一人"，古代天子自稱。也寫作"予一人"。《左傳·昭公三十二年》："（天子曰）：'余一人無日忘之，閔閔焉如農夫之望歲。'"《國語·周語上》：

"在《湯誓》曰：'余一人有罪，無以萬夫；萬夫有罪，在余一人。'"韋昭注："天子自稱曰余一人。"

清華一·皇門13"叚（假）余憲（憲）"，今本《逸周書·皇門》作"爾假予德憲"。

清華一·皇門13"輔余于險"，今本《逸周書·皇門》作"譬若衆畋，常扶予險"。

清華一·皇門13"嚻（閲）余于淒（濟）"，今本《逸周書·皇門》作"乃而予于濟"。

清華一·祭公02"不余"，讀爲"不豫"，天子有病的諱稱。《逸周書·五權》："維王不豫，于五日召周公旦。"朱右曾《校釋》："天子有疾稱不豫。"《書·金縢》："王有疾，弗豫。"

清華三·芮良夫09"曰余未均"之"余"，讀爲"予"。《淮南子·本經》："予之與奪也。"高誘注："予，布施也。"《荀子·富國》："忠信調和均辨之至也。"楊倞注："均，平均。"

清華三·赤鵠04"余"，讀爲"餘"。

清華二·繫年075、076"陳公子諆余"，讀爲"陳公子徵舒"。即夏徵舒。《國語·楚語上》："昔陳公子夏爲御叔娶於鄭穆公，生子南。"韋昭注："公子夏，陳宣公之子，御叔之父也，爲御叔娶鄭穆公少妃姚子之女夏姬也……子南，夏徵舒之字。"

清華二·繫年129"腄余"，人名。

清華三·良臣05，清華七·子犯03、04、06、01（背）"子余"，讀爲"子餘"，人名。

清華六·子儀02"余"，讀爲"餘"，遺留、留存。賈誼《過秦論》："及至秦王，續六世之餘烈。"

清華六·子産19"余"，讀爲"餘"，多。《吕氏春秋·辨土》："亦無使有餘。"高誘注："餘，猶多也。"

清華四·筮法11、41"余"，讀爲"餘"。

清華五·三壽14"余"，讀爲"餘"。《説文》："饒也。"簡文"餘享"，祭饗豐多。

清華七·越公46"余"，讀爲"予"，給與。《詩·小雅·采菽》："君子來朝，何錫予之？"《荀子·修身》："怒不過奪，喜不過予。"楊倞注："予，賜也。"

清華八·邦道13"有余"，讀爲"有餘"。《孔子家語·六本》："中人之情也，有餘則侈。"

清華八·八氣05"句余亡"，讀爲"句余芒"，即句芒，傳説中的主木之官，又爲木神。《禮記·月令》："（孟春之月）其帝大皞，其神句芒。"鄭玄注："句芒，少皞氏之子曰重,爲木官。"

其餘"余",代詞,第一人稱。《詩·邶風·谷風》:"不念昔者,伊余來塈。"《楚辭·離騷》:"皇覽揆余初度兮,肇錫余以嘉名。"

舍

 清華一·尹誥04 舍(予)之吉言

 清華一·祭公20 孳(兹)皆缶(保)舍(胥)一人

 清華三·說命上03 帝殹(抑)尔以畀舍(余)

 清華三·琴舞03 貼(示)告舍(余)㬎(顯)悳(德)之行

 清華三·琴舞07 不㦷(逸)藍(監)舍(余)

 清華三·琴舞09 曰亯(享)畣(答)舍(余)一人

 清華三·琴舞10 思輔舍(余)于勤(艱)

 清華三·琴舞10 亓(其)舍(余)沝(沖)人

 清華三·琴舞11 甬(用)頌(容)咠(輯)舍(余)

 清華三·琴舞12 㣇(遹)舍(余)龏(恭)書(何)剆(怠)

清華三·琴舞 13 舎(余)彔(逯)思念

 清華三·赤鵠 08 亓(其)下舎(舍)句(后)疾

 清華三·赤鵠 12 亓(其)下舎(舍)句(后)疾

 清華五·三壽 27 舎(餘)敬恙(養)

 清華六·管仲 25 疋(胥)舎(舍)之邦

 清華二·繫年 007 邦君者(諸)正乃立幽王之弟舎(余)臣于虢(虢)

～，从"口"，"余"聲。《説文·亼部》："舍，市居曰舍。从亼、屮，象屋也。口象築也。"

清華一·尹誥 04"舍"，讀爲"予"。（廖名春）

清華一·祭公 20"舍"，或疑讀爲"胥"。《爾雅·釋詁》："胥，相也。"

清華三·琴舞 09"舍一人"，即"余一人"，參上。

清華三·琴舞 03"貽告舍㬎悳之行"，讀爲"示告余顯德之行"，與毛公鼎（《集成》02841）"告余先王若德"相類。

清華三·琴舞 07"藍舍"，讀爲"監余"。監，察看、督察。《書·呂刑》："上帝監民。"

清華三·琴舞 10"思輔舍于勤"，讀爲"思輔余于艱"。叔夷鐘、鎛（《集成》00272、00285）："汝輔余於艱恤。"

清華三·琴舞 10"舍沖人"，讀爲"余沖人"。蔡侯申鐘（《集成》00210）："余唯末小子，余非敢寧荒。"《書·盤庚下》"肆予沖人，非廢厥謀，弔由靈。"孔傳："沖，童。"孔穎達疏："沖、童聲相近，皆是幼小之名。自稱童人，言己幼小無知,故爲謙也。"

清華五·三壽 27"舍",讀爲"餘",《説文》:"饒也。"

清華二·繫年 007"舍臣",即"余臣",又稱攜王。《左傳·昭公二十六年》:"至于幽王,天不弔周,王昏不若,用愆厥位,攜王奸命。"孔穎達疏:"《汲冢書紀年》云:平王奔西申,而立伯盤以爲大子,與幽王俱死于戲。先是申侯、魯侯及許文公立平王於申,以本大子,故稱天王。幽王既死,而虢公翰又立王子余臣於攜,周二王並立。二十一年,攜王爲晉文公所殺。以本非適,故稱攜王。"簡文余臣爲幽王弟。

清華"舍",讀爲"余",代詞,第一人稱。

念

 清華七·越公 45 王見亓(其)執事人則訇(怡)念(豫)悥(意)也

 清華七·越公 46 則顯(顰)感(蹙)不念(豫)

～,從"心","余"聲。

清華七·越公 45"訇念",讀爲"怡豫",同義聯用。《三國志·吳志·諸葛恪傳》:"近漢之世,燕、蓋交邁,有上官之變,以身值此,何敢怡豫邪?"

清華七·越公 46"不念",讀爲"不豫",不高興。《孟子·梁惠王下》:"吾王不豫,吾何以助?"《孟子·公孫丑下》:"夫子若有不豫色然。"

俆

 清華八·邦道 23 辟(譬)之若日月之俆(敘)

～,與 同,從"人","余"聲。

清華八·邦道 23"辟(譬)之若日月之俆"之"俆",讀爲"敘"。《周禮·地官·鄉師》:"凡邦事,令作秩敘。"鄭玄注:"敘,猶次也。"

㚒

清華二·繫年 018 以侯殷之㚒（餘）民

清華二·繫年 034 乃僾（背）秦公弗㚒（予）

清華二·繫年 076 取元（其）室以㚒（予）繻（申）公

～，從"又"，"余"聲。

清華二·繫年 018"㚒民"，讀爲"餘民"，遺民，亡國之民。《書·康誥》："成王既伐管叔、蔡叔，以殷餘民封康叔。"《史記·周本紀》："以微子開代殷後，國於宋。頗收殷餘民，以封武王少弟封爲衛康叔。"

清華二·繫年 034"乃僾秦公弗㚒"，讀爲"乃背秦公弗予"。《左傳·僖公十五年》："賂秦伯以河外列城五，東盡虢略，南及華山，內及解梁城，既而不與。"

清華二·繫年 076"㚒"，讀爲"予"。《爾雅·釋詁》："予，賜也。"郭璞注："賜與也。"

敍

清華五·三壽 16 晨（振）若（若）敍（除）慝（慝）

清華六·孺子 10 三（四）鄱（鄰）以虞（吾）先君爲能敍

～，與 、同，從"攴"，"余"聲，當即去除之"除"的專字。

清華五·三壽 16"敍"，讀爲"除"，去也。簡文"振若除慝"，舉善去惡。

清華六·孺子 10"敍"，猶比次也。《周禮·天官·司書》："司書掌邦之六典、八灋、八則、九職、九正、九事邦中之版，土地之圖，以周知入出百物，以敍其財，受其幣，使入于職幣。"鄭玄注："敍猶比次也，謂鉤考其財幣所給，及其餘見,爲之簿書。"

敘

　　清華五·厚父 04 永敘(敘)才(在)服

　　清華五·厚父 07 甬(用)敘(敘)才(在)服

～,與 、同,从"攴","舍"聲。

清華五·厚父"敘",即"敘"。《周禮·天官·小宰》:"五曰以敘受其會。"孫詒讓《正義》引《説文》:"敘,次第也。"

梌

　　清華六·管仲 18 執事又(有)梌(餘)

～,从"木","余"聲。

清華六·管仲 18"梌",或讀爲"敘",或讀爲"餘"。《淮南子·精神》:"食足以接氣,衣足以蓋形,適情不求餘。"高誘注:"餘,饒也。"

鄐

　　清華二·繫年 074 陳公子諻(徵)鄐(舒)取(娶)妻于奠(鄭)穆公

　　清華二·繫年 098 敦(執)鄐(徐)公

　　清華二·繫年 098 述(遂)以伐鄐(徐)

《説文·邑部》:"鄐,邾下邑地。从邑,余聲。魯東有鄐城,讀若塗。"

清華二·繫年 074"諻鄐",讀爲"徵舒",即夏徵舒。《國語·楚語上》:"昔陳公子夏爲御叔娶於鄭穆公,生子南。"韋昭注:"公子夏,陳宣公之子,御叔之父也,爲御叔娶鄭穆公少妃姚子之女夏姬也……子南,夏徵舒之字。"

清華二·繫年098"敄郐公",讀爲"執徐公"。《左傳·昭公四年》:"六月丙午,楚子合諸侯于申……徐子,吳出也,以爲貳焉,故執諸申。"

清華二·繫年098"述以伐郐",讀爲"遂以伐徐"。徐,古國名。《春秋·莊公二十六年》:"秋,公會宋人齊人伐徐。"楊伯峻注:"徐,國名,嬴姓。古徐子國在今安徽省泗縣西北五十里。"《左傳·昭公六年》:"徐儀楚聘于楚。楚子執之,逃歸。懼其叛也,使薳洩伐徐。"《詩·大雅·常武》:"率彼淮浦,省此徐土。"鄭箋:"省視徐國之土地叛逆者。"

䛆

清華一·楚居16 审(中)䛆(謝)记(起)禍

～,从"巫","舍"聲。

清華一·楚居16"审䛆",包山145號簡作"审䛆"、18號簡作"中䛆"、上博簡《柬大王泊旱》9、10作"中余",均讀爲"中謝",典籍或作"中射",楚官名,爲侍御之官。《史記·張儀列傳》:"越人莊舄仕楚執圭,有頃而病。楚王曰:'舄故越之鄙細人也,今仕楚執圭,貴富矣,亦思越不?'中謝對曰:'凡人之思故,在其病也。彼思越則越聲,不思越則楚聲。'"《索隱》:"蓋謂侍御之官。"(陳偉)或讀爲"中舍"。

䛊

清華二·繫年128 競(景)之賈與䛊(舒)子共戠(止)而死

～,从"巫","舒"聲。

清華二·繫年128"䛊子共",讀爲"舒子共",舒滅於楚,其後人以舒爲氏,見秦嘉謨《世本輯補》。

瘀

 清華一·保訓 01 隹王至=（五十）年，不瘀（豫）

 清華一·金縢 01 王不瘀（豫）又（有）昰（遲）

～，从"疒"，"余"聲。

清華一·保訓 01、金縢 01"不瘀"，讀爲"不豫"或"不懌"，天子有病的諱稱。《逸周書·五權》："維王不豫，于五日召周公旦。"朱右曾《校釋》："天子有疾稱不豫。"《書·顧命》："唯四月哉生魄，王不懌。"

塗

 清華七·越公 28 不禹（稱）貣（貸）殳（役）洫塗洵（溝）隓（塘）之㣊（功）

 清華七·越公 30 王辟（親）涉洵（溝）淳（澱）洫塗

～，从"土"，"涂"聲，"余""土"共用筆畫，"塗"字異體。《説文·土部》："塗，泥也。从土，涂聲。"

清華七·越公 28、30"塗"，《漢書·王褒傳》："及至巧冶鑄干將之樸，清水焠其鋒，越砥歛其咢，水斷蛟龍，陸剸犀革，忽若彗氾畫塗。"顔師古注："塗，泥也。"簡文"洫塗溝溏之功"，指各種水利工程。

籨

 清華五·啻門 09 燹（氣）籨乃獸

～，从"燹（氣）"，"余"聲，氣緩之"徐"專字。

清華五·啻門 09"籨"，即"徐"，緩慢。《莊子·天道》："斲輪徐則甘而不固,疾則苦而不入,不徐不疾,得之於手而應於心。"《文選·成公綏〈嘯賦〉》:"徐宛約而優游,紛繁騖而激揚。"張銑注:"徐,緩也。"

透紐黍聲

番

 清華七·晉文公 03 具審(黍)稷醴=(醴酒)以祀

《說文·禾部》:"黍,禾屬而黏者也。以大暑而穜,故謂之黍。从禾,雨省聲。孔子曰:'黍可爲酒,禾入水也。'"

清華七·晉文公 03"審稷",即"黍稷",黍和稷。爲古代主要農作物。亦泛指五穀。《書·君陳》:"黍稷非馨,明德惟馨。"葛洪《抱朴子·明本》:"珍黍稷之收,而不覺秀之者豐壤也。"

定紐舁聲

與

 清華一·尹誥 01 非(彼)民亡(無)與獸(守)邑

 清華一·金縢 05 我則晵(瘞)璧與珪

 清華一·金縢 05 我乃以璧與珪逞(歸)

 清華一·楚居 04 至酓(熊)罴(繹)與屈紃(紃)

 清華二·繫年 006 王與白(伯)盤逐(逐)坪(平)王

清華二·繫年026 郱（蔡）侯與從

　清華二·繫年048 秦穆公欲與楚人爲好

　清華二·繫年049 秦女（焉）訇（始）與晉敎（執）衡

　清華二·繫年060 以女子與兵車百䡇（乘）

　清華二·繫年067 子亓（其）與臨之

　清華二·繫年071 以鶉骼玉笒（爵）與臺（淳）于之田

　清華二·繫年076 連尹襄老與之爭

　清華二·繫年077 司馬子反與繡（申）公爭少盃（孟）

　清華二·繫年081 亓（其）子五（伍）員與五（伍）之雞逃歸（歸）吳

　清華二·繫年084 與吳人戠（戰）于析

　清華二·繫年086 競（景）公欲與楚人爲好

　清華二·繫年101 晉與吳會爲一

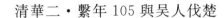

 清華二·繫年 105 與吳人伐楚

 清華二·繫年 105 與楚𠂤(師)會伐陽(唐)

 清華二·繫年 109 以與吳王鬲(壽)夢相見于𨛫(虢)

 清華二·繫年 109 與吳王盍(闔)䖒(盧)伐楚

 清華二·繫年 110 以與夫秦(差)王相見于黃池

 清華二·繫年 111 戉(越)人因衺(襲)吳之與晉爲好

 清華二·繫年 111 以與戉(越)命(令)尹宋䀄(盟)于邢

 清華二·繫年 112 𤞷(趙)狗衒(率)𠂤(師)與戉(越)公朱(朱)

句伐齊

 清華二·繫年 117 與晉𠂤(師)戰(戰)於長城

 清華二·繫年 118 楚以與晉固爲肎(怨)

 清華二·繫年 120 衒(率)𠂤(師)與戉(越)公殹(翳)伐齊

· 1473 ·

清華二·繫年 120 齊)與戉(越)成

　清華二·繫年 120 戉(越)公與齊侯貣(貸)、魯侯侃(衍)明(盟)
于魯稷門之外

　清華二·繫年 122 齊與晉成

　清華二·繫年 123 明(盟)陳和與陳淏於溋門之外

　清華二·繫年 128 鵻(陽)城逗(桓)悊(定)君衍(率)犢闖(關)
之𠂤(師)與上或(國)之𠂤(師)以这(交)之

　清華二·繫年 128 與之戠(戰)於珪(桂)陵

　清華二·繫年 128 競(景)之賈與䰜(舒)子共戠(止)而死

　清華二·繫年 129 晉踵余衍(率)晉𠂤(師)與奠(鄭)𠂤(師)以
內(入)王子定

　清華二·繫年 130 牆(將)與之戠(戰)

　清華二·繫年 131 聿(盡)逾奠(鄭)𠂤(師)與亓(其)四遹(將)軍

　清華二·繫年 132 楚人歸(歸)奠(鄭)之四牆(將)軍與亓(其)

萬民於奠（鄭）

　　清華二·繫年 134 與晉自（師）戬（戰）於武易（陽）之城下

　　清華二·繫年 135 三執珪之君與右尹卲（昭）之妃（媵）死女

（焉）

　　清華三·芮良夫 11 身與之語

　　清華三·芮良夫 26 屯可與忢（忨）

　　清華三·芮良夫 26 而鮮可與惟

　　清華三·良臣 08 奠（鄭）桓（桓）公與周之遺老

　　清華三·赤鵠 07 帝命二黃它（蛇）與二白兔尻句（后）之寢（寢）

室之棟

　　清華三·赤鵠 11 帝命二黃它（蛇）與二白兔

　　清華三·赤鵠 13 殺黃它（蛇）與白兔

　　清華三·赤鵠 14 殺二黃它（蛇）與一白兔

　　清華六·孺子 01 北（必）再三進夫=（大夫）而與之虐（偕）恩

(圖)

(得)晉(惡)

 清華六·孺子02 古(故)君與夫=(大夫)螸(晏)女(焉)不相旻

 清華六·孺子05 自壟(衛)與奠(鄭)若卑耳而昏(謀)

 清華六·太伯甲02 不𡧰(穀)以能與遷(就)宋(次)

 清華六·太伯甲02 與不𡧰(穀)爭白(伯)父

 清華六·太伯乙02 不𣪊(穀)以能與遷(就)樨(次)

 清華六·太伯乙02 與不𣪊(穀)請(爭)白(伯)父

 清華六·子儀09 昔之禮(臘)可(兮)余不與

 清華六·子儀10 今丝(兹)之禮(臘)余或不與

 清華五·湯丘03 乃與少(小)臣忎(惎)㥛(謀)鄑(夏)邦

 清華五·湯丘07 必思(使)事與飤(食)相𡔷(當)

 清華五·湯丘11 唯(雖)余孤之與卡=(上下)交

· 1476 ·

清華五・湯丘 16 與民分利

清華五・三壽 01 叁(三)壽與從

清華五・三壽 08 句(苟)我與尔(爾)相念相悬(謀)

清華六・管仲 01 君子斈(學)與不斈(學)

清華六・管仲 25 必歬(前)敬(敬)與考(巧)

清華六・管仲 25 而遂(後)譖(僭)與譌

清華六・管仲 27 爲君與爲臣管(執)袋(勞)

清華六・子産 16 與善爲徒

清華七・子犯 11 與人面見湯

清華七・子犯 14 則大甲與盤庚

清華七・趙簡子 06 归(抑)昔之旻(得)之與逵(失)之

清華七・越公 23 余亓(其)與吴科(播)弃(棄)悁(怨)啞(惡)于

潪(海)濫(濟)江沽(湖)

 清華七・越公33 王必與之衛(坐)飤(食)

 清華七・越公41 昔日與吕(己)言員(云)

 清華七・越公52 與(舉)雩(越)邦 孚=(至于)鄥(邊)還(縣)成(城)市乃皆好兵甲

 清華七・越公73 亓(其)與幾可(何)

 清華八・攝命25 從龏(恭)女(汝)與女(汝)

 清華八・邦政06 父兄與於終要

 清華八・處位01 與(舉)介執事

 清華八・邦道08 皮(彼)善與不善

 清華八・邦道11 和亓(其)音燹(氣)與亓(其)𢝊(顏色)以脜(柔)之

 清華八・心中02 纏(肢)古(故)與(舉)之

 清華八・心中04 必心與天兩事女(焉)

清華八·心中 06 畏(鬼)與天

 清華八·心中 07 亓(其)亦忻(祈)者(諸)□與身

～，與🈳(上博四·曹 13)、🈳(新蔡乙一 15)同，从四手(上下各兩隻手)或兩手(即廾)，"牙"聲，"牙"或省爲"丩"形，或訛爲"人"。《說文·舁部》："與，黨與也。从舁，从與。🈳，古文與。"

清華一·尹誥 01"非民亡與獸邑"，讀爲"彼民無與守邑"。參《國語·周語上》引《夏書》："衆非元后何戴，后非衆無與守邦。"

清華二·繫年 067"與臨"，參與蒞臨。

清華六·孺子 05"與"，幫助，援助。《戰國策·秦一》："楚攻魏。張儀謂秦王曰：'不如與魏以勁之。'"高誘注："猶助也。"

清華六·太伯甲 02、太伯乙 02"不穀以能與邊宋"，讀爲"不穀以能與就次"。"就次"指繼嗣君位。

清華六·子儀 09、10"不與"，不參與。《論語·八佾》："吾不與祭，如不祭。"

清華五·湯丘 16"與民分利"，同百姓分利。

清華二·繫年 026、清華五·三壽 01"與從"，陪從。《管子·霸言》："案彊助弱，圉暴止貪……此天下之所載也，諸侯之所與也。"尹知章注："與，親也。"《國語·齊語》："桓公知天下諸侯多與己也，故又大施忠焉。"韋昭注："與，從也。"

清華七·子犯 11"與人面見湯"，"與"或從上讀，作"四方昆(夷)莫句(後)與"。

清華七·越公 41"昔日與吕(己)言員(云)"，過去對我曾經如此說，現在不像那時說的那樣，意在責其不信。

清華七·越公 52"與"，讀爲"舉"，皆，全部。《易·无妄》："天下雷行，物與无妄。"王弼注："與，辭也，猶皆也。天下雷行，物皆不可以妄也。"

清華七·越公 73"亓與幾可"，讀爲"其與幾何"。《國語·吳語》："其與幾何？"韋昭注："言幾何時。"

清華八·攝命 25"從龏女與女"，讀爲"從恭汝與汝"，汝能用朕命朕教，百姓則順從你恭敬你。

清華八・邦政 06"父兄與於終要"之"與",參與。《論語・八佾》:"吾不與祭,如不祭。"

清華八・處位 01"與介",讀爲"舉介",推舉介紹。

清華八・心中 02"與",讀爲"舉"。

清華二・繫年 048、049、076、077、084、086、105、109、110、111、117、118、120、128、130、134,清華三・芮良夫 11,清華五・湯丘 03,清華六・太伯甲 02、太伯乙 02,清華七・越公 23、33"與",介詞。同,跟。《詩・邶風・擊鼓》:"執子之手,與子偕老。"《史記・淮陰侯列傳》:"足下與項王有故,何不反漢與楚連和,參分天下王之?"

舉

清華五・湯丘 11 剴(豈)敢以㑅(貪)舉(舉)

清華七・越公 35 舉(舉)雩(越)庶民

清華七・越公 43 舉(舉)雩(越)邦乃皆好訐(信)

清華七・越公 48 舉(舉)雩(越)邦乃皆好陞(徵)人

清華七・越公 60 舉(舉)邦走火

清華一・祭公 21 王拜韽=(稽首)舉(舉)言

清華二・繫年 083 以敗(敗)楚𠂤(師)于白(柏)舉(舉)

清華八・邦道 16 舉(舉)而㡀(度)

・1480・

清華八·邦道 17 𨑒(舉)而不厇(度)

 清華八·邦道 20 古(故)民宜墬(地)𨑒(舉)賹(貨)

～,與同,從"止","與"聲,"趣"字異體。《説文·走部》:"趣,安行也。從走,與聲。"

清華一·祭公 21"王拜誦=(稽首)𨑒(舉)言"之"𨑒",讀爲"舉"。《莊子·應帝王》:"有莫舉名。"成玄英疏:"舉,顯也。"今本《逸周書·祭公》作"王拜手稽首黨言"。《廣雅·釋詁》:"黨,善也。"《書·皋陶謨》:"禹拜昌言。"《説文》:"昌,美言也。"

清華二·繫年 083"白𨑒",讀爲"柏舉",地名,今湖北麻城東北。《春秋·定公四年》:"冬十有一月庚午,蔡侯以吳子及楚人戰于柏舉,楚師敗績。楚囊瓦出奔鄭。庚辰,吳入郢。""柏舉",《公羊傳》作"伯莒",《穀梁傳》作"伯舉"。

清華五·湯丘 11"𨑒",讀爲"舉"。《荀子·天倫》:"政令不明,舉錯不時。"楊倞注:"舉,謂起兵動衆。"簡文"豈敢以貪舉",不敢由於貪得而興兵伐夏。

清華七·越公 35、43、48、60"𨑒",讀爲"舉",表示全體、全部。楊樹達《詞詮》卷四:"總指指示形容詞,凡也,全也。"《管子·法禁》:"故舉國之士,以爲亡黨。"

清華八·邦道 16、17"𨑒",讀爲"舉",推薦,選用。《左傳·襄公三年》:"君子謂祁奚於是能舉善矣。稱其讎,不爲諂;立其子,不爲比;舉其偏,不爲黨。"

清華八·邦道 20"古(故)民宜墬(地)𨑒賹(貨)"之"𨑒",讀爲"舉",取,拾取。《詩·小雅·車攻》:"射夫既同,助我舉柴。"《吕氏春秋·樂成》:"財物之遺者,民莫之舉。"高誘注:"舉,取也。"

𨒋

 清華八·邦道 11 斅(教)以𨒋(舉)之

～,與同,從"辵",從"與","辵""與"均爲聲符。

清華八·邦道 11"𨒋",讀爲"舉",行也,爲也。《周禮·地官·師氏》:"王舉則從。"鄭玄注:"舉猶行也。"

蠠

　　清華三·琴舞08曰内(入)皋蠠(舉)不寍(寧)

～,从"虫","嬰"聲。

清華三·琴舞08"蠠",讀爲"舉"。《吕氏春秋·自知》:"所以舉過也。"高誘注:"舉猶正也。"

嬰

　　清華八·邦道10母(毋)惪(喜)嬰(譽)

　　清華八·邦道11母(毋)以一人之口毁嬰(譽)

～,與 、同。《説文·心部》:"嬰,趣步嬰嬰也。从心,與聲。"

清華八·邦道10"惪嬰",讀爲"喜譽",欣然贊譽。《宋史·文苑傳六·米芾》:"王安石嘗摘其詩句書扇上,蘇軾亦喜譽之。"

清華八·邦道11"毁嬰",讀爲"毁譽",詆毁和贊譽。《莊子·德充符》:"死生存亡、窮達貧富、賢與不肖、毁譽、飢渴、寒暑,是事之變,命之行也。"《吕氏春秋·審應覽》:"亂國之俗,甚多流言,而不顧其實,務以相毁,務以相譽,毁譽成黨,衆口熏天,賢不肖不分。"

定紐与聲

与

　　清華二·繫年034秦公衒(率)自(師)与(與)惠公戬(戰)于軏

（韓）

清華二·繫年049 与（與）楚爲好

清華二·繫年051 乃命左行瘍（蔑）与（與）陂（隨）會卲（召）襄公之弟瘫（雍）也于秦

清華二·繫年102 晉人旻（且）又（有）軋（范）氏与（與）中行氏之褙（禍）

～，與 同。《說文·勺部》："与，賜予也。一勺爲与。此与與同。"

清華二·繫年034、049"与"，介詞，跟、同。

清華二·繫年051、102"与"，連詞，和。

定紐予聲歸呂聲

定紐野聲歸土聲

泥紐女聲

女

清華一·尹至01 女（汝）亓（其）又（有）吉志

清華一·尹至02 余返（及）女（汝）皆芒（亡）

清華一·尹至04 今亓（其）女（如）䚇（台）

清華一·尹至 04 女(汝)告我顗(夏)瘗(隱)衒(率)若寺

清華一·程寤 04 女(汝)敬聖(聽)吉夢

清華一·程寤 05 女(如)天隆(降)疾

清華一·程寤 06 女(如)械柞亡堇(根)

清華一·程寤 09 人甬(用)女(汝)母(謀)

清華一·保訓 02 志(恐)不女(汝)及訓

清華一·保訓 03 女(汝)以箸(書)受之

清華一·保訓 10 今女(汝)䚉(祇)備(服)母(毋)解

清華一·皇門 09 卑(譬)女(如)戎(農)夫

清華一·皇門 10 卑(譬)女(如)䠶(匹)夫之又(有)悆(媚)妻

清華一·皇門 13 既告女(汝)忑(元)慝(德)之行

清華一·皇門 13 卑(譬)女(如)舼舟

清華一・祭公 08 女（汝）念挈（哉）

 清華一・祭公 15 女（汝）母（毋）以戾挈（兹）皋壚（辜）芒（亡）寺（時）寏大邦

 清華一・祭公 16 女（汝）母（毋）以俾（嬖）訶（御）息（疾）尔（爾）臧（莊）句（后）

 清華一・祭公 16 女（汝）母（毋）以少（小）惎（謀）敗（敗）大慮（作）

 清華一・祭公 16 女（汝）母（毋）以俾（嬖）士息（疾）夫=（大夫）卿挈（士）

 清華一・祭公 16 女（汝）母（毋）各豪（家）相而室

 清華一・祭公 17 女（汝）念挈（哉）

 清華一・祭公 18 女（汝）母（毋） 努

 清華一・祭公 20 女（汝）亓（其）敬挈（哉）

 清華一・楚居 01 女曰比（妣）隹

觀郚（駒）之克

 清華二·繫年 005 王或（又）敓〈取〉孚（俘）人之女

 清華二·繫年 059 以女子與兵車百乘（乘）

 清華二·繫年 067 齊叧（頃）公囟（使）亓（其）女子自房审（中）

 清華二·繫年 068 女子关（笑）于房审（中）

 清華二·繫年 120 旻（且）男女服

 清華三·說命上 03 肩女（如）惟（椎）

 清華三·說命中 01 女（汝）遬（來）隹（惟）帝命

 清華三·說命中 02 來各（格）女（汝）敓（說）

 清華三·說命中 02 甬（用）隹（惟）女（汝）复（作）礪（礪）

 清華三·說命中 04 女（如）不覞（瞑）眴（眩）

 清華三·說命中 04 朕畜女（汝）

清華三·說命中 04 女(汝)复(作)愆(淫)雨

清華三·說命中 05 女(汝)复(作)舟

清華三·說命中 05 女(汝)隹(惟)孳(兹)敚(說)砥(底)之于乃心

清華三·說命中 05 女(汝)克睍(覩)視四方

清華三·說命中 07 余告女(汝)若寺(時)

清華三·說命下 02 余隹(惟)命女(汝)敚(說)韷(融)朕命

清華三·說命下 03 女(如)飛鶴(雀)罔畏觀(離)

清華三·說命下 04 女(汝)母(毋)瘇(忘)曰

清華三·說命下 05 女(汝)隹(惟)又(有)萬昌(壽)才(在)乃政

清華三·說命下 05 女(汝)亦隹(惟)克㬎(顯)天

清華三·說命下 06 女(汝)亦隹(惟)又(有)萬福鐅=(業業)才(在)乃備(服)

清華三·說命下 06 晝女（如）視日

清華三·說命下 06 夜女（如）視晨（辰）

清華三·說命下 07 女（汝）母（毋）非貨女（如）䃂（墣）石

清華三·說命下 07 女（汝）母（毋）非貨女（如）䃂（墣）石

清華三·說命下 07 女（汝）母（毋）非貨女（如）䃂（墣）石

清華三·說命下 10 䜴（欲）女（汝）亓（其）又（有）杏（友）䚄（勑）

朕命孳（哉）

清華三·琴舞 14 良悳（德）亓（其）女（如）刣（台）

清華三·芮良夫 20 女（如）闬（關）枝屋（肩）夋（滕）

清華三·芮良夫 22 女（如）闬（關）枝不悶

清華三·芮良夫 24 窨（咎）可（何）亓（其）女（如）刣（台）孳（哉）

清華三·芮良夫 24 則女（如）禾之又（有）秅（稊）

清華三·良臣 01 女和

清華三·赤鵠 07 顓(夏)句(后)之疾女(如)可(何)

清華三·赤鵠 10 女(如)尒天晉(巫)

清華三·赤鵠 11 朕疾女(如)何

清華三·赤鵠 13 句(后)女(如)敽(撤)廛(屋)

清華四·筮法 01 參(三)女同男

清華四·筮法 04 參(三)男同女女

清華四·筮法 08 參(三)男同女

清華四·筮法 09 參(三)女同男

清華四·筮法 15 參(三)女同男

清華四·筮法 17 參(三)男同女

清華四·筮法 19 參(三)男同女女

清華四·筮法 21 女乃女

清華四·筮法 21 女乃女

清華四·筮法 25 女子

清華四·筮法 46 女子大面端虞（嚇）死

清華四·筮法 46 長女爲妾而死

清華四·筮法 48 長女殤（殤）

清華四·筮法 51 男戠（勝）女

清華四·筮法 62 曰男女

清華五·厚父 04 隹（惟）女（如）訡（台）

清華五·厚父 08 緯（肆）女（如）其若龜筮（筮）之言亦勿可叀（專）改

清華五·厚父 09 隹（惟）女（如）訡（台）

清華五·厚父 12 女(如)玉之才(在)石

清華五·厚父 12 女(如)丹之才(在)朱

清華五·厚父 12 厇(厥)伒(徵)女(如)有(佐)之服于人

清華五·封許 02 則隹(惟)女(汝)呂丁

清華五·封許 03 亦隹(惟)女(汝)呂丁

清華五·封許 05 命女(汝)侯于鄦(許)

清華五·封許 05 女(汝)隹(惟)臧(臧)耆尔猷

清華五·封許 05 易(錫)女(汝)倉(蒼)珪

清華五·封許 08 女(汝)亦隹(惟)臬(淑)章尔慮(慮)

清華五·命訓 02 女(如)不居而丂(守)義

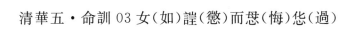清華五·命訓 03 女(如)諲(懲)而悬(悔)忎(過)

清華五·命訓 03 女(如)又(有)㥏(恥)而亙(恆)行

清華五·命訓 04[女(如)]懽(勸)以忠訐(信)

清華五·命訓 05 女(如)志(恐)而承孛(教)

清華五·命訓 05 正人莫女(如)又(有)亟(極)

清華五·命訓 05 道天莫女(如)亡(無)亟(極)

清華五·湯丘 01 又(有)莘(莘)之女飤(食)之

清華五·湯丘 04 女(如)思(使)䜌(召)

清華五·湯丘 08 女(如)我弗見

清華五·湯丘 11 女(如)幸余閖(聞)於天畏(威)

清華五·湯丘 13 虗(吾)惑(戡)虽(夏)女(如)𦘔(台)

清華五·湯丘 17 悉(愛)民女(如)𦘔(台)

清華五·湯丘 19 共(恭)命女(如)𦘔(台)

清華五·啻門 02 女(如)亡(無)又(有)良言清(情)至於今

清華六·孺子 01 女（如）邦牆（將）又（有）大事

清華六·孺子 04 女（如）母（毋）又（有）良臣

清華六·孺子 06 乳=（孺子）女（汝）母（毋）智（知）邦正（政）

清華六·孺子 08 乳=（孺子）女（汝）共（恭）夫=（大夫）

清華六·孺子 08 女（如）及三歲（歲）

清華六·孺子 10 女（如）弗果善

清華六·孺子 11 虗（吾）先君女（如）忍乳=（孺子）志=（之志）

清華六·孺子 13 女（汝）訢（慎）鉦（重）君蘉（葬）而舊（久）之於

上三月

清華六·孺子 17 归（抑）亡（無）女（如）虗（吾）先君之惪（憂）可

（何）

清華六·管仲 01 女（如）可（何）

清華六·管仲 06 埶（設）承女（如）之可（何）

清華六·管仲06 立楠（輔）女（如）之可（何）

清華六·管仲11 執惪（德）女（如）縣

清華六·管仲11 執正（政）女（如）纁（繩）

清華六·管仲30 女（汝）果若氏（是）

清華六·太伯甲06 女（如）容袿（社）之凥（處）

清華六·太伯甲11 君女（如）由皮（彼）孔叴（叔）

清華六·太伯甲12 君女（如）是之不能茅（戀）

清華六·太伯乙05 女（如）容袿（社）之凥（處）

清華六·太伯乙10 君女（如）由皮（彼）孔叴（叔）

清華六·太伯乙11 君女（如）是之不能茅（戀）

清華六·子儀03 女（如）權之又（有）加橈（翹）也

清華六·子儀11 辟（譬）之女（如）兩犬絭（延）河致（啜）而𤊾

(欻)

清華六·子儀 17 歸女（汝）亓（其）可（何）言

清華七·子犯 02 誠女（如）宔（主）君之言

清華七·子犯 03 宔（主）女（如）曰疾利女（焉）不跂（足）

清華七·子犯 04 誠女（如）宔（主）之言

清華七·子犯 06 宔（主）女（如）此胃（謂）無良左右

清華七·子犯 07 句（苟）聿（盡）又（有）心女（如）是

清華七·子犯 10 不觳（穀）余敢䚋（問）亓（其）道奚（奚）女（如）

清華七·子犯 12 殺某（梅）之女

清華七·子犯 14 女（如）欲记（起）邦

清華七·子犯 14 女（如）欲亡邦

清華七·趙簡子 01 女（如）又（有）訛（過）

清華七·趙簡子02 女(如)又(有)訛(過)

清華七·趙簡子02 女(如)又(有)訛(過)

清華七·越公05 君女(如)爲惠

清華七·越公06 男女備(服)

清華七·越公07 君女(如)曰

清華七·越公25 男女備(服)

清華七·越公69 男女

清華七·越公71 男女備(服)

清華八·攝命03 今余既明命女(汝)曰

清華八·攝命04 非女(汝)亡其縀(協)

清華八·攝命04 即行女(汝)

清華八·攝命05 女(汝)隹(唯)壟(衛)事壟(衛)命

 清華八・攝命 05 女(汝)隹(唯)沓(沖)子少(小)子

 清華八・攝命 06 女(汝)鬼(威)由覞(表)由諲(望)

 清華八・攝命 06 不啻女(汝)鬼(威)

 清華八・攝命 06 則由讟(勸)女(汝)訓言之譔

 清華八・攝命 06 女(汝)能謌(歷)

 清華八・攝命 06 女(汝)能并命

 清華八・攝命 07 女(汝)其敬哉

 清華八・攝命 07 女(汝)母(毋)敢怙偈(遏)余曰乃㛍(毓)

 清華八・攝命 08 女(汝)隹(唯)言之司

 清華八・攝命 10 女(汝)亦母(毋)敢豕才(在)乃死(尸)服

 清華八・攝命 10 女(汝)亦母(毋)不夙(夙)夕坙(經)悳(德)

 清華八・攝命 11 谷(欲)女(汝){睪/糸}=(繹繹)

清華八·攝命 11 亦則乃身亡能諫甬（用）非頌（庸）女（汝）正命

 清華八·攝命 11 女（汝）有告于余事

 清華八·攝命 12 女（汝）有命正

 清華八·攝命 12 女（汝）有退進于朕命

 清華八·攝命 13 女（汝）母（毋）敢有退于之

 清華八·攝命 13 女（汝）亦母（毋）敢遏（泆）于之

 清華八·攝命 14 是女（汝）則隹（唯）肈悽（咨）弻羕

 清華八·攝命 14 女（汝）廼敢整（整）忎（極）

 清華八·攝命 15 女（汝）則亦隹（唯）肈不（丕）子不學

 清華八·攝命 15 不啻女（汝）

 清華八·攝命 15 女（汝）有隹（唯）裕（沖）子

 清華八·攝命 16 女（汝）母（毋）敢朋（朋）洀（酗）于酉（酒）

清華八·攝命 18 引(矧)女(汝)隹(唯)子

 清華八·攝命 18 女(汝)其有罢(戁)有甚(湛)

 清華八·攝命 20 女(汝)不廼是

 清華八·攝命 20 女(汝)亦母(毋)敢鬼(畏)甬(用)不審不允

 清華八·攝命 21 女(汝)隹(唯)㳫(沖)子

 清華八·攝命 21 余既明命女(汝)

 清華八·攝命 21 女(汝)母(毋)敢棄₌(滔滔)

 清華八·攝命 22 女(汝)勿受幣(幣)

 清華八·攝命 22 民其聖(聽)女(汝)

 清華八·攝命 23 女(汝)則亦受幣(幣)

 清華八·攝命 23 女(汝)廼尚𤿲(祇)逆告于朕

 清華八·攝命 24 余肇(肇)事(使)女(汝)

清華八·攝命 24 女(汝)亦引母(毋)好₌(好好)

清華八·攝命 24 有女(汝)由子

清華八·攝命 25 民[䀠(朋)]□興從顯女(汝)

清華八·攝命 25 從龏(恭)女(汝)與女(汝)

清華八·攝命 25 從龏(恭)女(汝)與女(汝)

清華八·攝命 28 民䀠(朋)亦則興㝬(仇)䀠(怨)女(汝)

清華八·攝命 28 㝬(仇)菩女(汝)

清華八·攝命 29 䉑(箴)教女(汝)

清華八·攝命 29 余隹(唯)亦羿(功)乍(作)女(汝)

清華八·攝命 29 余亦隹(唯)譮毀兌(說)女(汝)

清華八·攝命 29 有女(汝)隹(唯)㴻(沖)子

清華八·攝命 29 余亦隹(唯)肈(肇)敎(耆)女(汝)惪(德)行

清華八·攝命30 余既明龏（啓）劼卹（恤）女（汝）

清華八·攝命30 女（汝）母（毋）弗敬

清華八·攝命31 甚谷（欲）女（汝）寵乃服

清華八·邦政06 女（如）是

清華八·邦政06 則視亓（其）民必女（如）腸（傷）矣

清華八·邦政06 下賸（瞻）亓（其）上女（如）父母

清華八·邦政07 女（如）是者亙（恆）興

清華八·邦政10 女（如）是

清華八·邦政10 則視亓（其）民女（如）芔（草）薊（芥）矣

清華八·邦政10 下賸（瞻）亓（其）上女（如）寇戠（讎）矣

清華八·邦政11 女（如）是

清華八·處位02 女（如）歬（前）尻（處）既奴（若）無業（察）

清華八·處位09 良人女(如)未行政

 清華八·邦道17 女(如)可

 清華八·邦道18 上女(如)以此巨(矩)█、䨮(觀)女(焉)

 清華八·邦道19 女(如)亡(無)能於一官

 清華八·邦道20 男女不逮(失)亓(其)㫑(時)

 清華八·心中03 女(如)䛳(謀)而不㞢(度)

 清華八·天下02 女(如)不旻(得)亓(其)民之情爲(僞)

 清華八·天下03 女(如)不旻(得)□□之青(情)

 清華八·天下07 女(如)不旻(得)用之

 清華八·天下07 女(如)弗僕(察)

～,與 █(上博一·緇10)、█(上博一·緇15)、█(上博二·容39)、█(上博七·武2)同。《説文·女部》:"女,婦人也。象形。王育説。"

清華一·尹至02"余迖女皆芒",讀爲"余及汝皆亡"。《書·湯誓》作"予及汝皆亡"。《孟子·梁惠王上》引"皆"作"偕"。

清華一·尹至 04"亓女台",讀爲"其如台",奈何。《書·湯誓》:"夏罪其如台。"《盤庚上》:"卜稽曰:'其如台。'"《西伯戡黎》:"今王其如台。"

清華一·尹至 04"女告我顓𩕾𢓊若寺",讀爲"汝告我夏隱率若兹"。《吕氏春秋·慎大》:"湯謂伊尹曰:'若告我曠夏盡如詩。'"對照簡文,知"詩"應讀爲"時"字。

清華一·皇門 09、10、13"卑女",讀爲"譬如",比如。《周禮·考工記·弓人》:"恆角而達,譬如終紲,非弓之利也。"《史記·魏其武安侯列傳》:"今人毁君,君亦毁人,譬如賈豎女子爭言,何其無大體也!"

清華六·子儀 11"辟之女",讀爲"譬之如",即"譬如",參上。

清華一·祭公 16"女",讀爲"汝",你。《書·舜典》:"汝陟帝位。"《列子·湯問》:"孔子不能決也。兩小兒笑曰:'孰爲汝多知乎?'"

清華一·祭公 08、17"女念孳",讀爲"汝念哉"。《書·康誥》:"封,汝念哉!今民將在祗遹乃文考,紹聞衣德言。"

清華二·繫年 059"女子",疑當乙爲"子女"。《左傳·僖公二十三年》:"子女玉帛,則君有之。"

清華二·繫年 067、068"齊同公囟亓女子自房审觀郘之克……女子芺于房审",讀爲"齊頃公使其女子自房中觀駒之克……女子笑于房中"。參《左傳·宣公十七年》:"十七年春,晉侯使郤克徵會于齊。齊頃公帷婦人使觀之。郤子登,婦人笑於房。"

清華三·說命上 03"肩女惟",讀爲"肩如椎"。《荀子·非相》:"傅說之狀,身如植鰭。"

清華三·說命中 04"女不覞𡉈",讀爲"如不瞑眩"。《國語·楚語上》作"若藥不瞑眩,厥疾不瘳"。

清華三·說命中 04"女复惡雨",讀爲"汝作淫雨"。《國語·楚語上》作"若天旱,用女作霖雨"。

清華三·說命中 05"女复舟",讀爲"汝作舟"。《國語·楚語上》作"若津水,用汝作舟"。

清華三·說命下 03"女飛鶴岡畏觀",讀爲"如飛雀岡畏離"。《商君書·畫策》:"本不堅,則民如飛鳥禽獸,其孰能制之?"

清華三·說命下 10"褮女亓又𠬝𠬝朕命孳",讀爲"欲汝其有友勑朕命哉"。西周師訇簋(《集成》04342)、毛公鼎(《集成》02841):"欲汝弗以乃辟函(陷)于艱。"

清華三·説命下 06"晝女(如)視日,夜女(如)視晨(辰)"之"女",讀爲"如"。或讀爲"汝"。(黄傑)

清華三·良臣 01"女和",黄帝師,待考。

清華四·筮法 01、09、15"參(三)女",長女、中女、少女。

清華一·楚居 01,清華二·繫年 005,清華四·筮法 04、21、25、46、48 "女",女性,女人。《易·家人》:"女正位乎内,男正位乎外。"

清華五·命訓 03"女(如)誩(懲)而烠(悔)忥(過)",今本《逸周書·命訓》作"若懲而悔過"。

清華五·命訓 03"女(如)又(有)佴(恥)而亙(恆)行",今本《逸周書·命訓》作"若有醜而競行不醜"。

清華五·命訓 04"女(如)懽(勸)以忠訐(信)",今本《逸周書·命訓》作"若勸之以忠"。

清華五·命訓 05"女(如)忎(恐)而承㪅(教)",今本《逸周書·命訓》作"若恐而承教"。

清華五·命訓 05"正人莫女(如)又(有)亟(極)",今本《逸周書·命訓》作"正人莫如有極"。

清華五·命訓 05"道天莫女(如)亡(無)亟(極)",今本《逸周書·命訓》作"道天莫如無極"。

清華五·湯丘 01"又郼之女飤之",讀爲"有莘之女食之"。《吕氏春秋·本味》:"湯聞伊尹,使人請之有侁氏。有侁氏不可。伊尹亦欲歸湯,湯於是請取婦爲婚。有侁氏喜,以伊尹爲媵送女。"

清華六·孺子 08、13"女",或讀爲"汝";或讀爲"如"。

清華七·子犯 02、04"誠女宝君之言",讀爲"誠如主君之言"。《戰國策·中山》:"誠如君言,事何可豫道者?"

清華七·子犯 12"某之女",讀爲"梅之女",即梅伯之女,紂時有梅伯。《楚辭·天問》:"梅伯受醢。"

清華八·攝命 07"女其敬哉",讀爲"汝其敬哉"。《書·洛誥》:"汝其敬識百辟享,亦識其有不享。"

清華八·攝命 05、15"隹沖子",讀爲"唯沖子"。《書·洛誥》:"汝惟沖子惟終。"

清華八·攝命 18"引女隹子",讀爲"矧汝唯子"。《書·酒誥》:"矧汝,剛制於酒。"

清華八·邦政 06"則視亓民必女腸矣",或讀爲"則視其民必如傷矣"。《孟子·離婁下》:"文王視民如傷,望道而未之見。"

清華八·邦政 06"下賠亓上女父母",讀爲"下瞻其上如父母"。《左傳·襄公十四年》:"民奉其君,愛之如父母。"

清華八·邦政 10"則視亓民女艸蓋矣,下賠亓上女寇讎矣",讀爲"則視其民如草芥矣,下瞻其上如寇讎矣"。參《孟子·離婁下》:"君之視臣如土芥,則臣視君如寇讎。"

清華六·管仲 01,清華三·赤鵠 07、11,清華八·邦道 17"女何""女可",讀爲"如何",怎麼,怎麼樣。《書·堯典》:"帝曰:'俞,予聞,如何?'"《左傳·僖公二十二年》:"傷未及死,如何勿重? 若愛重傷,則如勿傷。"

清華六·管仲 06"女之可",讀爲"如之何",怎麼,怎麼樣。《詩·齊風·南山》:"取妻如之何? 匪媒不得。"《論語·先進》:"仍舊貫,如之何?"

清華七·子犯 10"奚女",即"奚女",讀爲"奚如",如何,怎樣。《史記·平原君虞卿列傳》:"寡人使平陽君爲媾於秦,秦已内鄭朱矣,卿以爲奚如?"

清華六·管仲 11"女",讀爲"如",像,如同。《詩·王風·采葛》:"一日不見,如三秋兮。"《詩·鄭風·大叔于田》:"執轡如組,兩驂如舞。"

清華七·子犯 14,清華七·趙簡子 01、02,清華八·處位 02、09,清華八·邦道 19,清華八·心中 02、07、03"女",讀爲"如",連詞,表示假設關係,假如,如果。《詩·秦風·黃鳥》:"如可贖兮,人百其身。"《史記·李將軍列傳》:"惜乎,子不遇時! 如令子當高帝時,萬戶侯豈足道哉!"

清華三·琴舞 14,清華三·芮良夫 24,清華五·厚父 04、09,清華五·湯丘 13、17、19"女䎽",讀爲"如台",參上。

清華簡"男女",男人和女人。《易·序卦》:"有天地然後有萬物,有萬物然後有男女,有男女然後有夫婦。"

奴

 清華二·繫年 015 以御奴虘之戎

 清華四·筮法 26 壴(當)日奴(如)壴(當)唇(辰)

清華四·筮法 35 奴（如）簪（筮）軍遊（旅）

清華四·筮法 41 奴（如）刲（卦）奴（如）肴（爻）

清華四·筮法 41 奴（如）刲（卦）奴（如）肴（爻）

清華四·筮法 61 奴（如）大奴（如）少（小）

清華四·筮法 61 奴（如）大奴（如）少（小）

清華六·管仲 10 敢䛊（問）𣎵（前）文句（后）爲之奴（如）可（何）

清華七·越公 68 吳人昆奴乃內（入）雩（越）帀（師）

清華八·處位 02 女（如）𣎵（前）尻（處）既奴（若）無龹（察）

清華八·處位 05 史（使）人乃奴（若）無𣎵（前）不忘（荒）

～，與 ![img](上博四·采 1)、![img](上博四·采 4)同。《説文·女部》：" 奴，奴、婢，皆古之辠人也。《周禮》曰：'其奴，男子入于辠隷，女子入于春藁。'从女，从又。![img]，古文奴从人。"

清華四·筮法 26、41、61" 奴"，讀爲" 如"，訓或，見《古書虛字集釋》第五五〇頁。

清華四·筮法 35" 奴"，讀爲" 如"，連詞，表示假設關係，假如，如果。

清華六·管仲 10"奴可",讀爲"如何",怎麽樣。

清華七·越公 68"吴人昆奴",吴人淪爲昆奴。"昆奴",未詳,疑是奴之一種。或以爲昆奴爲人名。

清華八·處位 02"奴",讀爲"若"。

清華八·處位 05"奴",讀爲"若"。"乃若",《墨子·兼愛中》:"乃若兼則善矣。"孫詒讓《閒詁》引王引之云:"轉語詞也。"

奻

 清華四·筮法 44 八乃奻(奴)以死

~,從"女""人",與《説文》"奴"古文同。

清華四·筮法 44"奻(奴)以死",男子爲奴而死者。

忞(怒)

 清華三·赤鵠 05 湯忞(怒)曰

~,與 (上博五·競 6)、 (上博六·天乙 5)同,從"心","女"聲,"怒"字異體(《説文》以爲是"恕"字古文,當爲通假字)。《集韻》:"怒,古作忞。"《説文·心部》:"怒,恚也。從心,奴聲。"

清華三·赤鵠 05"忞",讀爲"怒",氣憤,憤怒。《禮記·檀弓上》:"曾子哭,子夏亦哭,曰:'天乎!予之無罪也。'曾子怒曰:'商,女何無罪也?'"

芖

 清華八·天下 03 以癹(發)亓(其)一日之芖(怒)

~,與 (上博二·從乙 3)、 (上博六·壽 1)同,從"艸","女"聲。

清華八·天下 03"芖",讀爲"怒"。簡文"以發其一日之怒",即"發怒",動怒,產生怒氣。《淮南子·本經》:"人之性有侵犯則怒,怒則血充,血充則氣激,氣激則發怒,發怒則有所釋憾矣。"

汝

　清華二·繫年029 圾䕻於汝

　清華二·繫年100 城汝昜(陽)

《説文·水部》:"汝,水。出弘農盧氏還歸山,東入淮。从水,女聲。"

　　清華二·繫年029"汝",汝水。《左傳·哀公十七年》:"(楚文王)實縣申、息,朝陳、蔡,封畛於汝。"杜預注:"開封畛比至汝水。"《左傳·昭公七年》:"所以封汝也。"杜預注:"啓疆北至汝水。"

　　清華二·繫年100"汝昜",讀爲"汝陽",今汝州、郟縣一帶的汝水之陽。並非《漢書·地理志》汝陽縣地(在今河南商水西北)。(吳良寶)

來紐旅聲

遬

　清華二·繫年029 改遬於陳

　清華二·繫年129 遬(魯)昜(陽)公衒(率)自(師)以迲晉人

　清華二·繫年134 遬(魯)昜(陽)公衒(率)自(師)㦴(救)武昜(陽)

　清華二·繫年135 遬(魯)昜(陽)公

清華四·筮法 35 奴(如)筶(筮)軍遬(旅)

　清華八·邦道 22 商遬(旅)迵(通)

～，與遬(上博三·周 53)、遬(上博三·周 53)同，从"辵"，"旅"聲，"旅"字異體。《説文·放部》："旅，軍之五百人爲旅。从放，从从。从，俱也。从，古文旅。古文以爲魯衛之魯。"

清華二·繫年 029"遬"，即"旅"。《爾雅·釋詁》："旅，陳也。"邢昺疏："旅者，謂布陣也。"《左傳·僖公二十三年》："楚成得臣帥師伐陳，討其貳於宋也。遂取焦、夷，城頓而還。"杜預注："頓國，今汝陰南頓縣。"

清華二·繫年 129、134、135"遬昜公"，又見於包山 4，讀爲"魯陽公"。曾乙 195 作"遬䰜公"，162 作"魯䰜公"。《六國年表》楚肅王十年："魏取我魯陽。"《六國年表》魏武侯十六年："伐楚取魯陽。"《史記·魏世家》："(魏武侯)十六年，伐楚，取魯陽。""魯陽"在今河南魯山。

清華四·筮法 35"軍遬"，即"軍旅"，軍隊。《周禮·地官·小司徒》："五卒爲旅，五旅爲師，五師爲軍。以起軍旅，以作田役。以比追胥，以令貢賦。"《韓非子·顯學》："徵賦錢粟以實倉庫，且以救饑饉、備軍旅也，而以上爲貪。"

清華八·邦道 22"商遬"，即"商旅"，行商，流動的商人。《易·復》："商旅不行，后不省方。"《周禮·考工記序》："通四方之珍異以資之，謂之商旅。"鄭玄注："商旅，販賣之客也。"

來紐吕聲

吕

　清華五·封許 02 則隹(惟)女(汝)吕丁

　清華五·封許 03 亦隹(惟)女(汝)吕丁

～,與 同。《説文·吕部》:"吕,膂骨也。象形。昔太嶽爲禹心吕之臣,故封吕侯。![],篆文吕从肉、从旅。"

清華五·封許02、03"吕丁",吕氏,名丁,據簡文爲許國始封之君。許慎《説文·敘》:"吕叔作藩,俾侯于許。"《説文·邑部》:"䣄,炎帝太嶽之胤,甫侯所封,在潁川。从邑無聲,讀若許。""甫"即吕國。《左傳·隱公十一年》:"公及齊侯、鄭伯入許。"孔穎達疏:"《譜》云:許,姜姓,與齊同祖,堯四嶽伯夷之後也。周武王封其苗裔文叔于許,今潁川許昌是也。"簡文"吕丁"當即文叔。

䣊

　　清華一·耆夜02 䣊(吕)上(尚)甫(父)命爲司政(正)

～,與 同,从"邑","吕"聲。

清華一·耆夜02"䣊上甫",讀爲"吕尚父"。《史記·齊太公世家》:"太公望吕尚者,東海上人……本姓姜氏,從其封姓,故曰吕尚。""於是武王已平商而王天下,封師尚父於齊營丘。"稱"吕尚"或"師尚父"。《上博七·武》簡1作"帀(師)上父"。

弅

　　清華三·祝辭01 乃弅(舍)采(幣)

～,从"八","吕"聲。

清華三·祝辭01"弅",讀爲"舍"。《爾雅·釋詁》:"廢、税、赦,舍也。"郭璞注:"舍,放置。"

豫

　　清華二·繫年042 楚王豫(舍)回(圍)歸

清華二·繫年 045 秦人豫(舍)成於奠(鄭)

清華二·繫年 052 豫(舍)亓(其)君之子弗立

清華二·繫年 117 楚人豫(舍)回(圍)而還

清華三·芮良夫 15 豫(舍)命亡(無)成

清華四·筮法 40 内(入)月五日豫(舍)巽

清華六·管仲 04 心亡(無)煮(圖)則目、耳豫(野)

清華六·太伯甲 03 所天不豫(舍)白(伯)父

清華六·太伯乙 02 所天不豫(舍)白(伯)父

清華七·晉文公 06 爲交龍之羿(旗)師以豫(舍)

清華七·越公 38 [豫]而[價]賈女(焉)

～，與 、、同。《說文·象部》："豫，象之大者。賈侍中説：不害於物。从象，予聲。![]，古文。"

清華二·繫年 042、052、117 "豫"，讀爲"舍"。放棄，舍棄。《國語·楚語上》："女無亦謂我老耄而舍我。"韋昭注："舍，棄也。"

清華二•繫年045"秦人豫戍於奠(鄭)"之"豫",讀爲"舍"。(孫飛燕)

清華三•芮良夫15"豫命",讀爲"舍命"。舍棄生命。《詩•鄭風•羔裘》:"彼其之子,舍命不渝。"

清華四•筮法40"內月五日豫巽",讀爲"入月五日舍巽",即乾、坤離開巽。

清華六•管仲04"豫",讀爲"野"。《禮記•檀弓上》:"故子皋曰:'若是野哉!'"孔穎達疏:"野,不達禮也。"

清華六•太伯甲03、太伯乙02"豫",讀爲"舍",訓爲棄。句謂假若天與不穀爭伯父而不舍。

清華七•晉文公06"師以豫",讀爲"師以舍",軍隊休息,與上文"師以戰"相對。《孫子•軍爭》:"交和而舍。"賈林注:"舍,止也。"《漢書•韓信傳》:"未至井陘口三十里,止舍。"顏師古注:"舍,息也。"(程浩、石小力)

清華七•越公38"[豫]而[價]賈女",讀爲"豫而價賈焉"。"豫"有欺詐、違背之意。《讀書雜志•晏子春秋•內篇問上》:"公市不豫。"王念孫按引王引之曰:"豫,猶誑也。"又見於《讀書雜志•荀子•儒效》:"魯之鬻牛馬者不豫賈。"(王凱博)

舒

清華一•耆夜13 螽(蟋)蟀(蟀)才(在)舒(序)

清華一•祭公14 參舒(叙)之

〜,與 同,从"余","呂"聲,即"舒"字。《說文•予部》:"舒,伸也。从舍,从予,予亦聲。一曰:舒,緩也。"

清華一•耆夜13"螽(蟋)蟀(蟀)才(在)舒"之"舒",讀爲"序",堂的東西牆。

清華一•祭公14"舒",讀爲"叙"。《國語•晉語三》:"紀言以叙之,述意以導之,明曜以昭之。"韋昭注:"叙,述也。"簡文"參叙之",意云夏商敗亡爲後世引爲教訓。

芧

清華二·繫年095 齊裦（崔）芧（杼）殺亓（其）君臧（莊）公

《説文·艸部》："芧，艸也。从艸，予聲。可以爲繩。"

清華二·繫年095"裦芧"，讀爲"崔杼"，齊國大臣。《戰國策·楚四》："齊崔杼之妻美，莊公通之。崔杼帥其群黨而攻莊公。莊公請與分國，崔杼不許；欲自刃於廟，崔杼不許。莊公走出，踰於外牆，射中其股，遂殺之，而立其弟景公。"

來紐魯聲歸魚聲

精紐且聲

且

清華一·祭公01 且（祖）耤（祭）公

清華一·祭公01 我餂（聞）且（祖）不余（豫）又（有）叾（遲）

清華一·祭公04 朕（朕）之皇且（祖）周文王

清華一·祭公04 剌（烈）且（祖）武王

清華一·祭公05 我亦隹（惟）又（有）若且（祖）周公概（暨）且（祖）卲（召）公

清華一·祭公06 且(祖)卲(召)公

 清華一·祭公07 我亦隹(惟)又(有)若且(祖)䊷(祭)公

 清華五·厚父08 隹(惟)寺(時)余經念乃高且(祖)克宪(憲)皇天之政工(功)

 清華五·三壽05 高宗乃或(又)䚋(問)於彭且(祖)曰

 清華五·三壽06 高文成且(祖)

 清華五·三壽06 彭且(祖)𩂣(答)曰

 清華五·三壽11 乃尃(復)語彭且(祖)曰

 清華五·三壽12 彭且(祖)

 清華五·三壽14 彭且(祖)𩂣(答)曰

 清華五·三壽23 彭且(祖)曰

 清華五·三壽24 高宗或(又)䚋(問)於彭且(祖)曰

清華五·三壽 24 高文成且（祖）

～，在右上或加兩斜丿，或加一斜丿。《說文·且部》："且，薦也。从几，足有二橫，一，其下地也。"

清華一·祭公 01、07"且"，讀爲"祖"，或訓爲"宗親"。（《讀本一》第 246 頁）

清華一·祭公 04"朕之皇且周文王"，讀爲"朕之皇祖周文王"。"皇祖"，君主的祖父或遠祖。《書·五子之歌》："皇祖有訓：民可近，不可下。"孔傳："皇，君也。君祖禹有訓戒。"《左傳·哀公二年》："曾孫蒯聵，敢昭告皇祖文王，烈祖康叔，文祖襄公。"

清華一·祭公 04"剌且武王"之"剌且"，讀爲"烈祖"，指建立功業的祖先。古多稱開基創業的帝王。《書·伊訓》："伊尹乃明言烈祖之成德，以訓於王。"孔傳："湯，有功烈之祖，故稱焉。"《詩·小雅·賓之初筵》："籥舞笙鼓，樂既和奏。烝衎烈祖，以洽百禮。"

清華一·祭公 05"我亦隹（惟）又（有）若且（祖）周公概（暨）且（祖）卲（召）公"，今本《逸周書·祭公》作"我亦維有若文祖周公暨列祖召公"。

清華五·厚父 08"高且"，讀爲"高祖"，始祖，遠祖。《左傳·昭公十五年》："且昔而高祖孫伯黶司晉之典籍，以爲大政，故曰籍氏。"杜預注："孫伯黶，晉正卿，籍談九世祖。"孔穎達疏："九世之祖稱高祖者，言是高遠之祖也。"也指曾祖的父親。《禮記·喪服小記》："有五世而遷之宗，其繼高祖者也。"

清華五·三壽 06、24"高文成且（祖）"，武丁對彭祖的稱呼。

清華五·三壽"彭且"，讀爲"彭祖"，傳説之高壽老人。劉向《列仙傳》："彭祖者，殷大夫也。姓籛，名鏗，帝顓頊之孫，陸終氏之中子。歷夏至殷末，八百餘歲。"《荀子·修身》："扁善之度：以治氣養生，則後彭祖；以修身自名，則名配堯禹。"《世本》載其爲帝顓頊後人，陸終妻右脅所生三子中，"三曰籛鏗，是爲彭祖。彭祖者，彭城是也"，宋忠曰："彭祖姓籛名鏗，鏗在商爲守藏史，在周爲柱下史，年八百歲。"

曼

　清華二·繫年 66 曼（且）卲（召）高之固曰

清華二·繫年 87 昇（且）許成

　　清華二·繫年 102 晉人昇（且）又（有）軛（范）氏与（與）中行氏之褟（禍）

　　清華二·繫年 120 昇（且）男女服

　　清華二·繫年 122 齊人昇（且）又（有）陳麈子牛之褟（禍）

～，从"又"，"且"聲，"且"之繁體。

清華二·繫年 66、87"昇"，即"且"，連詞。而且，並且。表遞進。《論語·爲政》："道之以德，齊之以禮，有恥且格。"

清華二·繫年 102、122"昇"，即"且"，副詞。再，又。《詩·鄭風·溱洧》："且往觀乎！"孔穎達疏："且復更往觀乎。"

清華二·繫年 120"昇"，即"且"，連詞。與，及。表並列。馬王堆漢墓帛書《十六經·前道》："知此道，地且天，鬼且人。"《漢書·郊祀志上》："漢之聖者，在高祖之孫且曾孫也。"

懇

　　清華八·邦政 10 丌（其）君子尃（薄）於敎（教）而行懇（詐）

～，从"言""心"，"昇"聲。

清華八·邦政 10"懇"，讀爲"詐"。从"且""乍"之聲字古通，如《詩·邶風·谷風》"既阻我德"，《太平御覽》卷八三五引《韓詩》"阻"作"詐"。"詐"，欺騙。《左傳·宣公十五年》："我無爾詐，爾無我虞。"

虘

　清華八·處位 09 虘(且)爲兼良人

～,與(上博一·緇 14)同。《説文·虍部》:“虘,虎不柔不信也。从虍,且聲,讀若鄌縣。”

清華八·處位 09“虘”,讀爲“且”,連詞。連接兩個形容詞或形容詞性詞組,相當於“又……又……”。《詩·小雅·魚麗》:“君子有酒,旨且多。”漢王褒《四子講德論》:“蓋聞國有道,貧且賤焉,恥也。”

䖑(叡)

　清華一·耆夜 05 䖑(作)士奮刃

　清華二·繫年 015 以御奴䖑之戎

　清華二·繫年 087 䖑(且)攸(修)成

　清華二·繫年 102 晉𠂤(師)大疫䖑(且)飢

　清華三·説命中 05 不䖑(徂)遠

　清華三·祝辭 03 引䖑(且)言之

　清華三·祝辭 04 引䖑(且)言之

清華三・祝辭 05 引虘(且)言之

清華四・筮法 34 虘(且)相亞(惡)也

清華四・筮法 36 虘(且)不相用命

清華五・命訓 09 亟(極)罰則民多虘(詐)

清華五・命訓 11 罰莫大於多虘(詐)

清華五・啻門 08 是亓(其)爲長虘(且)好才(哉)

清華六・孺子 08 虘(且)以教女(焉)

清華七・越公 10 虘(且)皮(彼)既大北於坪(平)备(邊)

清華八・攝命 03 虘(且)今民不造不庚(康)

清華八・攝命 32 王乎(呼)乍(作)册任册命白(伯)㫑(攝)：虘

～，與 ᨳ(上博六・用 19)、ᨳ(上博六・競 1)、ᨳ(上博四・曹 45)同。《說文・又部》："叡，又卑也。从又，虘聲。"

清華一・耆夜 05 "虘士奮刃"，讀爲 "作士奮刃"，讓軍士奮起揮着利刃殺敵。(《讀本一》第 124 頁)"虘"，讀爲 "作"，奮起。

清華二·繫年 102"晉自大疫虞飢",讀爲"晉師大疫且飢"。"且",連詞。

清華三·説命中 05"不虞遠"之"虞",讀爲"徂",訓及,見《經傳釋詞》卷八。

清華三·祝辭 03、04、05"引虞言之",讀爲"引且言之",拉弓並説出上文祝辭。

清華四·筮法 34、36"虞",讀爲"且",而且。

清華五·命訓 09、11"多虞",讀爲"多詐"。《荀子·大略》:"君人者,隆禮尊賢而王,重法愛民而霸,好利多詐而危。"

清華五·啻門 08"是亓(其)爲長虞(且)好才(哉)"之"虞",讀爲"且",連詞。連接兩個形容詞或形容詞性詞組,相當於"又……又……"。《詩·小雅·魚麗》:"君子有酒,旨且多。"

清華八·攝命 32"虞",金文多作"叡",句首語詞。《書·費誓》"徂兹淮夷、徐戎並興",楊樹達認爲"徂"即金文"叡"字,讀爲"嗟","徂兹"即"嗟兹",《管子·小稱》有"嗟兹乎"(《積微居金文説》,中華書局,一九九七年,第二、四一頁)。

慮

清華一·祭公 16 女(汝)母(毋)以少(小)忎(謀)敗(敗)大慮(作)~,與 同,从"心","叡"聲。

清華一·祭公 16"女母以少忎敗大慮",讀爲"汝毋以小謀敗大作"。參《禮記·緇衣》:"毋以小謀敗大作。"今本《逸周書·祭公》:"汝無以小謀敗大作。"孔晁注:"大作,大事也。"

酂

清華一·楚居 15 郙(酂)郢遀(復)於酂(酂)~,从"邑","叡"聲。"酂"字異體。《説文·邑部》:"酂,沛國縣。从邑,虘聲。"

清華一·楚居 15"酂",即"酂"。《説文》:"酂,沛國縣。"故城在今河南永城縣西南。

蔖

清華一·尹至 01 隹(惟)尹自顕(夏)蘆(徂)白(亳)

～,與<!-- img -->(上博四·曹 56)同,从"艸","叔"聲,"苴"或"蘆"字異體。《説文·艸部》:"苴,履中艸。从艸,且聲。"

清華一·尹至 01"蘆",讀爲"徂",往,去。《詩·豳風·東山》:"我徂東山,慆慆不歸。"鄭箋:"我往之東山,既久勞矣。"簡文"自夏徂亳",與《國語·楚語上》云武丁"自河徂亳"句似。

蘆

清華二·繫年 119 籾(趙)蘆(籍)

～,从"艸","盧"聲,"苴"之異體。《説文·艸部》:"苴,履中艸。从艸,且聲。"

清華二·繫年 119"籾蘆",讀爲"趙籍",趙獻子之子,後爲烈侯。《史記·趙世家》:"十五年,獻侯卒,子烈侯籍立。"

櫨

清華八·天下 01 而利亓(其)櫨隘

～,與<!-- img -->(上博六·慎 5)同。《説文·木部》:"櫨,果似梨而酢。从木,盧聲。"

清華八·天下 01"櫨隘",或讀爲"渠譫",守城器具。見於《墨子·備城門》:"城上之備:渠譫、藉車……"又作"渠幨"。《淮南子·氾論》:"晚世之兵,隆衝以攻,渠幨以守。"高誘注:"幨,幰,所以禦矢也。"疑"櫨隘",讀爲"戚甲",爲"兵革"類器物。參《孟子·公孫丑下》:"城非不高也,池非不深也,兵革非不堅利也,米粟非不多也,委而去之,是地利不如人和也。"

俎

 清華一·皇門 13 母(毋)复(作)俎(祖)考朕(羞)才(哉)

～,與 (上博五·弟 10)、(望山 2·45)形近。《説文·且部》:"俎,禮俎也。从半肉在且上。"

清華一·皇門 13"俎考",讀爲"祖考",祖先。《詩·小雅·信南山》:"祭以清酒,從以騂牡,享于祖考。"

勯

 清華五·厚父 05 隹(惟)曰其勯(助)上帝䚋(亂)下民

 清華六·子產 17 以勯(助)上牧民

 清華六·子產 26 以勯(助)政直(德)之固

～,从"力","助"聲,"助"字異體。"助"字初文作(《合集》27997)、(录伯戜簋蓋,《集成》04302)之形,構形本義雖不可知,但其字形與"叀"字有別。

清華五·厚父 05"隹曰其勯上帝䚋下民",讀爲"惟曰其助上帝亂下民"。《孟子·梁惠王下》:"《書》曰:'天降下民,作之君,作之師。惟曰其助上帝,寵之四方,有罪無罪惟我在,天下曷敢有越厥志?'"

清華六·子產 17"以勯上牧民",讀爲"以助上牧民"。《論衡·定賢篇》:"安平之主,非棄臣而賤士,世所用助上者,非其宜也。"

清華六·子產 26"以勯政直之固",讀爲"以助政德之固"。《論衡·卜筮篇》:"故謂卜筮不可純用,略以助政,示有鬼神,明己不得專。"

䇶

 清華一·皇門 03 以䇶(助)氒(厥)辟

 清華一·皇門 04 是人斯䇶(助)王共(恭)明祀

 清華一·皇門 05 是人斯既䇶(助)氒(厥)辟

 清華一·皇門 09 卑(俾)王之亡(無)依亡(無)䇶(助)

 清華一·皇門 12 以䇶(助)余一人惥(憂)

～，从"力"，"叀"聲，"助"字繁體。

清華一·皇門 03"以䇶(助)氒(厥)辟"，今本《逸周書·皇門》作"以助厥辟"。

清華一·皇門 04"是人斯䇶(助)王共(恭)明祀"，今本《逸周書·皇門》作"人斯是助王恭明祀、敷明刑"。

清華一·皇門 09"卑(俾)王之亡(無)依亡(無)䇶(助)"，今本《逸周書·皇門》作"俾無依無助"。

清華一·皇門 12"以䇶(助)余一人惥(憂)"，今本《逸周書·皇門》作"以助予一人憂"。"䇶"，即"助"，輔助，幫助。《詩·小雅·車攻》："射夫既同，助我舉柴。"

清紐初聲

初

 清華一·楚居 01 季繼(連)初降於騩山

清華七·越公 30 五政之初

 清華七·越公 39 初日政勿若某，今政砡（重）

 清華八·邦道 14 不叚（謀）初伎（過）之不立

～，與 （上博一·孔 16）、 （上博五·姑 4）同。《説文·刀部》："初，始也。从刀、从衣。裁衣之始也。"

清華一·楚居 01、清華七·越公 30"初"，起始，開端。《書·伊訓》："今王嗣厥德，罔不在初。"孔傳："言善惡之由無不在初，欲其慎始。"《史記·樂書》："佚能思初，安能惟始。"

清華七·越公 39"初"，往昔，從前。《左傳·隱公元年》："遂爲母子如初。"漢揚雄《太玄·養》："星如歲如，復繼之初。"范望注："初爲故也。"

心紐疋聲

疋

（教）于非彝
清華一·皇門 07 乃隹（維）訧=（急急）疋（胥）區（驅）疋（胥）敎

（教）于非彝
清華一·皇門 07 乃隹（維）訧=（急急）疋（胥）區（驅）疋（胥）敎

清華三·芮良夫 09 疋（胥）收（糾）疋（胥）由

清華三·芮良夫 09 疋（胥）收（糾）疋（胥）由

清華三・芮良夫09 疋(胥)鯀(穀)疋(胥)均(均)

清華三・芮良夫09 疋(胥)鯀(穀)疋(胥)均(均)

清華三・芮良夫18 疋(胥)㕢(訓)疋(胥)孝(教)

清華三・芮良夫18 疋(胥)㕢(訓)疋(胥)孝(教)

清華三・芮良夫18 疋(胥)哉(箴)疋(胥)思(謀)

清華三・芮良夫18 疋(胥)哉(箴)疋(胥)思(謀)

清華三・良臣07 吳王光又(有)五(伍)之疋(胥)

清華五・三壽24 敢䚒(問)疋(胥)民古(胡)曰昜(揚)

清華六・管仲25 疋(胥)舍(舍)之邦

清華七・越公09 告繡(申)疋(胥)曰

清華七・越公09 繡(申)疋(胥)曰

清華七・越公14 繡(申)疋(胥)乃思(懼)

清華七·越公 68 疋戱（戰）疋北

　　清華七·越公 68 疋北

～，與 （上博一·孔 11）、 （上博六·用 3）同。《説文·疋部》："疋，足也。上象腓腸，下从止。《弟子職》曰：'問疋何止。'古文以爲《詩·大疋》字。亦以爲足字。或曰：胥字。一曰：疋，記也。"

清華一·皇門 07"乃隹（維）叚=（急急）疋（胥）區（驅）疋（胥）敫（教）于非彝"，此句今本《逸周書·皇門》作"維時及胥學于非夷"。"疋"，讀爲"胥"，《爾雅·釋詁》："相也。"或訓皆，都。（《讀本一》第 216 頁）

清華三·芮良夫 09、18"疋"，讀爲"胥"。《爾雅·釋詁》："胥，相也。"《詩·小雅·角弓》："兄弟昏姻，無胥遠矣。"鄭箋："胥，相也。"

清華三·良臣 07"五之疋"，即"伍子胥"，人名。

清華五·三壽 24"疋"，《説文》："或曰胥字。""胥""斯"古通，訓是，見裴學海《古書虛字集釋》。

清華七·越公 09、14"繡疋"，讀爲"申胥"。《國語·吳語》："夫申胥、華登簡服吳國之士於甲兵，而未嘗有所挫也。"韋昭注："申胥，楚大夫伍奢之子子胥也，名員。魯昭二十年，奢誅於楚，員奔吳，吳子與之申地，故曰申胥。"《左傳》《史記》等皆作伍胥、伍子胥，子胥。

清華七·越公 68"疋戱（戰）疋北"，讀爲"且戰且北"。"且……且……"的句式古書多見，意爲"一邊……一邊……"，如《漢書·李廣蘇建傳》："陵且戰且引，南行數日，抵山谷中。""疋"，或讀爲"旋"，連詞。"旋……旋……"，意爲"一邊……一邊……"。

泟

　清華六·子儀 16 公及三方者（諸）邦（任）君不賭（瞻）皮（彼）泟（沮）漳之川屏（開）而不盧（閭）殹（也）

～，與 （上博四·昭 1）同，从"水"，"疋"聲。

清華六·子儀 16"泜",讀爲"沮"。"沮漳",即今沮漳河。

罡

清華八·邦道 12 母(毋)又(有)罡(疏)籔(數)

~,與 、同,从"网","疋"聲,指孔眼稀疏的網,可能是疏密之"疏"的專字。

清華八·邦道 12"罡籔",讀爲"疏數",稀疏和密集。《周禮·夏官·大司馬》:"中春教振旅……以教坐作進退疾徐疏數之節。"《尉繚子·兵令上》:"出卒陳兵有常令,行伍疏數有常法,先後之次有適宜。"

楚

清華一·楚居 03 晋(巫)帇(咸)賅亓(其)髗(脅)以楚

清華一·楚居 04 氐(抵)今曰楚人

清華二·繫年 012 楚文王以啓于灘(漢)鴋(陽)

清華二·繫年 020 齊趄(桓)公會者(諸)侯以成(城)楚丘

清華二·繫年 021 伐衛于楚丘

清華二·繫年 021 衛人自楚丘罨(遷)于帝丘

清華二·繫年 024 乃史(使)人于楚文王曰

清華二·繫年 037 乃迡（適）楚

清華二·繫年 038 秦穆公乃訋（召）文公於楚

清華二·繫年 041 楚成王銜（率）者（諸）侯以回（圍）宋伐齊

清華二·繫年 042 楚王豫（舍）回（圍）歸

清華二·繫年 044 以敗（敗）楚𠂤（師）於城僕（濮）

清華二·繫年 044 獻楚俘馘

清華二·繫年 048 秦穆公欲與楚人爲好

清華二·繫年 049 与（與）楚爲好

清華二·繫年 056 楚穆王立八年

清華二·繫年 056 宋右帀（師）芋（華）孫兀（元）欲褮（勞）楚帀（師）

清華二·繫年 061 楚臧（莊）王立十又四年

清華二·繫年 062 楚𠂤（師）未還

清華二·繫年064[楚]人明(盟)

清華二·繫年064 弐(席)于楚軍之門

清華二·繫年064 楚人被箪(駕)以自(追)之

清華二·繫年074 楚臧(莊)王立

清華二·繫年074 吳人服于楚

清華二·繫年079 教吳人反(叛)楚

清華二·繫年080 吳人女(焉)或(又)服於楚

清華二·繫年082 以敗楚自(師)

清華二·繫年083 是教吳人反楚邦之者(諸)侯

清華二·繫年083 以敚(敗)楚自(師)于白(柏)壆(舉)

清華二·繫年085 楚龏(共)王立七年

清華二·繫年086 競(景)公欲與楚人爲好

清華二·繫年 087 競(景)公史(使)翟(糴)之伐(茷)鹏(聘)於楚

清華二·繫年 088 王或(又)事(使)宋右帀(師)芊(華)孫兀(元)行晉楚之成

清華二·繫年 088 楚王子波(罷)會晉文子燮(燮)及者(諸)侯之夫=(大夫)

清華二·繫年 090 敨(敗)楚自(師)於隝(鄢)

清華二·繫年 096 楚康王立十又四年

清華二·繫年 101 以伐楚

清華二·繫年 102 楚卲(昭)王戠(侵)尹(伊)、洛以返(復)方城之自(師)

清華二·繫年 104 楚霝(靈)王立

清華二·繫年 105 陳、郼(蔡)、獸(胡)反楚

清華二·繫年 105 與吳人伐楚

清華二·繫年 105 秦異公命子甫(蒲)、子虎衒(率)自(師)救

（救）楚

清華二·繫年 105 與楚自（師）會伐陽（唐）

清華二·繫年 107 楚人女（焉）阴（縣）郯（蔡）

清華二·繫年 110 與吳王盍（闔）虏（廬）伐楚

清華二·繫年 114 楚柬（簡）大王立七年

清華二·繫年 114 宋悼公朝于楚

清華二·繫年 116 逴迴而歸之於楚

清華二·繫年 117 楚人豫（舍）回（圍）而還

清華二·繫年 117 楚自（師）亡工（功）

清華二·繫年 117 楚以與晉固爲肎（怨）

清華二·繫年 119 楚聖（聲）桓（桓）王即立（位）

清華二·繫年 126 楚聖（聲）桓（桓）王立四年

清華二·繫年126 宋公畋(田)、奠(鄭)白(伯)訇(駒)皆朝于楚

清華二·繫年127 以爲楚敫(援)

清華二·繫年128 楚自(師)亡工(功)

清華二·繫年130 以迓楚人

清華二·繫年131 楚自(師)回(圍)之於鄭

清華二·繫年132 楚人歸(歸)奠(鄭)之四牆(將)軍與亓(其)

萬民於奠(鄭)

清華二·繫年135 楚自(師)大敗

清華二·繫年135 楚人妻(盡)云(棄)亓(其)幬(旃)、幕、車、兵

清華二·繫年136 楚邦以多亡城

清華二·繫年136 楚自(師)牆(將)救(救)武昜(陽)

清華二·繫年137 以從楚自(師)於武昜(陽)

清華二・繫年 137 晉楚以戩(戰)

清華三・良臣 05 楚成王又(有)命(令)君(尹)子蔄(文)

清華三・良臣 05 楚韶(昭)王又(有)命(令)君(尹)子西

清華三・良臣 11 楚恭(共)王又(有)郎(伯)州利(犁)

清華三・赤鴼 06 牆(將)橆(撫)楚

清華六・子儀 03 以視楚子義(儀)於杏會

清華六・子儀 07 楚樂和之曰

清華七・子犯 01 耳自楚迈(適)秦

清華七・晉文公 08 敗(敗)楚師於城僕(濮)

清華八・攝命 16 鮮隹(唯)楚(胥)台(以)夙(夙)夕敬(敬)

清華八・攝命 16 亡(罔)非楚(胥)以劈(墮)遁(愆)

清華八・攝命 17 鮮隹(唯)楚(胥)學于威義(儀)悳(德)

清華八·攝命 17 亡(罔)非楚(胥)以淫〈淫〉惡(極)

～，與 、、、同。《說文·林部》："楚，叢木。一名荆也。从林，疋聲。"

清華一·楚居 03"楚"，木名。又名牡荆。《禮記·學記》："入學鼓篋，孫其業也。夏楚二物，收其威也。"陳澔《集説》："夏，榎也；楚，荆也。榎形圓，楚形方。以二物爲撲，以警其怠忽者，使之收斂威儀也。"陳琳《爲袁紹檄豫州》："故太尉楊彪，典歷二司，享國極位。操因緣眦睚，被以非罪，榜楚參幷，五毒備至。"

清華二·繫年 012、024"楚文王"，《史記·楚世家》："武王卒師中而兵罷。子文王熊貲立，始都郢。文王二年，伐申過鄧……六年，伐蔡……楚彊，陵江漢間小國，小國皆畏之。"

清華二·繫年 020、021"成楚丘"，讀爲"城楚丘"，見《左傳·僖公二年》："二年春，諸侯城楚丘而封衛焉。""楚丘"，在今河南滑縣東。

清華二·繫年 041、清華三·良臣 05"楚成王"，《史記·楚世家》："莊敖五年，欲殺其弟熊惲，惲奔隨，與隨襲弑莊敖代立，是爲成王。成王惲元年，初即位，布德施惠，結舊好於諸侯。使人獻天子，天子賜胙。"

清華二·繫年 056"楚穆王"，《史記·楚世家》："丁未，成王自絞殺。商臣代立，是爲穆王。穆王立，以其太子宫予潘崇，使爲太師，掌國事。穆王三年，滅江。四年，滅六、蓼。"

清華二·繫年 061、074"楚臧王"，讀爲"楚莊王"。《史記·楚世家》："(穆王)子莊王侶立……八年，伐陸渾戎，遂至洛，觀兵於周郊。周定王使王孫滿勞楚王。楚王問鼎小大輕重……十六年，伐陳，殺夏徵舒。"

清華二·繫年 064"楚軍"，楚國軍隊。

清華二·繫年 085"楚龏王"、清華三·良臣 11"楚恭王"，讀爲"楚共王"。《史記·楚世家》："二十三年，莊王卒，子共王審立。共王十六年，晉伐鄭。鄭告急，共王救鄭。與晉兵戰鄢陵，晉敗楚，射中共王目。"

清華二·繫年 096"楚康王"，《史記·楚世家》："三十一年，共王卒，子康王招立。康王立十五年卒，子員立，是爲郟敖。"

清華二·繫年 102"楚卲王"、清華三·良臣 05"楚䚓王"，讀爲"楚昭王"。《史記·楚世家》："十三年，平王卒……乃立太子珍，是爲昭王。"

清華二•繫年104"楚霝王",讀爲"楚靈王"。《史記•楚世家》:"康王寵弟公子圍、子比、子皙、棄疾……子比奔晉,而圍立,是爲靈王。"

清華二•繫年114"楚柬大王",讀爲"楚簡大王",即楚簡王。《史記•楚世家》:"五十七年,惠王卒,子簡王中立。簡王元年,北伐滅莒。"

清華二•繫年119、126"楚聖起王",讀爲"楚聲桓王",即楚聲王。《史記•楚世家》:"二十四年,簡王卒,子聲王當立。"

清華二•繫年、清華七•晉文公08"楚𠂤",讀爲"楚師",楚國軍隊。

清華二•繫年"楚人",楚國人。

清華二•繫年136"楚邦",楚國。《韓非子•喻老》:"楚邦之法,禄臣再世而收地,唯孫叔敖獨在。"

清華三•赤鵠06"牂(將)襡(撫)楚"之"襡",疑讀爲"撫",《説文》:"安也。""楚",《説文通訓定聲》:"酸辛痛苦之意。"或説"襡"與祭祀有關,"楚"當讀如字。(黃傑)

清華六•子儀03"以視楚子義(儀)於杏會",《左傳•僖公二十五年》:"秋,秦晉伐鄀,楚鬬克、屈禦寇以申、息之師戍商密。秦人過析,隈入而係輿人,以圍商密,昏而傅焉。宵,坎血加書,僞與子儀、子邊盟者。商密人懼曰:'秦取析矣,戍人反矣。'乃降秦師,囚申公子儀、息公子邊以歸。楚令尹子玉追秦師,弗及。遂圍陳,納頓子于頓。"杜預注:"鬬克,申公子儀。屈禦寇,息公子邊。"

清華八•攝命16、17"楚",讀爲"胥"。孫詒讓讀毛公鼎"楚賦"爲"胥賦"(《籀廎述林》,中華書局,二〇一〇年,第二一〇頁)。《書•盤庚中》:"惟胥以沈。"孔傳:"相與沉溺。"

其餘"楚",古國名。芈姓。始祖鬻熊。《史記•楚世家》:"楚之先祖出自帝顓頊高陽……周文王之時,季連之苗裔曰鬻熊。鬻熊子事文王,蚤卒。其子曰熊麗。熊麗生熊狂,熊狂生熊繹。熊繹當周成王之時,舉文、武勤勞之後嗣,而封熊繹於楚蠻,封以子男之田,姓芈氏,居丹陽。"

幫紐夫聲

夫

 清華一•耆夜10 今夫君子

清華一·耆夜 10 夫日□□

清華一·耆夜 12 今夫君子

清華一·皇門 03 廼方（旁）救（求）巽（選）睪（擇）元武聖夫

清華一·皇門 09 卑（譬）女（如）戎（農）夫

清華一·皇門 10 卑（譬）女（如）鬻（匹）夫之又（有）悉（媚）妻

清華一·皇門 10 悉（媚）夫又（有）埶（邇）亡（無）遠

清華一·皇門 11 乃弇盍（蓋）善夫

清華一·皇門 11 乃隹（惟）又（有）奉俟（疑）夫

清華一·皇門 12 悉（媚）夫先受吝（殄）罰

清華一·皇門 12 夫明尔（爾）惪（德）

清華二·繫年 073 老夫之力也

清華二·繫年 110 夫秦（差）王即立（位）

清華二·繫年110 以與夫秦（差）王相見于黃池

 清華三·琴舞04 夫明思懃（慎）

 清華三·芮良夫02 內（芮）良夫乃复（作）訟再終

 清華三·芮良夫07 夫民甬（用）惡（憂）惕（傷）

 清華四·筮法01 妻夫同人

 清華四·筮法08 妻夫

清華四·筮法20 妻夫相見

 清華四·筮法21 箁（筮）死夫者

 清華四·筮法25 丈夫

 清華四·筮法35 大夫之立（位）

 清華四·筮法51 夫天之道

清華五·命訓02 夫司慁（德）司義

清華五·命訓 03 夫民生而佴（恥）不明

清華五·命訓 04 夫民生而樂生穀（穀）

清華五·命訓 04 夫民生而痫死喪

清華五·命訓 06 夫明王卲（昭）天訐（信）人以尾（度）攻（功）

清華五·命訓 06 夫天道三

清華五·湯丘 09 夫人母（毋）以我爲訇（急）於亓（其）事虎（乎）

清華五·筲門 10 夫四以成邦

清華五·筲門 19 夫九以成天

清華五·三壽 04 虐（吾）䎽（聞）夫長莫長於風

清華五·三壽 05 虐（吾）䎽（聞）夫䜭（險）莫䜭（險）於心

清華五·三壽 06 虐（吾）䎽（聞）夫長莫長於水

清華五·三壽 07 虐（吾）䎽（聞）夫䜭（險）莫䜭（險）於枭（鬼）

清華五·三壽07 虔(吾)聶(聞)夫長莫長於□

清華五·三壽08 虔(吾)聶(聞)夫噲(險)非(必)矛迟(及)干

清華五·三壽09 夫孳(茲)□

清華六·孺子01 武夫人訊(規)乳₌(孺子)

清華六·管仲18 若夫湯者

清華六·管仲21 夫周武王甚元以智而武以良

清華六·管仲23 夫年(佞)又(有)利燹(氣)

清華六·管仲24 今夫年(佞)者之利燹(氣)亦可旻(得)而聶

(聞)虖(乎)

清華六·管仲25 夫年(佞)者之事君

清華六·太伯甲13 虔(吾)若聶(聞)夫醫(殷)邦

清華六·太伯乙12 虔(吾)若聶(聞)夫鄯(殷)邦曰

清華七·子犯 07 夫公子之不能居晉邦

清華七·越公 12 遠夫甬(勇)戔(殘)

清華七·越公 23 今夫=(大夫)嚴(儼)肰(然)監(銜)君王之音

清華七·越公 31 日腈(靖)蓐(農)事以勸怨(勉)蓐(農)夫

清華七·越公 32 丌(其)見蓐(農)夫老溺(弱)堇(勤)歷(麻)者

清華七·越公 32 丌(其)見蓐(農)夫毲(稽)顁(頂)足見

清華七·越公 35 乃夫婦皆㧗(耕)

清華七·越公 35 亦夫婦皆[耕]

清華七·越公 73 夫婦吾=(三百)

清華八·邦政 06 不內(納)誨(謀)夫

清華八·邦政 10 弟子敷(轉)遠人而爭跬(窺)於誨(謀)夫

清華八·處位 04 夫不敔(度)政者

清華八·處位06 夫堂(黨)齡(貢)亦曰

 清華八·處位09 夫爲甯(前)政者

 清華八·邦道16 今夫逾人於亓(其)奮(勝)

 清華八·邦道19 夫若是

 清華八·邦道19 戎(農)夫之隱(惰)於亓(其)事

 清華八·邦道22 夫邦之溺(弱)張

 清華二·繫年051 襄天〈夫〉人甾(聞)之

～,與 、、、、、、、、、、同。《說文·夫部》:"夫,丈夫也。从大,一以象簪也。周制以八寸爲尺,十尺爲丈。人長八尺,故曰丈夫。"

清華一·耆夜10、12"今夫",發語詞。《禮記·中庸》:"今夫天,斯昭昭之多,及其無窮也……今夫地,一撮土之多,及其廣厚。"俞樾《古書疑義舉例·古書發端之詞例》:"《禮記·中庸篇》'今夫天'一節,四用'今夫'爲發端,此近人所習用者;乃或變其文爲'今是'。"《論語·季氏》:"今夫顓臾固而近於費。"《史記·范雎列傳》:"今夫韓、魏,中國之處而天下之樞也。"

清華一·皇門03"洒方(旁)救(求)巽(選)睪(擇)元武聖夫",此句今本

《逸周書·皇門》作"乃方求論擇元聖武夫",莊述祖注:"元,善;聖,通也。元聖可以爲公卿,武夫可以爲將帥者。"陳逢衡注:"方求,徧求也。論擇,慎選也……《詩》曰:'赳赳武夫。'元聖可以資論道,武夫以備腹心。"簡文所謂"元武聖夫"即指"元聖武夫"。"元武"一語亦見曾伯霥簠(《集成》04631、04632)"元武孔黹"。

清華一·皇門09,清華八·邦道19"戎夫",清華七·越公31、32"蓐夫",均讀爲"農夫",指務農的人。《詩·豳風·七月》:"嗟我農夫,我稼既同,上入執宮功。"《周禮·考工記序》:"飭力以長地財,謂之農夫。"《荀子·儒效》:"人積耨耕而爲農夫,積斲削而爲工匠。"

清華一·皇門10"豀夫",讀爲"匹夫",古代指平民中的男子。亦泛指平民百姓。《左傳·昭公六年》:"匹夫爲善,民猶則之,況國君乎?"《韓非子·有度》:"刑過不避大臣,賞善不遺匹夫。"班固《白虎通·爵》:"庶人稱匹夫者,匹,偶也,與其妻爲偶,陰陽相成之義也。"

清華一·皇門10、12"悉夫",讀爲"媢夫",易妒忌的小人。今本《逸周書·皇門》作"媚夫有邇無遠"。《讀書雜志》卷一:"媚當爲媢字之誤也。下'媚夫'同。《顔氏家訓·書證篇》曰:'太史公論英布曰:禍之興自愛姬,生於妒媢,以至滅國。'又《漢書·外戚傳》亦云:'成結寵妾妒媢之誅。'此二媚並當作媢,媢亦妒也,義見《禮記》《三蒼》。且《五宗世家》亦云:'常山憲王后妒媢。'王充《論衡》云:'妒夫,媢婦。'益知媢是妒之別名……鄭注《大學》曰:'媢,妒也。'此媢夫二字正承上文'讒賊媢嫉'言之,非謂其佞媚也,不當作媚明矣。"

清華一·皇門11"乃弇盍(蓋)善夫",今本《逸周書·皇門》作"乃食蓋善夫"。"善夫",好人。

清華一·皇門11"乃佳(惟)又(有)奉俟(疑)夫",今本《逸周書·皇門》作"乃維有奉狂夫是陽是繩"。

清華二·繫年073"老夫",年老男子的自稱。《禮記·曲禮上》:"大夫七十而致事……適四方,乘安車,自稱曰老夫。"鄭玄注:"老夫,老人稱也。"

清華二·繫年110"夫秦王",讀爲"夫差王",吳王夫差。

清華三·芮良夫02"內良夫",讀爲"芮良夫",芮國國君,厲王時入朝爲大夫,是西周時有名的賢臣。《國語·周語上》:"厲王說榮夷公,芮良夫曰。"

清華三·良臣07"秦穆公又胥大夫",讀爲"秦穆公有殺大夫"。《史記·秦本紀》百里奚號五殺大夫。

清華四·筮法01、08、20"妻夫",即夫妻。

清華四·筮法 21"死夫",死丈夫。

清華四·筮法 25"丈夫",男子。指成年男子。《穀梁傳·文公十二年》:"男子二十而冠,冠而列丈夫。"《管子·地數》:"凡食鹽之數,一月:丈夫五升少半,婦人三升少半,嬰兒二升少半。"

清華六·孺子 01"武夫人",鄭武夫人武姜。

清華六·管仲 18"若夫",至于。用於句首或段落的開始,表示另提一事。《易·繫辭下》:"若夫雜物撰德,辯是與非,則非其中爻不備。"

清華六·太伯甲 13、太伯乙 12"夫",助詞。用于句中。《禮記·少儀》:"加夫襓與劍焉。"鄭玄注:"夫,或爲煩,皆發聲。"

清華七·越公 12"遠夫",疑指遠征之兵士。

清華七·越公 35、73"夫婦",夫妻。《易·序卦》:"有天地然後有萬物,有萬物然後有男女,有男女然後有夫婦,有夫婦然後有父子。"《孟子·滕文公上》:"父子有親,君臣有義,夫婦有別,長幼有叙,朋友有信。"

清華八·邦政 06、10"誨夫",即"謀夫",不賢之謀事者。《詩·小雅·小旻》:"謀夫孔多,是用不集。"鄭箋:"謀事者衆而非賢者,是非相奪莫適可從,故所爲不成。"其餘"夫",助詞。用于句首,表發端。《左傳·隱公四年》:"夫兵,猶火;弗戢,將自焚也。"

清華簡"夫=","大夫"合文,古職官名。周代在國君之下有卿、大夫、士三等,各等中又分上、中、下三級。後因以大夫爲任官職者之稱。

达

 清華七·越公 21 达(匍)遭(匐)毫(就)君

～,從"辵","夫"聲。

清華七·越公 21"达遭",讀爲"匍匐"。《詩·大雅·生民》:"誕實匍匐,克岐克嶷,以就口食。"朱熹注:"匍匐,手足並行也。"《國語·吳語》:"王覺而無見也,乃匍匐將入於棘闈,棘闈不納。"

敊

 清華三·芮良夫 06 莫之敊(扶)道(導)

清華三·良臣 02 武丁又（有）犮（傅）鳲（説）

～，从"攴"，"夫"聲，"扶"字異體。

清華三·芮良夫 06"莫之犮道（導）"之"犮"，即"扶"，攙扶。《左傳·襄公二十五年》："（賈獲）與其妻扶其母以奔墓，亦免。"《史記·伯夷列傳》："太公曰：'此義人也。'扶而去之。"

清華三·良臣 02"犮鳲"，讀爲"傅説"，爲商代高宗賢相。《墨子·尚賢》："傅説，被褐帶索，庸築乎傅巖。武丁得之，舉以爲三公，與接天下之政，治天下之民。"

猷

清華二·繫年 105 陳、郞（蔡）、猷（胡）反楚

清華二·繫年 106 女（焉）克猷（胡）、回（圍）郞（蔡）

～，"害"，"夫"均是聲符。

清華二·繫年"猷"，讀"胡"，嬀姓國，在今安徽阜陽。《左傳·定公十五年》："吳之入楚也，胡子盡俘楚邑之近胡者。楚既定，胡子豹又不事楚，曰：'存亡有命，事楚何爲？多取費焉。'二月，楚滅胡。"

幫紐百聲歸白聲

並紐父聲

父

清華一·皇門 12 朕遺父兄眔朕荩（藎）臣

清華一·祭公 03 愳（謀）父朕（朕）疾隹（惟）不瘳

 清華一·祭公 09 思(謀)父縢(朕)疾隹(惟)不瘳

 清華二·繫年 063 晉中行林父衒(率)自(師)救(救)奠(鄭)

 清華二·繫年 082 是雞父之墬(洍)

 清華三·芮良夫 27 亡(無)父母能生

 清華三·良臣 03 又(有)帀(師)上(尚)父

 清華四·筮法 43 肴(淆)乃父之不𣨍=(葬死)

 清華四·筮法 43 莫(暮)屯(純)乃室中,乃父

 清華五·厚父 01 厚父

 清華五·厚父 05 厚父拜=(拜手)韻=(稽首)

 清華五·厚父 07 厚父

 清華五·厚父 09 厚父曰

 清華五·厚父 13(背)厚父

清華六·孺子12 㝬（邊）父設（規）夫=（大夫）曰

清華六·孺子13 乃史（使）㝬（邊）父於君

清華六·孺子16 君舍（答）㝬（邊）父曰

清華六·管仲01 中（仲）父

清華六·管仲02 中（仲）父

清華六·管仲03 中（仲）父

清華六·管仲06 中（仲）父

清華六·管仲07 中（仲）父

清華六·管仲08 中（仲）父

清華六·管仲12 中（仲）父

清華六·管仲14 中（仲）父

清華六·管仲16 中（仲）父

清華六·管仲 20 中(仲)父

清華六·管仲 24 中(仲)父

清華六·太伯甲 01 白(伯)父

清華六·太伯甲 02 白(伯)父是(實)被複(覆)

清華六·太伯甲 02 與不孹(穀)爭白(伯)父

清華六·太伯甲 03 所天不豫(舍)白(伯)父

清華六·太伯甲 12 茲贈(詹)父內謫於中

清華六·太伯乙 01 白(伯)父

清華六·太伯乙 02 與不敦(穀)請(爭)白(伯)父

清華六·太伯乙 02 所天不豫(舍)白(伯)父

清華六·太伯乙 10 茲贈(詹)父內謫於中

清華六·子儀 03 義(儀)父

清華六·子儀11 義(儀)父

清華六·子儀13 義(儀)父

清華六·子儀16 義(儀)父

清華六·子儀17 義(儀)父

清華七·越公10 君臣父子亓(其)未相旻(得)

清華七·越公12 唯皮(彼)鷄(雞)父之遠劼(荊)

清華七·越公16 兹(使)虐(吾)式邑之父兄子弟朝夕棧(殘)

清華八·邦政05 父兄與於終要

清華八·邦政06 下賹(瞻)亓(其)上女(如)父母

清華八·處位03 子立弋(代)父

～,與(上博一·孔9)、(上博四·曹42)、(上博七·武2)同。《說文·又部》:"父,矩也。家長率教者。从又舉杖。"

　　清華一·皇門12、清華八·邦政05"父兄",父親與兄長。《論語·子罕》:"出則事公卿,入則事父兄。"

清華七·越公 16"父兄子弟",《禮記·曲禮上》:"君臣上下父子兄弟,非禮不定。"

清華一·祭公 03、09"愁父",即祭公謀父,爲周公之後。《國語·周語上》:"穆王將征犬戎,祭公謀父諫曰。"

清華二·繫年 063"中行林父",即荀林父、中行桓子。《左傳·宣公十二年》:"夏六月,晉師救鄭。荀林父將中軍,先縠佐之。士會將上軍,郤克佐之。趙朔將下軍,欒書佐之。趙括、趙嬰齊爲中軍大夫。鞏朔、韓穿爲上軍大夫。荀首、趙同爲下軍大夫。韓厥爲司馬。"

清華二·繫年 082、清華七·越公 12"雞父",今河南固始東南。《春秋·昭公二十三年》:"戊辰,吳敗頓、胡、沈、蔡、陳、許之師于雞父,胡子髡、沈子逞滅,獲陳夏齧。"《穀梁傳》作"雞甫"。

清華三·良臣 03"币上父",讀爲"師尚父",人名。

清華五·厚父"厚父",人名,夏之後裔。

清華六·孺子 12、13、16"鸟父",讀爲"邊父",鄭國大臣。

清華六·管仲"中父",即仲父,齊桓公對管仲的尊稱。《管子·中匡》:"桓公謂管仲曰:'請致仲父。'公與管仲父而將飲之,掘新井而柴焉。"尹注:"仲父者,尊老有德之稱。桓公欲尊事管仲,故以仲父之號致之。"《韓非子·外儲説左下》:"齊桓公將立管仲,令群臣曰:'寡人將立管仲爲仲父,善者入門而左,不善者入門而右。'"

清華六·太伯"白父",讀爲"伯父",鄭莊公的子人氏長子太伯。

清華六·太伯甲 12、太伯乙 10"賠父",讀爲"詹父",即叔詹。《左傳·僖公七年》:"鄭有叔詹、堵叔、師叔三良爲政,未可間也。"《國語·晉語四》:"公子過鄭,鄭文公亦不禮焉。叔詹諫曰。"《吕氏春秋·上德》作"被瞻",《韓非子·喻老》作"叔瞻"。

清華六·子儀"義父",讀爲"儀父",楚子儀,又稱鬭克,申公子儀。《左傳·僖公二十五年》:"秋,秦晉伐鄀,楚鬭克、屈禦寇,以申息之師戍商密……戍人反矣,乃降秦師,囚申公子儀、息公子邊,以歸,楚令尹子玉追秦師,弗及,遂圍陳,納頓子於頓。"杜預注:"鬭克,申公子儀。屈禦寇,息公子邊。"

清華七·越公 10"君臣父子亓未相旻",讀爲"君臣父子其未相得"。《墨子·兼愛上》:"君臣父子皆能孝慈,若此則天下治。"

清華三·芮良夫 27、清華八·邦政 06"父母",父親和母親。《詩·小雅·蓼莪》:"哀哀父母,生我劬勞。"《史記·屈原賈生列傳》:"父母者,人之本也。"

釪（斧）

 清華五·命訓07 又（有）釪（斧）戊（鉞）

～，與 （上博六·莊9）同，從"金"，"父"聲，即"斧"字。《說文·斤部》："斧，斫也。從斤，父聲。"

清華五·命訓07"釪戊"，讀爲"斧鉞"，斧與鉞，泛指兵器。亦泛指刑罰、殺戮。《左傳·昭公四年》："王弗聽，負之斧鉞，以徇於諸侯。"《漢書·天文志》："梁王恐懼，布車入關，伏斧戊謝罪，然後得免。"

斧

 清華五·命訓07 以亓（其）斧戊（鉞）尚（當）天之褶（禍）

《說文·斤部》："斧，斫也。從斤，父聲。"
清華五·命訓07"斧戊"，讀爲"斧鉞"。參上。

肍

 清華七·越公32 乃以管（熟）飤（食）盬（脂）鹽（醢）肍（脯）脏多從

～，從"肉"，"父"聲，"脯"之異體。

清華七·越公32"脯"，乾肉。《呂氏春秋·誣徒》："故烹獸不足以盡獸，嗜其脯則幾矣。"《詩·大雅·鳧鷖》："爾酒既湑，爾殽伊脯。"《漢書·東方朔傳》："生肉爲膾，乾肉爲脯。"《禮記·內則》："脯羹兔醢。"

甫

 清華一·耆夜02 邵（召）上（尚）甫（父）命爲司政（正）

清華二·繫年 105 秦異公命子甫（蒲）、子虎衒（率）自（師）栽（救）楚

　　清華六·子產 21 乃埶（設）六甫（輔）

～，與（上博六·天乙 5）同。《說文·用部》："甫，男子美稱也。從用、父，父亦聲。"

清華一·耆夜 02"邵上甫"，讀爲"吕尚父"。

清華二·繫年 105"秦異公命子甫、子虎衒自栽楚"，讀爲"秦異公命子蒲、子虎率師救楚"。《左傳·定公五年》："申包胥以秦師至。秦子蒲、子虎帥車五百乘以救楚……秋七月，子期、子蒲滅唐。"

清華六·子產 21"六甫"，讀爲"六輔"，指子羽、子刺、䰜（蔑）明、卑登、佸之支、王子百六人。

捕

　　清華一·金縢 11 王捕（把）箸（書）以渧（泣）

《說文·用部》："捕，取也。從手，甫聲。"

清華一·金縢 11"捕"，讀爲"把"，握，執。《戰國策·燕三》："臣左手把其袖，右手揕其胸。"今本《書·金縢》："王執書以泣。"或讀爲"撫"。《說文》："俌，輔也。從人，甫聲。讀若撫。"《廣雅·釋詁三》："撫，持也。"王念孫《疏證》："撫，亦把也。"（白於藍）

楠

　　清華六·管仲 06 立楠（輔）女（如）之可（何）

　　清華六·管仲 07 可立於楠（輔）

清華六・管仲 07 既立楠（輔）

 清華七・趙簡子 08 肰（然）則旻（得）楠（輔）相周室

 清華七・趙簡子 09 肰（然）則旻（得）楠（輔）相周室

～，與 同，从"木"，"甫"聲。

清華六・管仲 06、07"楠"，讀爲"輔"，輔佐，輔助。《大戴禮記・保傅》："誠立而敢斷，輔善而相義者，謂之充。充者，充天子之志也，常立于左，是太公也。"盧辯注："充者輔善，故或謂之輔。"《吕氏春秋・介立》："爲之丞輔。"高誘注："丞，佐也；輔，相也。"《書大傳》："古者天子必有四鄰，前曰疑，後曰丞，左曰輔，右曰弼。"

清華七・趙簡子 08、09"楠相"，讀爲"輔相"，輔助，幫助。《易・泰》："天地交泰，後以財成天地之道，輔相天地之宜，以左右民。"孔穎達疏："相，助也。當輔助天地所生之宜。"

輔

 清華一・皇門 13 輔余于險

 清華三・琴舞 10 思輔舍（余）于勤（艱）

 清華三・良臣 10 子產之輔

《説文・車部》："輔，人頰車也。从車，甫聲。"

清華一・皇門 13"輔余于險"之"輔"，《廣雅・釋詁》："助也。"今本《逸周書・皇門》作"譬若衆畋，常扶予險"。

清華三・琴舞 10"輔"，輔助。《書・蔡仲之命》："皇天無親，惟德是輔。"

孔傳:"天之於人無有親疏,惟有德者則輔佑之。"

清華三·良臣 10"子産之輔",輔佐之臣。《禮記·文王世子》:"虞、夏、商、周,有師保有疑丞,設四輔及三公。"孔穎達疏:"其四輔者,案《尚書大傳》云:古者天子必有四鄰,前曰疑,後曰丞,左曰輔,右曰弼。"班固《白虎通·諫諍》:"天子置左輔、右弼、前疑、後承,以順。"

莆

　　清華二·繫年 069 高之固至莆池

《説文·艸部》:"莆,萐莆也。从艸,甫聲。"

清華二·繫年 069"莆池",地名。《左傳·宣公十七年》:"齊侯使高固、晏弱、蔡朝、南郭偃會。及斂盂,高固逃歸。""斂盂",衛地,今河南濮陽縣東南,簡文"莆池"疑在同地。

賻

　　清華六·孺子 03 邦亦無大繇賻(賦)於萬民

～,从"貝","甫"聲。

清華六·孺子 03"繇賻",讀爲"繇賦",徭役和賦税。《漢書·景帝紀》:"不受獻,减太官,省繇賦,欲天下務農蠶,素有畜積,以備災害。"

榑

　　清華五·封許 03 旊(扞)榑(輔)珷(武王)

～,从"木","甫"聲。

清華五·封許 03"旊榑",讀爲"扞輔",護衛輔佐。《管子·兵法》:"故夫兵,雖非備道至德也,然而所以輔王成霸。"

尃

清華一•金縢04 尃（溥）又（有）四方

清華一•祭公05 尃（敷）䎽（聞）才（在）下

清華一•祭公18 尃（敷）求先王之共（恭）明惪（德）

清華二•繫年002 尃（敷）政天下

清華三•說命上02 旻（得）敓（說）于尃（傅）厰（巖）

清華三•說命上07（背）尃（傅）敓（說）之命

清華三•說命中01 敓（說）逨（來）自尃（傅）厰（巖）

清華三•說命中07（背）尃（傅）敓（說）之命

清華三•說命下09 虐（吾）乃尃（敷）之于百青（姓）

清華三•說命下10 尃（敷）之于朕政

清華三•說命下10（背）尃（傅）敓（說）之命

清華三・琴舞06 荵(戀)尃(敷)亓(其)又(有)敀(悅)

清華五・三壽11 乃尃(復)語彭且(祖)曰

清華五・三壽15 尃(輔)民之忎(化)

清華五・三壽24 弋(代)傑(桀)尃(敷)又(佑)下方

清華五・三壽28 尃(補)歅(缺)而救桎(枉)

清華六・管仲08 尃(博)之以五

清華六・子產16 子產尃(傅)於六正

清華六・孺子09 尃(布)㤉(圖)於君

清華八・邦政05 亓(其)雵(喪)尃(薄)而憝(哀)

清華八・邦政09 亓(其)君子尃(薄)於敫(教)而行懇(詐)

清華八・邦政11 可(何)厚可(何)尃(薄)

清華八・邦道13 是以尃(敷)均於百眚(姓)之溓(兼)厬而懯

(爰)者

 清華八·邦道 25 此母(毋)乃虗(吾)尃(敷)均

～，與 ■(上博一·孔 3)、■(上博三·彭 2)、■(上博二·容 22)、■(上博五·姑 9)同。《説文·寸部》："尃，布也。从寸，甫聲。"

清華一·金縢 04"尃又四方"，讀爲"溥有四方"，今本《書·金縢》作"敷佑四方"。"溥有"猶廣有，"溥有四方"即《詩·皇矣》之"奄有四方"，大盂鼎(《集成》02837)作"匍有四方"。

清華五·三壽 24"尃又下方"，讀爲"敷佑下方"，謂敷布德澤以佑助百姓。《書·金縢》："乃命于帝庭，敷佑四方。"孔傳："汝元孫受命于天庭爲天子，布其德教，以佑助四方。"一説，猶徧有。周秉鈞《易解》："敷，徧也。佑，讀爲有……此言武王新見命于上帝，徧有四方。"傅玄《晉四廂樂歌·上壽酒歌》："敷佑四方，如日之升。自天降祚，元吉有徵。"

清華一·祭公 05"尃䎽才下"，讀爲"敷聞在下"。"敷聞"，猶布聞。使名聲遠揚。《書·文侯之命》："昭升于上，敷聞在下。"曾運乾《正讀》："敷，布也。聞，聲聞也。"

清華一·祭公 18"尃求"，讀爲"敷求"。(《讀本一》第 266 頁)

清華二·繫年 002"尃政"，讀爲"敷政"，布政，施行教化。《詩·商頌·長發》："不競不絿，不剛不柔，敷政優優，百禄是遒。"

清華三·説命上 02、説命中 01"尃巗"，讀爲"傅巖"。《書·説命上序》："高宗夢得説，使百工營求諸野，得諸傅巖，作《説命》三篇。"

清華三·説命下 09、清華三·琴舞 06"尃"，讀爲"敷"，訓布。傅布，散布。《書·大禹謨》："文命敷於四海，祗承于帝。"蔡沈《集傳》："禹既已布其文教於四海矣，於是陳其謨以敬承於舜。"

清華三·説命"尃敓"，讀爲"傅説"。《墨子·尚賢中》："傅説，被褐帶索，庸築乎傅岩。武丁得之，舉以爲三公，與接天下之政，治天下之民。"《孟子·告子下》："傅説舉於版築之間。"

清華五·三壽 11"尃"，讀爲"復"，告訴，回答，回復。《管子·中匡》："管仲會國用，三分之二在賓客，其一在國。管仲懼而復之。"尹知章注："復，白也。"《文選·司馬相如〈子虛賦〉》："先生又見客，是以王辭而不復，何爲無用應哉!"李善注引司馬彪曰:"復,答也。"或讀爲"布"。《左傳·昭公十六年》:"敢私布之。"杜預注:"布,陳也。"《國語·晉語四》:"敢私布於吏。"韋昭注:"布,陳也。""布語"蓋即典籍習見之"陳言"。(白於藍)

清華五·三壽 15"尃民之忶(化)"之"尃",讀爲"輔",輔助。《書·蔡仲之命》:"皇天無親,惟德是輔。"孔傳:"天之於人無有親疏,惟有德者則輔佑之。"

清華五·三壽 28"尃欪",讀爲"補缺",修補缺漏。《管子·四時》:"是故秋三月以庚辛之日發五政:一政曰,禁博塞……四政曰,補缺塞坏;五政曰,修牆垣,周門閭。"

清華六·管仲 08"尃之以五"之"尃",讀爲"博",《説文》:"大通也。"與"斂"對稱。《左傳·昭公三年》:"仁人之言,其利博哉。晏子一言而齊侯省刑。"

清華六·子産 16"子産尃於六正"之"尃",讀爲"傅"。《廣雅·釋詁》:"傅,就也。"

清華六·孺子 09"尃恩(圖)於君"之"尃",讀爲"布",披露,顯露,宣示。《左傳·昭公二十六年》:"敢盡布其腹心及先王之經,而諸侯實深圖之。"《左傳·襄公二十一年》:"敢布四體,唯大君命焉。"杜預注:"布四體,言無所隱。"

清華八·邦政 05、09、11"尃",讀爲"薄",與"厚"相對。《詩·小雅·小旻》:"戰戰兢兢,如臨深淵,如履薄冰。"《左傳·僖公三十年》:"越國以鄙遠,君知其難也,焉用亡鄭以陪鄰?鄰之厚,君之薄也。"

清華八·邦道 13、25"尃",讀爲"敷",施予,施行。《孔子家語·致思》:"回願得明王聖主輔相之,敷其五教,導之以禮樂。"

塼

 清華六·子儀 01 三䛊(謀)塼(輔)之

 清華七·子犯 09 昔之舊聖折(哲)人之塼(敷)政命(令)荆(刑)罰

 清華八·邦政 03 宮室少(小)窂(卑)以塼(迫)

～,與 同,从"土","専"聲。

清華六·子儀 01"塼",讀爲"輔",輔佐、輔助。

清華七·子犯 09"塼",讀爲"敷",訓爲布。毛公鼎(《集成》02841):"専(敷)命専(敷)政""専(敷)命于外"。

清華八·邦政 03"塼",讀爲"迫",狹窄。《廣雅·釋詁》:"迫,陋也。"王念孫《疏證》:"狹與陋通。"

帾

 清華八·邦政 12 耂(故)則帾(傅)

～,从"巿","専"聲。

清華八·邦政 12"帾",讀爲"傅",依也。《漢書·匡衡傳》:"傅經以對。"顏師古注:"傅,讀曰附。附,依也。"

溥

 清華七·越公 49 政溥(薄)而好訐(信)

《說文·水部》:"溥,大也。从水,専聲。"

清華七·越公 49"政溥",讀爲"政薄",與三十九號簡"政重"相對。

嫥

 清華七·趙簡子 02 嫥(傅)母之辠(罪)也

～,从"女","専"聲。

清華七·趙簡子 02"嫥母",即傅母,傅父和傅母的合稱,是古時負責保育、輔導貴族子弟的老年男子和老年婦人。《孔子家語·曲禮子夏問》:"古者男子外有傅父,内有慈母,君命所使教子者也。"《穀梁傳·襄公三十年》:"婦人之義,傅母不在,宵不下堂。"

明紐母聲歸女聲

明紐巫聲

晉（巫）

清華一·程寤 02 晉（巫）衛（率）敚（蔽）大（太）姒

清華一·楚居 03 晉（巫）戕（咸）賅亓（其）髄（脅）以楚

清華二·繫年 075 王命繡（申）公屈晉（巫）迈（適）秦求自（師）

清華二·繫年 108 繡（申）公屈晉（巫）自晉迈（適）吳

清華三·赤鵠 06 晉（巫）鵶（烏）曰

清華三·赤鵠 07 眾鵶（烏）乃係（訊）晉（巫）鵶（烏）曰

清華三·赤鵠 07 晉（巫）鵶（烏）乃言曰

清華三·赤鵠 09 晉（巫）鵶（烏）乃歡（歎）少（小）臣之胸（喉）渭
（胃）

清華三·赤鵠 10 我天晉（巫）

清華三·赤鵠 10 女(如)尔天晉(巫)

清華四·筮法 50 五、八乃晉(巫)

《說文·巫部》：“巫，祝也。女能事無形，以舞降神者也。象人兩褎舞形。與工同意。古者巫咸初作巫。凡巫之屬皆从巫。靈，古文巫。”

清華一·程寤 02"晉衞"，讀爲"巫率"。簡文"祝忻""巫率""宗丁"，後一字皆人名。"巫"，即《周禮》"女巫"。《國語·楚語下》：“在男曰覡，在女曰巫。”

清華一·楚居 03"晉兇"，讀爲"巫咸"，古代傳說人名。殷中宗的賢臣。一作"巫戊"。相傳他發明鼓，是用筮占卜的創始者。《書·君奭》：“巫咸又王家。”《楚辭·離騷》：“巫咸將夕降兮，懷椒糈而要之。”王逸注：“巫咸，古神巫也，當殷中宗之世。”《史記·殷本紀》：“巫咸治王家有成，作《咸艾》，作《太戊》。”

清華二·繫年 075、108"繡公屈晉"，讀爲"申公屈巫"，即《左傳·宣公十二年》申公巫臣，屈氏別族。《左傳·成公二年》：“及共王即位，將爲陽橋之役，使屈巫聘於齊，且告師期。”

清華三·赤鵠 06、07、09"晉鶿"，即"巫烏"。

清華三·赤鵠 10"天晉"，即"天巫"。

清華四·筮法 50"晉"，即"巫"，古代從事祈禱、卜筮、星占，並兼用藥物爲人求福、卻災、治病的人。《公羊傳·隱公四年》：“於鍾巫之祭焉，弑隱公也。”何休注：“巫者事鬼神禱解，以治病請福者也。”

明紐馬聲

馬

清華二·繫年 077 司馬子反與繡(申)公爭少孟(孟)

清華二·繫年 078 司馬不訓(順)繡(申)公

清華二·繫年 130 子馬

 清華三·良臣 06 又(有)司馬子忎(期)

 清華五·封許 06 馬三(四)匹

 清華六·子產 07 不勑(飾)兴(美)車馬衣裘

 清華七·趙簡子 10 駞(馳)馬四百駟

～，與 、、同。《説文·馬部》："馬，怒也。武也。象馬頭髦尾四足之形。凡馬之屬皆从馬。![]，古文。![]，籀文馬。與影同，有髦。"

清華二·繫年 077"司馬子反"，《公羊傳·宣公十五年》："於是使司馬子反乘堙而闚宋城，宋華元亦乘堙而出見之。"

清華二·繫年 130"子馬"，鄭國四將軍之一，四將軍指皇子、子馬、子池、子封子。

清華三·良臣 06"司馬子忎"，讀爲"司馬子期"，昭王兄，子西之弟。

清華五·封許 06"馬三(四)匹"，《書·文侯之命》："用賚爾秬鬯一卣，彤弓一，彤矢百，盧弓一，盧矢百，馬四匹。"

清華六·子產 07"車馬"，車和馬。古代陸上的主要交通工具。《詩·小雅·十月之交》："擇有車馬，以居徂向。"《管子·小匡》："又游士八千人，奉之以車馬衣裘，多其資糧，財幣足之，使出周游於四方，以號召收求天下之賢士。"

清華七·趙簡子 10"駞(馳)馬四百駟"，《韓詩外傳》卷十："晉平公之時，藏寶之臺燒。士大夫聞，皆趨車馳馬救火，三日三夜，乃勝之。"

· 1560 ·

明紐武聲

武

王之敓（說）

清華一·程寤 06 引（矧）又勿亡賊（秋）明武禋（威）

清華一·耆夜 01 武王八年

清華一·耆夜 04 方臧（壯）方武

清華一·耆夜 05 方臧（壯）方武

清華一·耆夜 07 臧（壯）武惎=（赳赳）

清華一·金縢 01 武王既克髟（殷）三年

清華一·金縢 06 臺（就）逡（後）武王力（陟）

清華一·金縢 10 王旻（得）周公之所自以爲叴（功）以弋（代）武

清華一·金縢 14（背）周武王又（有）疾

清華一·皇門 03 廼方（旁）救（求）巽（選）睪（擇）元武聖夫

清華一·祭公04 朕(朕)之皇且(祖)周文王、剌(烈)且(祖)武王

清華一·祭公06 孳(兹)由(迪)逤(襲)孝(學)于文武之曼惪(德)

清華一·祭公08 以余少(小)子颺(揚)文武之剌(烈)

清華一·祭公10 隹(惟)武王大敗(敗)之

清華一·祭公12 隹(惟)文武中大命

清華一·祭公12 我亦赱(上)下卑(譬)于文武之受命

清華一·祭公15 不(丕)隹(惟)文武之由

清華一·楚居07 至武王酓(熊)髭自宵遷(徙)居免

清華二·繫年001 昔周武王監觀商王之不龔(恭)帝=(上帝)

清華二·繫年010 奠(鄭)武公亦政東方之者(諸)侯

清華二·繫年010 武公即殜(世)

清華二·繫年013 周武王既克嘼(殷)

清華二·繫年 013 武王陟

 清華二·繫年 096 命(令)尹子木會邔(趙)文子武及者(諸)侯
之夫=(大夫)

 清華二·繫年 126 是(寔)武牁(陽)

 (侵)晉 清華二·繫年 133 王命坪(平)亦(夜)悼武君衒(率)自(師)戜

 清華二·繫年 134 衒(率)自(師)回(圍)武牁(陽)

 清華二·繫年 134 遞(魯)昜公衒(率)自(師)戏(救)武昜(陽)

 清華二·繫年 134 與晉自(師)戜(戰)於武昜(陽)之城下

 清華二·繫年 135 坪(平)亦(夜)惄(悼)武君

 清華二·繫年 136 楚自(師)㫆(將)戏(救)武昜(陽)

清華二·繫年 137 王命坪(平)亦(夜)悼武君㭊(使)人於齊陳
湨求自(師)

 清華二·繫年 137 以從楚自(師)於武昜(陽)

清華三・説命中 01 武丁朝于門

清華三・説命中 02 武丁曰

清華三・芮良夫 14 以武㧖（及）愚（勇）

清華三・良臣 02 武丁又（有）敄（傅）鴞（説）

清華三・良臣 04 武王又（有）君奭

清華三・祝辭 03 陽（揚）武即救（求）尚（當）

清華三・祝辭 04 陽（揚）武即救（求）尚（當）

清華三・祝辭 05 陽（揚）武即救（求）尚（當）

清華五・三壽 22 音色柔丂（巧）而膾（叡）武不罔

清華六・子産 27 曰武忢（愛）

清華六・鄭子 01 奠（鄭）武公㝅（卒）

清華六・鄭子 01 武夫人設（規）乳=（孺子）

清華六·太伯甲 07 枼(世)及虐(吾)先君武公

清華六·太伯甲 10 長不能莫(慕)虐(吾)先君之武敢(烈)戚

(壯)社(功)

清華六·太伯乙 06 枼(世)及虐(吾)先君武公

清華六·太伯乙 09 長不能莫(慕)虐(吾)先君之武敢(烈)戚

(壯)社(功)

清華六·管仲 18 聖(聽)以行武

清華六·管仲 21 夫周武王甚元以智而武以良

清華六·管仲 22 若武王者

清華六·管仲 21 夫周武王甚元以智而武以良

清華七·子犯 14 武王

清華七·越公 04 募(寡)人不忍君之武礪(勵)兵甲之鬼(威)

~，與(上博一·孔 24)、 (上博二·容 49)、 (上博六·天甲 5)、
 (上博七·武 5)、 (上博七·武 13)同。《說文·戈部》："武，楚莊王曰：

'夫武,定功戢兵。故止戈爲武。'"

　　清華一·程寤 06"明武禩",讀爲"明武威",《逸周書》有《大明武》《小明武》等篇。"武威",軍事威力。《管子·版法》:"武威既明,令不再行。"《史記·秦始皇本紀》:"武威旁暢,振動四極,禽滅六王。"

　　清華一·耆夜 01,金縢 06、10,祭公 04、10,清華七·子犯 14"武王";清華二·繫年 001,清華六·管仲 21"周武王",《史記·周本紀》:"明年,西伯崩,太子發立,是爲武王。"

　　清華一·耆夜 04、05"方臧方武",讀爲"方壯方武"。虢季子白盤(《集成》10173):"甾武于戎工","甾武"即壯武,勇壯,雄武。《漢書·韓王信傳》:"上以爲信壯武,北近鞏、雒,南迫宛、葉,東有淮陽,皆天下勁兵處也,乃更以太原郡爲韓國,徙信以備胡,都晉陽。"

　　清華一·耆夜 07"臧武",讀爲"壯武",參上。

　　清華一·金縢 01"武王既克殷(殷)三年",《左傳·昭公二十六年》:"昔武王克殷,成王靖四方,康王息民,並建母弟,以蕃屏周。"

　　清華一·皇門 03"廼方救巽睪元武聖夫",讀爲"廼旁求選擇元武聖夫"。今本《逸周書·皇門》作"乃方求論擇元聖武夫",莊述祖注:"元,善;聖,通也。元聖可以爲公卿,武夫可以爲將帥者。""元武"一語亦見曾伯霥簠(《集成》04631、04632)作"元武孔䉔"。

　　清華一·祭公 06、08、12、15"文武",周文王與周武王。《詩·大雅·江漢》:"文武受命,召公維翰。"鄭箋:"昔文王、武王受命,召康公爲之楨榦之臣以正天下。"《禮記·中庸》:"仲尼祖述堯舜,憲章文武。"

　　清華一·楚居 07"武王",楚武王熊通。《史記·楚世家》:"蚡冒弟熊通弒蚡冒子而代立,是爲楚武王。"《左傳·昭公二十三年》:"無亦監乎若敖、蚡冒至于武、文。"孔穎達疏:"《楚世家》云:周成王始封熊繹於楚,以子男之田居丹陽,歷十四君至於熊儀,是爲若敖。若敖生霄敖,霄敖生蚡冒。蚡冒卒,弟熊達立,是爲武王。"

　　清華二·繫年 096"邟文子武",讀爲"趙文子武"。《左傳·襄公二十七年》:"宋向戌善於趙文子,又善於令尹子木,欲弭諸侯之兵以爲名。"《左傳·襄公二十五年》:"趙文子爲政,令薄諸侯之幣而重其禮。"杜預注:"趙武代范匄。"

　　清華二·繫年"武旞""武昜",均讀爲"武陽",地在今山東陽穀西。《水經·河水注》之武陽:"河水又東,逕武陽縣東、范縣西而東北流也。又東北過東阿縣北。"也有可能是《水經注》中提到的"武陽關",在今河南舞陽西。諸祖耿《戰國策集注匯考》卷二十二云:舞陽"史作武陽,以音近通用也"。

清華二·繫年135"坪亦惡武君",讀爲"平夜悼武君"。"平夜君",亦見於曾侯乙墓簡、新蔡簡和包山簡。"平夜",封君的封地,在今河南平輿。悼武君可能是第三代平夜君。爲新蔡葛陵墓主平夜君成之子。

清華三·説命中01、02,清華三·良臣02"武丁",殷高宗武丁。《史記·殷本紀》:"帝小乙崩,子帝武丁立。帝武丁即位,思復興殷,而未得其佐。三年不言,政事決定於冢宰,以觀國風。武丁夜夢得聖人,名曰説。"

清華三·芮良夫14"以武氶惠",讀爲"以武及勇",用武和勇,合稱"武勇",威武勇猛。《管子·五輔》:"其士民貴武勇而賤得利;其庶人好飲食而惡耕農。"

清華三·祝辭03、04、05"陽武",讀爲"揚武",發揚武德。或説"揚"訓舉,"武"訓拇,拇爲手足的將指,"揚武"意云舉指釋弦。

清華五·三壽22"睹武",即"叡武",叡知而神武。《易·繫辭上》:"古之聰明叡知,神武而不殺者夫。"

清華二·繫年010、清華六·鄭子01"奠武公",清華六·太伯甲07、太伯乙06"武公",即"鄭武公",周宣王弟鄭桓公友之子。《史記·鄭世家》:"犬戎殺幽王於驪山下,并殺桓公。鄭人共立其子掘突,是爲武公。"

清華六·鄭子01"武夫人",武姜,生有二子。《史記·鄭世家》武公十年,"武公娶申侯女爲夫人,曰武姜。生太子寤生,生之難,及生,夫人弗愛。後生少子叔段,段生易,夫人愛之。"

清華六·太伯甲10、太伯乙09"武敢烖紝",讀爲"武烈壯功"。《國語·周語下》:"成王能明文昭,能定武烈者也。"韋昭注:"烈,威也。言能明其文,使之昭;定其武,使之威也"。後以"武烈"謂武功。《後漢書·馮衍傳上》:"衍上書陳八事:一曰顯文德,二曰褒武烈……"

清華六·管仲18"聖以行武",讀爲"聽以行武"。《史記·秦本紀》:"昔我繆公自岐雍之間,修德行武,東平晉亂,以河爲界,西霸戎翟,廣地千里,天子致伯,諸侯畢賀,爲後世開業,甚光美。"

清華七·越公04"武",兵威。《詩·大雅·常武》:"王奮厥武,如震如怒。"或訓爲"士"。或説"武厲"爲一詞。《楚辭·天問》:"何壯武厲,能流厥嚴。"

明紐無聲

無

 清華一·楚居 04 無以內之

清華三·琴舞 01 無忨(悔)言(享)君

清華六·孺子 03 邦亦無大繇賻(賦)於萬民

清華六·孺子 04 三年無君

清華七·子犯 04 母(毋)乃無良左右也𧧿(乎)

清華七·子犯 06 宔(主)女(如)此胃(謂)無良左右

清華七·子犯 12 殺三無殆(辜)

清華七·子犯 12 無少(小)大

清華七·子犯 12 無遠逐(邇)見

 清華八·攝命 01 余一人無晝夕難(勤)卹

清華八·攝命 20 隹(唯)人乃亦無智(知)亡䎽(聞)于民若否

清華八·攝命 22 凡人無獄亡(無)睿

清華八·邦政 13 亓(其)則無熒(滅)無璋(彰)

清華八·邦政 13 亓(其)則無熒(滅)無璋(彰)

清華八·處位 02 女(如)耑(前)尻(處)既奴(若)無業(察)

清華八·處位 03 君乃無從敗(規)下之蟲□

清華八·處位 04 卬(抑)壓無訾

清華八·處位 05 無瀘(津)以出

清華八·處位 05 史(使)人乃奴(若)無耑(前)不忘(荒)

清華八·處位 06 余無皋(罪)而澀(屏)

清華八·處位 07 諂訛(媚)無甯(扁)

清華八·處位 10 乃胃(謂)良人出於無乇(度)

～，與■(上博三•瓦6)、■(上博四•柬3)、■(上博八•志2)、■(上博八•志7)同。《說文•林部》："橆，豐也。从林、無。或説規模字。从大、卌，數之積也；林者，木之多也。卌與庶同意。《商書》曰：'庶草繁無。'"

清華三•琴舞01"無愳"，讀爲"無悔"。《詩•大雅•抑》："庶無大悔。"鄭箋："悔，恨也。"

清華七•子犯04、06"無良"，不善，不好。《書•泰誓下》："受克予，非朕文考有罪，惟予小子無良。"《國語•吳語》："今句踐申禍無良，草鄙之人，敢忘天王之大德，而思邊垂之小怨，以重得罪於下執事？"

清華七•子犯12"無砧"，即"無辜"，沒有罪。《詩•小雅•正月》："民之無辜，並其臣僕。"朱熹《集注》："與此無罪之民，將俱被囚虜而同爲臣僕。"

清華八•邦政13"亓則無烖無瘴"，讀爲"其則無滅無彰"。《晏子春秋•內篇問下》："道亦無滅，身亦無廢者，何若？"《莊子•天地》："夫聖人，鶉居而鷇食，鳥行而無彰。"

清華八•處位02"無槩"，讀爲"無察"。《荀子•王霸》："知者之知，固以多矣，有以守少，能無察乎！"

清華八•處位06"無皐"，沒有罪過，沒有犯罪。《左傳•僖公二十八年》："公知其(叔孫)無罪也，枕之股而哭之。"

清華八•處位10"無厇"，讀爲"無度"，不依法度。《書•多士》："惟爾洪無度，我不爾動，自乃邑。"孔傳："惟汝大無法度。"

墊（舞）

清華三•琴舞01 鋚(琴)墊(舞)九絉(卒)

清華三•琴舞01(背)周公之鋚(琴)墊(舞)

清華三•琴舞02 鋚(琴)墊(舞)九絉(卒)

～，从"止"，"無"聲，"舞"之異體。

清華三·琴舞"䍃",即"舞",舞蹈。《詩·小雅·賓之初筵》:"籥舞笙鼓,樂既和奏。"

憮

 清華八·邦道15 下有怣(過)不敢以憮(誣)上

～,與(上博六·用2)同。《説文·心部》:"憮,愛也。韓鄭曰憮。一曰:不動。从心,無聲。"

清華八·邦道15"憮",讀爲"誣"。《左傳·襄公十四年》:"不可誣也。"杜預注:"誣,欺也。"簡文"誣上",參《禮記·樂記》:"其政散,其民流,誣上行私而不可止也。"

禖

 清華三·赤鵠06 牂(將)禖(撫)楚

～,从"示","無"聲。

清華三·赤鵠06"禖",疑讀爲"撫",《説文·手部》:"撫,安也。""楚",《説文通訓定聲》:"酸辛痛苦之意。"或讀爲"禦"。《説文·示部》:"禦,祀也。"錢坫《斠詮》:"涬,古厲字。厲者須禦之,古禦訓爲祀也。"(白於藍)

䚻

 清華二·繫年070 魯臮(臧)孫䚻(許)迬(適)晉求敓(援)

 清華二·繫年091 述(遂)以𨟞(遷)䚻(許)於鄢(葉)而不果

 清華二·繫年100 䚻(許)人亂(亂)

清華二·繫年 100 䚘（許）公𰁎出奔晉

 清華二·繫年 101 居䚘（許）公𰁎於頌（容）城

～，从"曰"，"無"聲，"許"之異體。

清華二·繫年 070"𢼸孫䚘"，讀爲"臧孫許"，即臧宣叔。《左傳·成公二年》："郤克將中軍，士燮佐上軍，欒書將下軍，韓厥爲司馬，以救魯、衛。臧宣叔逆晉師，且道之。"

清華二·繫年 091"述以䙷䚘於鄭而不果"，讀爲"遂以遷許於葉而不果"。參《春秋·成公十五年》："許遷于葉。"《左傳·成公十五年》："許靈公畏偪于鄭，請遷于楚。辛丑，楚公子申遷許于葉。"

清華二·繫年 100"䚘人"，讀爲"許人"，許國人。"許"，許國。許慎《說文·敘》："吕叔作藩，俾侯于許。"《說文·邑部》："鄦，炎帝太嶽之胤，甫侯所封，在潁川。从邑無聲，讀若許。"《左傳·隱公十一年》："公及齊侯、鄭伯入許。"孔穎達疏："《譜》云：許，姜姓，與齊同祖，堯四嶽，伯夷之後也。周武王封其苗裔文叔于許，今潁川許昌是也。"

清華二·繫年 100、101"䚘公𰁎"，讀爲"許公𰁎"，人名。

鄦（鄦）

 清華五·封許 05 命女（汝）侯于鄦（許）

 清華五·封許 09（背）誖（封）鄦（許）之命

～，从"邑"，"䚘"聲，"許"之異體。

清華五·封許"鄦"，即"許"。參上。